MARIA DA CONCEIÇÃO TAVARES
Vida, ideias, teorias e políticas

Hildete Pereira de Melo
(Organizadora)

MARIA DA CONCEIÇÃO TAVARES
Vida, ideias, teorias e políticas

Copyright © 2019, by Editora Expressão Popular
1ª reimpressão: abril de 2024.

Todos os direitos reservados.
Nenhuma parte deste livro pode ser utilizada ou reproduzida sem a autorização da editora.

FUNDAÇÃO PERSEU ABRAMO
Instituída pelo Diretório Nacional do Partido dos Trabalhadores em maio de 1996.

DIRETORIA
Presidente: Paulo Okamotto
Vice-presidenta: Vívian Farias
Elen Coutinho, Naiara Raiol, Alberto Cantalice, Artur Henrique, Carlos Henrique Árabe, Jorge Bittar, Valter Pomar, Virgílio Guimarães

CONSELHO EDITORIAL
Albino Rubim, Alice Ruiz, André Singer, Clarisse Paradis, Conceição Evaristo, Dainis Karepovs, Emir Sader, Hamilton Pereira, Laís Abramo, Luiz Dulci, Macaé Evaristo, Marcio Meira, Maria Rita Kehl, Marisa Midori, Rita Sipahi, Silvio Almeida, Tassia Rabelo, Valter Silvério

Coordenador editorial: Rogério Chaves
Assistente editorial: Raquel Costa
Organizadora: Hildete Pereira de Melo (UFF)
Introdução: Fernando Nogueira da Costa (Unicamp)
Colaboradora: Gloria Maria Moraes da Costa (Mackenzie Rio)
Auxiliares de pesquisa: Alexandre França
          Keilla Vila Flor (graduanda de História/UNB)
          Letícia Gusmão (graduanda de Economia/UFF)
Revisão: Angélica Ramacciotti
Projeto gráfico, diagramação e capa: Patrícia Jatobá
Foto da capa: Zeca Guimarães
Revisão gráfica: Glauber Carvalho

CENTRO CELSO FURTADO	**EDITORA EXPRESSÃO POPULAR**	**FUNDAÇÃO PERSEU ABRAMO**
Av. Rio Branco, 124, Sala 1304, Centro, CEP 20040-001 Rio de Janeiro — RJ centro@centrocelsofurtado.org.br www.centrocelsofurtado.org.br	Alameda Nothmann, 806 Sala 06 e 08, CEP 01216-001 Campos Elíseos — SP livraria@expressaopopular.com.br www.expressaopopular.com.br ❶ ed.expressaopopular ⊙ editoraexpressaopopular	Rua Francisco Cruz, 234 Vila Mariana, CEP 04117-091 São Paulo — SP Tel: (11) 5571 4299 www.fpabramo.org.br

---

Dados Internacionais de Catalogação na Publicação (CIP)

T231m Tavares, Maria da Conceição.

   Maria da Conceição Tavares: vida, ideias, teorias e políticas / Maria da Conceição Tavares; Hildete Pereira de Melo (organizadora). – São Paulo: Fundação Perseu Abramo / Expressão Popular / Centro Internacional Celso Furtado, 2019.
   344 p. : il. ; 19 cm.

   Inclui bibliografia.
   ISBN 978-85-5708-141-3

   1. Economia - Brasil. 2. Economistas - Brasil. 3. Desenvolvimento econômico - Brasil. 4. Economia política internacional. 5. Crise - Brasil. I. Melo, Hildete Pereira de. II. Título.

CDU 33
CDD 330

(Bibliotecária responsável: Sabrina Leal Araujo – CRB 8/10213)

Sumário

Prefácio   7

Apresentação   9

Introdução   12

Itinerários – Maria da Conceição de Almeida Tavares   42

PARTE 1
FASE CEPAL

Transformações do modelo de desenvolvimento na América Latina   61

Estagnação ou crise?   89

Acumulação financeira, concentração e centralização do capital   105

O caso brasileiro   111

PARTE 2
FASE UNICAMP

Problemas de acumulação oligopólica em economias semi-industrializadas   127

Dinâmica cíclica da industrialização recente no Brasil   171

A liquidez geral da economia e a crise financeira   201

PARTE 3
FASE UFRJ

A retomada da hegemonia norte-americana	**213**
Pós-escrito 1997: a reafirmação da hegemonia norte-americana	**235**
Império, terra e dinheiro	**261**

PARTE 4
FASE RECENTE

Restaurar o Estado é preciso	**307**
Cronologia	**313**
Sobre os textos	**321**
Caderno de imagens	**325**

Prefácio

Maria da Conceição Tavares, um encontro afetuoso

O momento do calendário me escapa: pode ser o ano de 1959 ou de 1960, quando a vi pela primeira vez. Mas a lembrança da cena está intacta: a ampla sala do sexto andar do BNDE na rua Sete de Setembro, onde trabalhava, em silêncio, a Divisão de Transportes do Departamento de Projetos, chefiada pelo respeitável engenheiro Jacinto Xavier Martins, colega de meu pai na velha Politécnica, ladeado pelos engenheiros Atílio Geraldo Vivacqua, Antonio Carlos Pimentel Lobo, Tupy Correa Porto e eu mesmo, todos aprovados no primeiro concurso realizado pelo Banco, em 1956, além da bela e eficiente secretária Isa Marques de Souza.

Era um tempo de austeridade e construção do BNDE: em todo o sexto andar do Departamento de Projetos não havia sala de reuniões, e a única mesa para umas oito pessoas conversarem ficava num extremo da nossa sala, para desagrado do Dr. Jacinto, amante do trabalho reflexivo em silêncio.

Pois me lembro bem de quando ela entrou, acompanhada de nosso colega Celso Lacerda.

Era bela, pela figura de jovialidade, usava um costume azul marinho bem cortado e sapatos pretos fechados, de salto. Sorria, e o sorriso irradiava uma graça, uma benesse.

Sentaram-se à mesa e conversaram na sonoridade contida que Celso conhecia e comandava. Minha mesa era a mais bem situada para que eu os observasse.

Em alguns minutos a jovem deu uma risada sonora e benfazeja. Ouviu um *"xiiiii"* de reprimenda do Dr. Jacinto e se enquadrou. Poucos minutos mais, entretanto, e não se conteve: brotou-lhe do ser outra risada espontânea e retumbante.

E logo a advertência explícita do Chefe em tom severo: "Olha esse barulho aí!".

Bem, ela sentiu, obviamente, e colocou as mãos sobre a boca envergonhada. Tratou de abreviar o resto da conversa e se levantaram. Celso foi à porta e a abriu, mas a moça adentrou a sala, foi à frente da mesa do Dr. Jacinto e pediu desculpas; muito educadamente, ligeiramente curvada em respeito. Ele aceitou com a cabeça, de forma também educada, e ela se retirou.

O velho ficou parado, olhando-a se movimentar, com uma expressão de reconhecimento e, quando ela deixou a sala, uns vinte segundos depois, ele disse para nós:

– Que moça interessante...

Era Maria da Conceição, a moça realmente interessante.

Depois mulher interessante, economista interessante, professora, debatedora, deputada, doutora, escritora interessante; mais que tudo, amiga interessante.

E como nos queríamos bem: eu gostava de vê-la e de escutá-la e ela gostava de me ouvir cantar.

A política me levou embora para Brasília e, no curto momento em que Maria da Conceição esteve lá, como deputada, eu era vereador do Rio.

Pelos amigos comuns, tantos, acompanhei-a a vida toda: não gostei quando foi para Campinas (SP); ela era patrimônio do Rio, da minha cidade. A mulher mais inteligente e mais culta da cidade no seu tempo, que foi também o meu tempo. Polêmica, por natureza, apresentando sempre ângulos e visões novas das questões em debate; de maneira brilhante e convincente.

Sim, convincente, a mais convincente, definitivamente.

Não diria a mais sábia, porque a sabedoria da vida compreende outros componentes que talvez ela não tenha usufruído em razão do seu caráter, do seu senso de responsabilidade, da sua inteligência vulcânica.

Isso: Maria da Conceição Tavares – grande figura, grande economista, grande pensadora, muito grande. Grande amiga!

É assim que eu a vejo.

Roberto Saturnino Braga
Diretor-presidente do Centro Celso Furtado
Maio, 2019

Apresentação

Hildete Pereira de Melo[1]

O Centro Internacional Celso Furtado de Políticas para o Desenvolvimento publica, nesta coletânea, uma seleção de textos da Professora Maria da Conceição Tavares escritos ao longo dos últimos 50 anos. Maria da Conceição Tavares construiu uma carreira acadêmica reconhecida internacionalmente, como atesta a publicação inglesa *A biographical dictionary of dissenting economist* (2000) – ela é uma das quatro mulheres selecionadas entre os 100 mais importantes economistas heterodoxos mundiais do século XX e a única mulher da América Latina. Seguramente, Conceição Tavares foi a pioneira brasileira da Economia e até os dias atuais ainda não passou o bastão da mais importante economista nacional.

A escolha dos textos desta coletânea foi feita com ela e por uma geração de profissionais com a qual Maria da Conceição Tavares contribuiu para suas formações, embora nenhum deles tenha sido orientando dela ao longo das suas respectivas pós-graduações.

Os textos apresentados foram publicados nos livros e coletâneas que ela produziu ao longo do tempo. Estes representam sua contribuição teórica e empírica ao processo de desenvolvimento das economias latino-americanas e, particularmente, da brasileira. O clássico *Da substituição de importações ao capitalismo financeiro*, de 1972, empolgou os jovens economistas daqueles anos a ponto de a organizadora desta coletânea ter sido apresentada ao livro por outra economista com o seguinte diálogo: "você já ouviu falar de Maria da Conceição? Leia seu livro, é uma análise inovadora sobre o desenvolvimento econômico". Foi assim que, recém-chegada da Paraíba, conheci a obra da Professora.

---

1. Professora Associada nível IV, Faculdade de Economia e Programa de Estudos Pós-Graduados em Políticas Sociais e do Núcleo de Pesquisa em Gênero e Economia da Universidade Federal Fluminense (UFF). Endereço eletrônico: hildete43@gmail.com.

10   Maria da Conceição Tavares: vida, ideias, teorias e políticas

A coletânea estrutura-se da seguinte forma: uma introdução, que comenta as análises feitas sobre a sua obra realizadas no espaço acadêmico, por meio de teses, dissertações, artigos e monografias que tiveram como fio condutor analítico o pensamento da Professora e, além disso, esta introdução foi enriquecida com as análises originais elaboradas pelo autor do texto. O capítulo "Itinerários" descreve a história da construção da carreira acadêmica da Professora. E destaca como esta se confunde com a própria formação profissional da carreira de Economista no Brasil, da graduação à pós-graduação. Seguem-se as suas três fases acadêmicas: Cepal, Unicamp e UFRJ.

Na *fase CEPAL,* aborda-se a questão do sub(desenvolvimento) econômico periférico, em particular da economia brasileira. Para ilustrá-la, apresentamos quatro excertos do livro *Da substituição de importações ao capitalismo financeiro, ensaios sobre a economia brasileira,* publicado pela primeira vez em 1972. Estes textos relacionam aspectos teóricos do desenvolvimento econômico nas economias periféricas a partir das contribuições teóricas pioneiras de Raúl Prebisch e Celso Furtado.

A *fase UNICAMP* faz uma revisão teórica, através do diálogo crítico com os três mais significativos autores da tradição da Economia Política – Marx, Keynes e Kalecki, além da original revisão da Teoria do Oligopólio, explicitada na sua reinterpretação da história econômica do Brasil. Estas ideias estão expressas nas suas duas teses escritas nestes tempos a de Livre-Docência e a de Professora Titular.

A *fase UFRJ,* dedicada à Economia Política Internacional, analisa a des(ordem) da economia mundial na primeira metade dos anos 1980 e a retomada da hegemonia estadunidense numa contribuição pioneira sobre a formação dos centros hegemônicos na economia do mundo. Seus dois ensaios são marcos analíticos significativos para os estudiosos dos problemas econômicos internacionais. Completa esta fase o importante ensaio sobre a economia brasileira "Império, território e dinheiro", no qual estas ideias estão alinhadas com as preocupações a respeito do desenvolvimento nacional alinhado ao processo hegemônico do capitalismo mundial.

A *fase recente* está representada pelo artigo "*Restaurar o Estado é Preciso (Insight Inteligência, dez/2017)."* Ela afirma estarmos vivendo a penumbra da mais grave crise da história do Brasil, uma crise econômica, social e política e que, ainda em 2019, continua assombrando a sociedade brasileira. Com o realismo que a caracteriza, Conceição considera que esta crise aniquila qualquer possibilidade de pactuação nacional e criminaliza o futuro. Todavia, com sua coragem, afirma que sofre, mas não se entrega. Pensa que há saídas para esse quadro de entropia nacional e que estas passam pelas novas gerações. Sua esperança está na juventude, pois a esperança de que as ilusões, próprias das pessoas jovens, curem este estado de astenia e possam reordenar as bases democráticas com tolerância e respeito. Às vésperas de completar 89 anos ainda recebe os amigos afetuosamente ou vai ao encontro de seu velho amigo Carlos Lessa para um abraço carinhoso, saboreado com um café no casarão do Cosme Velho onde o professor instalou o Instituto de Brasilidade. Atende com respeito a jovens professores e pesquisadores para conversas sobre o passado, presente e futuro do nosso País. Além disso, curte a contemporaneidade do século XXI com a literatura fantasmagórica de George R. R. Martin, esta a ajuda a abstrair – e, ao mesmo tempo, repensar criticamente a realidade contemporânea.

Esta coletânea foi organizada com o intuito de apresentar a Conceição pensadora e professora de gerações de brasileiros e latino-americanos. A construção de sua trajetória intelectual é apresentada pelos capítulos escritos por Fernando Nogueira da Costa, Hildete Pereira de Melo e Gloria Maria Moraes da Costa. O primeiro analisa o conteúdo teórico dos seus escritos e vivência docente e as segundas descrevem seu itinerário intelectual, como a jovem matemática torna-se a renomada economista Maria da Conceição Tavares e comenta sua breve aparição no cenário parlamentar nacional, quando, em 1994, foi eleita Deputada Federal pelo Partido dos Trabalhadores. Assim, Conceição cientista e mulher política se confundem; ela rompeu todas as barreiras que ainda hoje relegam às mulheres tanto no cenário político como no científico do mundo atual, e que a jovem Conceição dos anos cinquenta enfrentou com tanta garra e destemor.

Por fim, esta coletânea não teve a pretensão de analisar exaustivamente a vasta obra publicada pela Professora Maria da Conceição Tavares, tais como artigos em periódicos acadêmicos nacionais e internacionais, jornais e as diversas e abundantes entrevistas que concedeu ao longo do tempo a jornalistas e pesquisadoras/es; apenas registrou-se o significado do seu magistral desempenho como teórica do desenvolvimento socioeconômico brasileiro e latino-americano e professora de gerações de jovens deste continente e do Brasil. Que a leitura desta coletânea induza leitores e leitoras a continuar o estudo da realidade socioeconômica brasileira, e que estes se motivem a acessar o que da sua ampla produção científica e política não foi contemplada aqui.

Boa leitura!

Introdução

Fernando Nogueira da Costa[1]

*Não quero que ele fale só; quero que escute
o seu discípulo falar por sua vez.*

(Montaigne [1533-1592] em
Ensaios: da instrução de crianças)

A Professora e o aluno

Há muita sabedoria acumulada na relação entre mestre e aluno. Ninguém poderá ser mestre na escrita sem ter sido antes aluno. O mestre diante da turma se encontra na difícil situação de quem se espera, sempre e necessariamente, ter a razão. Sua missão de educador é vista como a de revelador da verdade. Mas o verdadeiro mestre não é o repetidor de alguma verdade, provisória tal como toda verdade demonstra ser. Ele ensina, sim, o método de busca, pois *a verdade é, sobretudo, o caminho da verdade*. O mestre duvida de si mesmo e se deixa persuadir. Seu ensino mais relevante não está no dito por ele, mas sim no não dito – e descoberto pelo ex-aluno. "Mestre não é quem sempre ensina, mas quem de repente aprende", definiu João Guimarães Rosa, em *Grande sertão: veredas*.

Já narrei minha experiência pessoal com a Professora Maria da Conceição Tavares (Prado, 2012, p. 179-204). Ela foi o fator de atração para minha emigração: a gente tem de ir atrás de bons professores para nosso desenvolvimento intelectual. *Mentor* é aquele indivíduo experiente capaz de guiar (ou dar conselhos) a outra pessoa. Serve a alguém de guia, de sábio e experiente conselheiro. Inspira, estimula a criatividade, o livre pensar. Não necessariamente é o orientador presencial de ideias, ações, projetos, realizações. Minha mestra nunca me deu, diretamente, conselhos pessoais, mas deu-me o mais

---

1. Professor Titular do Instituto de Economia da Universidade de Campinas (UNICAMP). fernandonogueira.costa@gmail.com e https://fernandonogueiracosta.wordpress.com.

14 Maria da Conceição Tavares: vida, ideias, teorias e políticas

importante para qualquer educador: bons exemplos de postura intelectual sábia e atitude política combativa. A mentora é a pessoa responsável pelo desenvolvimento de alguém. Sua prática exemplar influencia os comportamentos de outra pessoa mesmo sendo de maneira virtual, não presencial ou inconsciente de sua parte.

Fui aluno dela no mestrado em 1976 e no doutorado em 1985, no IE-Unicamp. Tive a oportunidade de presenciar, então, o primeiro curso dado por ela após seu retorno do Chile. Dividiu-o com o Professor Carlos Lessa. Ela dava em uma aula cada fase dos ciclos da economia brasileira, ele apresentava em outra a política econômica da ocasião. Cada qual se rivalizava em brilhantismo intelectual. Não em didatismo. Ela propiciava um *brainstorm* de ideias sobre tudo e todos. Tinha *insights* fantásticos aos borbotões sem tempo sequer para os alunos anotarem. Resultado: saíamos da sala de aula encantados pelo espetáculo, mas se nos perguntassem o que tínhamos aprendido na aula, apenas teríamos condições de responder: "ficamos muito impressionados com a sapiência dela"... Não conseguiríamos reproduzir nada do dito.

Aprendemos a aprender. Fomos estimulados a estudar muito para enfrentar os desafios intelectuais. E, também, a jamais falar algo sobre a economia brasileira sem mostrar evidência empírica. Quase ao mesmo tempo ela se enfurecia com indignação face às impropriedades da vida pública brasileira e admirava as virtudes da miscigenação cultural, cujo olhar estrangeiro percebia e exaltava. Vociferava aos brados ou colericamente, berrava, clamava, proferia palavrões aos gritos contra os desatinos, mas também ironizava e ria das situações absurdas.

Com o tempo entendemos sua impaciência com a burrice alheia. O conceito científico de idiota não se refere à pessoa carente de inteligência ou de discernimento. O tolo, ignorante, estúpido, pode até ser tolerado, mas a pessoa pretensiosa, vaidosa, jamais ela perdoou. Idiota é quem não tem consciência do mal feito a si próprio e aos outros, inclusive desconhecidos. Em consequência, a Professora tinha razão em exigir-nos a preparação árdua, mas prazerosa, para enfrentar os desafios intelectuais. Seguindo seu exemplo de combatividade, aprendemos a gostar de estudar e pesquisar com objetivo além do enriquecimento pessoal. Tratava-se de nos preparar para o enfrentamento do debate público contra os neoliberais, voltados apenas para a defesa do mercado e a favor do igualitarismo social, bandeira de esquerda compartilhada por alunos e professores.

Disse-me em certa ocasião: "com quem você acha eu aprendo hoje? Com meus discípulos! Vocês são especialistas, não são generalistas como eu. Portanto, tratem de pesquisar até aprenderem a fazer uma síntese sistêmica como eu faço". Dotada de uma visão holística, priorizava o entendimento integral dos fenômenos, em oposição ao procedimento analítico em que seus componentes são tomados isoladamente. A análise da economia como um sistema complexo exige o holismo. E deu-nos exemplo de comportamento humilde, mas sábio. Em seminários no auditório do IE-Unicamp, quase sempre era a única pessoa a anotar tudo de relevante dito pelos palestrantes. No debate, sempre os questionava, não só para testar a defesa de suas hipóteses, em atitude científica, mas também para sedimentar sua aprendizagem. Era engraçado quando o interlocutor sustentava veementemente uma hipótese contrária à dela. Debatia com ele até ela passar a defender a hipótese, se ficava convencida da força dos argumentos contrários.

Com os anos de acompanhamento de seus passos mesmo à distância aprendi: ela respeita as personalidades fortes, combativas, e não tolera a arrogância esnobe. Se ela grita com alguém, aceita a pessoa retrucar com a mesma veemência e passa a respeitá-la. Em um mundo profissional essencialmente masculino, quando passou a trabalhar em meio a economistas, abriu espaço aos gritos e impondo o respeito aos machistas pelo seu brilho intelectual. Talvez, por isso mesmo, achávamos que ela cobrava mais das jovens economistas tímidas. Preparava-as para o combate mundano.

Exigia-nos também o conhecimento teórico plural. Como heterodoxos, tínhamos de superar o marxismo vulgar – "de merda!" –, aprendido apressadamente por conta própria, e ampliar nossa capacidade analítica com outras teorias, inclusive as ortodoxas, para melhor debatê-las – e combatê-las. O conhecimento multidisciplinar de Ciências afins (Política, Sociologia, Psicologia, Antropologia etc.) e História era também incentivado. Um bom economista tem de ser capaz de fazer uma abordagem pluralista nos planos da abstração, evolução e regulação.

Com ela não se trata somente de Livre Pensar uma teoria pura. Além de "*O pensar*", ela exige "*O querer*", isto é, a capacidade de aplicar a teoria, e mais: "*O julgar*". A capacidade de tomar melhores decisões é a arte da Economia aprendida com a Professora (com P maiúsculo). O ensino mais eterno não está no dito por ela, mas sim no não dito – e descoberto por ex-alunos por meio de sua exemplar postura profissional e política. O dito é esquecido, o visto é lembrado, o feito é aprendido. A mestra vive na obra do(s) discípulo(s).

A Professora e sua obra

A *obra oral* da Professora Maria da Conceição Tavares é bastante conhecida: a capacidade de formar discípulos críticos à realidade, dentro do método histórico-estruturalista, com visão holística da indústria brasileira e do sistema financeiro nacional. Encontra-se pelo menos quatro resenhas notáveis da *obra escrita* de Maria da Conceição Tavares. Por ordem de publicação são as realizadas por Possas (2001), Andrade e Silva (2009), Bielschowsky (2010) e Robilloti (2016).

Quanto à *periodização da obra*, há pequena discordância entre elas. Bielschowsky (2010) a divide em dois grandes períodos:

1. *Era desenvolvimentista* (até as proximidades de 1980): objetivo de entender a lógica do crescimento brasileiro;

2. *Era neoliberal*: elementos causadores da ausência de crescimento ou estagflação.

No primeiro período, o crescimento era instável e problemático, devido à peculiaridade de se dar em uma economia capitalista e ao mesmo tempo periférica e subdesenvolvida. Era uma economia com uma estrutura produtiva heterogênea e incompleta, insatisfatoriamente especializada e incapaz da geração endógena de progresso técnico. Por consequência, ficava exposta a estrangulamentos recorrentes do balanço de pagamentos. Tinha oferta abundante de mão de obra com baixos salários e alta concentração de renda e propriedade. O Estado e as instituições eram relativamente frágeis e instáveis. Os elos funcionais entre os agentes da produção – Estado, empresas privadas nacionais e estrangeiras – e os das finanças eram muito particulares.

O segundo período contempla a crise e a estagnação, a partir do início de 1980. Ela concentra a atenção na análise dos (des)ajustes macroeconômicos a partir de ideias como a ciranda financeira, a aceleração da inflação de oligopólio, e a retomada da hegemonia estadunidense. O exame das restrições ao crescimento se sobrepôs ao das possibilidades de crescimento e desenvolvimento.

Andrade e Silva (2009) identificam, na obra de Conceição Tavares, três planos de reflexão de mútua influência, demarcados por revisões teóricas e contextos:

1. Fase da Cepal: a questão do (sub)desenvolvimento econômico periférico, em particular da economia brasileira;

2. Fase da Unicamp: o diálogo crítico com autores importantes da tradição da Economia Política, como Marx, Keynes e Kalecki;

3. Fase da UFRJ: análise da (des)ordem econômica mundial, apresentando uma "visão geopolítica para entender melhor a formação dos centros hegemônicos".

Seu pensamento é periodizado por Possas (2001), assim como por Robilloti (2016), em três momentos de acordo com publicações de destaque:

1. Fase cepalina: de 1963, data do seu clássico *Auge e declínio do processo de substituição de importações no Brasil*, até 1972, quando foi publicado seu "Além da estagnação", escrito com a colaboração de José Serra;

2. Fase de revisão teórica: de 1973, ano em que a autora publicou o importante ensaio *Distribuição de renda, acumulação e padrões de industrialização* – precursor de sua tese de livre-docência e depois de titular – até 1985;

3. Fase da Economia Política Internacional: em 1985, quando a autora publicou seu ensaio *A retomada da hegemonia norte-americana*, e se inicia essa nova etapa no pensamento de Tavares, estendendo-se até o presente.

Em seus trabalhos da década de 1970 e 1980, Conceição Tavares rompe com a visão cepalina de determinantes externos. Passa a se basear nos esquemas setoriais de análise desenvolvidos por Michael Kalecki para compreender a dinâmica das economias capitalistas em desenvolvimento. Em sua visão crítica à ideia de estagnação, reconhece o consumo conspícuo ter relevância como estímulo à acumulação de capital e ao mercado interno de países com distribuição desigual da renda – e não como um impedimento a ambos.

Desta forma, há um deslocamento da análise: a ênfase, no pensamento de Conceição Tavares, recairá sobre *os limites nas decisões de investimento sem autonomia financeira e tecnológica*. A economista desenvolverá a ideia de a distribuição de renda ser exógena ao processo de acumulação, isto é, determinada pelo quadro político-sindical. A economia brasileira cresce puxada pelo efeito acelerador do investimento e multiplicador da renda, concentrada por razões político-institucionais na expansão do consumo das classes mais altas.

Não existe no pensamento da autora, fatores distributivos impostos mecanicamente pela acumulação de capital. O aumento do consumo de bens de maior valor agregado não reduz o consumo dos trabalhadores, muito ao

18 Maria da Conceição Tavares: vida, ideias, teorias e políticas

contrário, aumenta. Apoiada em Kalecki, a autora defenderá os efeitos multiplicadores do gasto em investimentos e/ou em consumo conspícuo ser tanto maiores quanto maior for a participação dos salários na renda. Salário não é só custo, a massa salarial representa demanda. Tavares também utilizará a ideia de o setor de subsistência, apesar de expressivo, não ter força para determinar o nível de salários do setor moderno da economia. Esta população se mantém marginalizada, estruturalmente, do mercado de trabalho.

Robilloti (2016) resgata três ideias centrais do pensamento da autora:

1. *A falsa oposição entre lucros e salários, pois os lucros dependem das decisões de gasto dos capitalistas.* A acumulação não se limita por salários, mas em si mesma. A distribuição de renda é determinada pelo movimento de acumulação, pelo padrão de concorrência intercapitalista e pelo poder de organização dos trabalhadores. As lutas de classes afetam a distribuição de renda, porém de forma subordinada ao movimento de acumulação;

2. *A instabilidade estrutural do capitalismo em Kalecki é vista a partir da desproporção entre os três setores.* O DI (setor produtor de bens de capital) tende a expandir sua capacidade acima dos outros setores (DII de bens de consumo capitalista e DIII de bens de consumo assalariado), tendo em vista os capitalistas fazerem muitas coisas como classe, mas não definirem, em comum, suas decisões de gasto. Estas são descentralizadas, descoordenadas e desinformadas uma das outras;

3. *O sistema não tende à estagnação, mas oscila em movimentos cíclicos de expansão e contração.* Em sua leitura schumpeteriana do capitalismo, Tavares destaca o impulso da dinâmica ser dado pela inovação. A ênfase nos aspectos endógenos da acumulação em Tavares tem raiz tanto em Kalecki quanto em Schumpeter.

Aqui, para demarcar as inspirações mais importantes na obra da Professora, reencontradas nos assuntos pesquisados por diversos discípulos a respeito da economia contemporânea, optei por mesclar as resenhas em cada assunto. Sem dúvida, todos os autores das resenhas concordam a respeito dos seus principais temas:

1. Relação centro-periferia revelada no balanço do comércio exterior;

2. Ciclo e crise: movimento limitado pelo grau de industrialização brasileira;

3. Problema do financiamento das empresas não financeiras;

4. Geoeconomia e geopolítica internacional.

O tema da distribuição de renda e acumulação de riqueza financeira está por trás dos demais. Vamos conferir o destacado nas resenhas dentro desse enquadramento ou repartição temática referente à versão preliminar desta introdução. A exegese não será realizada por meio de repetitivas citações.

A metodologia empregada neste texto-resenha será recordar as ideias--chave da Professora Maria da Conceição Tavares. Ele está dividido de acordo com os principais temas: mudanças na pauta de importação relacionadas às alterações na estrutura produtiva, relações entre ciclos e crises econômicas, concentração oligopolista de empresas não financeiras, e centralização do capital financeiro, problema do financiamento, distribuição de renda e riqueza, geoeconomia e geopolítica internacional.

Relação centro-periferia revelada no balanço do comércio exterior

Tavares exerceu grande influência sobre o pensamento econômico brasileiro. Tratou de assuntos variados, mas na interpretação de Possas (2001) há uma dupla preocupação em toda a sua obra:

1. *o desenvolvimento de países "periféricos",* com especial ênfase no caso brasileiro, e

2. *a sorte de grandes contingentes da sua população,* excluídos economicamente.

Seu ponto de partida foi o pensamento cepalino, com ênfase nas relações econômicas e de poder entre nações centrais e periféricas. Andrade e Silva (2009) afirmam ser um aspecto central das ideias cepalinas, influentes sobre a trajetória intelectual de Tavares, o chamado *método histórico-estrutural.* Seu propósito era examinar o modo peculiar de como se dava o ajuste interno da estrutura produtiva dos países latino-americanos em resposta aos choques externos. Esse ajuste estava condicionado por uma estrutura econômica e institucional subdesenvolvida, herdada do período exportador. Na visão cepalina, as estruturas setoriais e institucionais das economias latino-americanas condicionam a trajetória futura. O enfoque histórico-estruturalista implica um método de geração do conhecimento voltado ao comportamento de agentes sociais e instituições, mais próximo a um procedimento histórico-indutivo se comparado aos métodos abstrato-dedutivos convencionais. Porém, Conceição Tavares procurou repensar essa matriz, ampliando a importância de questões como:

20 Maria da Conceição Tavares: vida, ideias, teorias e políticas

1. variáveis internas a cada país, em especial a presença do setor produtor de bens de capital;

2. as necessidades de financiamento do desenvolvimento; e

3. como os modos historicamente específicos de atendê-las repercutem.

Em seu primeiro trabalho influente, *Auge e declínio do processo de substituição de importações no Brasil* (1963), a interpretação da Cepal tinha vários componentes importantes assumidos pela autora. Destacava-se a ideia-chave: *o desenvolvimento não se dar em todos os lugares da mesma forma,* seguindo as mesmas etapas. Há uma razão simples para isso, a industrialização originária e retardatária de alguns países (Inglaterra no século XVIII e, por exemplo, Estados Unidos, Alemanha e Japão no século XIX) resulta em uma dinâmica de poder no conjunto da economia mundial, em que os demais assumem *papel dependente e periférico.*

Este era o caso da economia brasileira. Ela teria passado por uma:

1. *Fase primário-exportadora*, caracterizada por "crescimento para fora", e

2. *Fase de substituição de importações*: "crescimento para dentro".

Na primeira fase, a exportação de produtos primários é o principal componente autônomo de demanda. O dinamismo da economia fica totalmente subordinado ao exterior. Quando surgem obstáculos às exportações, criados por guerras ou depressões, o país focaliza o mercado interno, investindo na produção doméstica de bens outrora importados.

O período do "crescimento para fora" apresenta uma *dualidade*:

1. de um lado, um setor exportador de alta rentabilidade, e

2. de outro, um setor voltado ao mercado interno com baixa produtividade, satisfazendo apenas em parte as necessidades básicas, dependentes também de elevadas importações.

Daí suas características sociais: alta concentração da propriedade e extrema desigualdade na distribuição de renda. Permite à elite um padrão de consumo importado, portanto, semelhante ao dos grandes centros desenvolvidos.

A primeira *tese central* de Conceição Tavares, segundo Bielschowsky (2010), é atribuir a dinâmica do processo de desenvolvimento por substituição de importações a uma série de respostas ao estrangulamento do setor externo, por meio das quais a economia muda qualitativamente a natureza dessa dependência ao exterior. Ao longo do processo de modificações estruturais da economia, vai se repondo a contradição básica entre as necessidades de crescimento e a barreira quanto à capacidade para importar. A ruptura com o *modelo primário-exportador* se dá ao longo de sucessivas crises no comércio externo. Começaram na Primeira Guerra, agravaram-se com a Grande Depressão e continuaram intermitentes. Essas crises impediam necessidades básicas de produtos industriais serem supridas pelas importações. Por isso, a política econômica cria mecanismos e estímulos variados, inclusive controles de câmbio e de importações, como tentativas de produzir internamente o antes importado. Surge novo modelo de crescimento, o de *substituição de importações*, com dinâmica distinta do anterior.

Ocorrem mudanças no setor produtivo com a industrialização baseada em sucessivas ondas de implantação de elos da cadeia produtiva. Mas permanece um *dualismo* na economia, porque, de imediato, essas mudanças ocorreram principalmente na indústria, não sendo muito alteradas as condições da agricultura, inclusive a exportadora. Somente mais adiante ela se transforma em agroindústria com constituição de cadeia produtiva de valor. Há modificação da pauta de importações com relativamente menos bens de consumo e mais insumos e equipamentos. Acontece pela via do mercado e também por inúmeros mecanismos de compressão das importações menos essenciais.

Avanço do processo se dá em resposta às sucessivas barreiras contra as importações. Foi árdua a superação desses obstáculos por razões variadas: tecnologia, dimensão e estrutura do mercado interno sem comportar grandes escalas, dificuldade para prosseguir modificando a pauta de importações. O processo era exigente de importações dos bens necessários à produção dos substitutos das importações anteriores. O esgotamento do processo é diferente nos diversos países latino-americanos. A distinção do caso do Brasil se dá por ser um dos poucos países latino-americanos a conseguir avançar até a implantação de partes do setor de bens de produção, os quais necessitavam investimentos vultosos. A economia brasileira tinha vantagens competitivas:

1. o tamanho de seu mercado interno;

2. a disponibilidade de recursos naturais;

3. a capacidade de importação, devido à exportação do café;

4. a criação de instituições públicas desenvolvimentistas, desde os anos 1930, em particular, a do BNDE em 1952.

Novas indústrias são projetadas para atender a um perfil de demanda restrito em função de:

22 Maria da Conceição Tavares: vida, ideias, teorias e políticas

1. péssima distribuição de renda, com acesso ao consumo por relativamente poucas pessoas, resultante em mercados relativamente pequenos;

2. tecnologia utilizada, importada das economias mais desenvolvidas, exigia grandes escalas, gerando, além de problemas pelo lado do financiamento, a não adequação à disponibilidade dos recursos internos: abundante mão de obra pouco qualificada, mas capital e mão de obra qualificada escassos.

O ensaio "Além da estagnação", escrito em coautoria com José Serra, foi apresentado em novembro de 1970 e publicado no fim de 1971. Faz a crítica ao "estagnacionismo". Argumenta o declínio das taxas de crescimento da economia brasileira, na ocasião, não representar uma tendência persistente ou secular à estagnação, mas apenas uma *crise episódica* e/ou *cíclica*, possível de ser superada com a utilização da capacidade produtiva industrial ociosa. A crítica é dirigida à argumentação de Celso Furtado de o aumento da relação capital/trabalho ter levado ao declínio da taxa de lucro e consequente queda da acumulação. Os fatores impeditivos seriam o aumento da produtividade do trabalho destinado ao favorecimento dos lucros em detrimento dos salários.

De acordo com a interpretação de Tavares e Serra, o limite do processo de substituição de importações tinha sido dado pelo fim do Plano de Metas no governo de Juscelino Kubitschek. Foi tal como uma *onda de inovações schumpeteriana*, resultante em capacidade produtiva ociosa, porque construída à frente da demanda existente. A saída da crise de meados dos anos 1960 foi a transição para um processo de crescimento acelerado, mesmo sendo *injusto*. Constituiu um novo estilo de desenvolvimento, um novo esquema de concentração do poder, e uma nova inserção internacional.

O declínio das taxas de crescimento do PIB foi superado com inovações institucionais para a reordenação da economia e o surgimento de novas atividades dinâmicas. No novo modelo de desenvolvimento, Estado e capital estrangeiro passaram a ser os principais agentes, associados a novas formas de acumulação de capital, mais propriamente financeiras. Provoca a modificação do esquema dual anterior, aquele com um *setor atrasado* voltado ao mercado interno e um *setor mais dinâmico* ligado às exportações. Há integração nacional pela penetração dos meios de transporte e comunicação. Permanece certa heterogeneidade com o progresso técnico-industrial sem absorver ou liquidar atividades tradicionais nem integrar a mão de obra nelas ocupada. A *exclusão social* marca o "milagre econômico brasileiro". A tendência à redistribuição ou reconcentração da renda pessoal se dá pela abertura do leque de salários. Mas esse processo excludente providencia a geração de excedente necessário à expansão dos mercados.

Segundo Bielschowsky (2010), *a segunda contribuição fundamental* de Conceição Tavares foi mostrar como o crescimento no período do chamado "milagre econômico" se fazia com concentração da renda de maneira funcional para a expansão do mercado interno para "bens de luxo". Essa tese era contrária ao que era postulado pelo mestre Celso Furtado ao destacar a tendência à estagnação devida aos rendimentos decrescentes de escala em mercado interno restrito.

Ciclo e crise: movimento limitado pelo grau da industrialização brasileira

Robilloti (2016) procura fazer uma leitura da influência das ideias econômicas e sociais latino-americanas na formação teórica de Conceição Tavares, capazes de diferenciá-la no debate econômico. Não foram poucas as contribuições teóricas do estruturalismo ao seu pensamento. Começando pelo método histórico-estrutural de análise, passando pelo desafio do desenvolvimento econômico na periferia, atingiu:

1. o repúdio à visão de automatismos do mercado para se percorrer a via do desenvolvimento;

2. a ideia de estilo distinto de desenvolvimento em economia periférica; e

3. o papel das empresas transnacionais na dinâmica do sistema capitalista mundial.

Posteriormente, a autora adicionará ao método histórico-estrutural a sua chamada Economia Política, apoiada em Marx, Keynes, Kalecki, Steindl e Schumpeter, para analisar a dinâmica e o processo da acumulação de capital no Brasil. Na Escola de Campinas, nos anos 1970, ela reverá muitos pontos discutidos no âmbito da Cepal.

Em autossubversão da própria ideia de "estrangulamento externo", segundo Bielschowsky (2010), *a terceira contribuição* de Conceição Tavares à análise da natureza do crescimento brasileiro incorpora um esquema de reprodução kaleckiano capaz de descrever os mecanismos endógenos do processo de acumulação de capital no Brasil. Embora fosse ainda uma industrialização restringida por implantação parcial dos departamentos industriais, o processo de crescimento brasileiro já continha elementos em comum com o processo de crescimento verificado nos países desenvolvidos.

24 Maria da Conceição Tavares: vida, ideias, teorias e políticas

A existência incompleta do setor de bens de capital tinha levado o ciclo ao auge, seguido de sua reversão, dado o papel central do *investimento à frente da demanda*. Os auges cíclicos (1957-1962 e 1967-1973) tinham sido intensos, mas curtos, fadados ao rápido esgotamento, porque o porte do departamento produtor de bens de capital era insuficiente para atender à demanda agregada. Os lucros se multiplicavam, mas para a realização, os investimentos tinham de se acelerar continuamente. A elevação da relação capital/produto em certo ponto contrapunha as decisões de investimento com a ociosidade da capacidade produtiva.

Na tese de livre-docência defendida em 1974, *Acumulação de capital e industrialização no Brasil*, o tema da dinâmica da industrialização brasileira é retomado e aprofundado com uso de conceitos de autores como Marx, Keynes, Schumpeter, Kalecki e Steindl. Segundo Possas (2010), as características de "padrões de acumulação" se referem às formas alternativas de auto-organização capitalista. Emerge das interações entre diversos setores da economia com taxas diferenciadas de crescimento e diversas estruturas de mercado – oligopólio competitivo, diferenciado e concentrado. A distribuição de renda configura o perfil da demanda de cada qual: bens de consumo popular, bens de luxo e bens intermediários e de capital. A implantação plena deste último setor envolve problemas de escala, de dimensão, de mobilização e concentração de capital suficiente para enfrentar a descontinuidade tecnológica.

Conceição Tavares adota o conceito de *industrialização retardatária*, discutido durante a elaboração da tese de doutoramento do colega João Manuel Cardoso de Melo. Era uma alternativa à visão cepalina e às Teorias da Dependência, tanto à de Fernando Henrique Cardoso e Enzo Faletto, quanto à de Rui Mauro Marini e André Gunder Frank. Distingue entre processo industrial e implantação de indústrias isoladas. Defende a tese de a instalação de um setor de bens de produção, em especial, de bens de capital, ter o potencial de internalizar, ao menos em parte, os principais determinantes da dinâmica econômica, tanto o financiamento do investimento, quanto o progresso técnico. Propiciaria a constituição de forças produtivas especificamente capitalistas. Se não houvesse produção interna de bens de capital, os efeitos multiplicadores do investimento seriam exportados e a economia se manteria dependente do comércio exterior, inclusive para a introdução de inovações em maquinaria. Portanto, para a industrialização se completar, a dinâmica econômica não poderia ser somente reflexo da demanda externa.

A industrialização retardatária estadunidense, alemã e japonesa levou à predominância de escalas de produção elevadas e estruturas de mercado oligopolizadas na economia mundial, em vários setores fundamentais, inclusive o de bens de produção. Daí os problemas enfrentados por economias periféricas quanto à centralização dos capitais necessários, à obtenção de tecnologia e ao enfrentamento da concentração dos mercados. A industrialização só se daria, em capitalismo tardio, com concurso do Estado para articulação dos interesses e atração do capital necessário, inclusive o estrangeiro. Mas a industrialização foi "restringida", no Brasil, até a implementação do Plano de Metas, embora houvesse a implantação de algumas empresas de bens de produção – menos de bens de capital e mais de bens intermediários – desde os anos 1930.

O desenvolvimento das forças produtivas e a infraestrutura urbana eram insuficientes para implantar a grande indústria de base necessária ao crescimento da capacidade produtiva adiante da própria demanda. Só assim evitaria periódicos estrangulamentos setoriais. A implantação de um departamento de bens de produção significativo exigia a ocorrência concentrada no tempo de um bloco de investimentos complementares.

Com essa reinterpretação da história econômica brasileira, realizada pela série de teses e dissertações defendidas na Unicamp e na UFRJ, nos anos 1970, houve a revisão da interpretação anterior do processo de substituição de importações. Os determinantes oriundos dos estrangulamentos externos passaram a ser considerados menos relevantes e foi conferido maior peso à dinâmica endógena da acumulação de capital. O novo aparato teórico reunia os determinantes relativos às formas de concorrência (*microdinâmica*) e às categorias de uso dos bens (*macrodinâmica*) no exame do ciclo iniciado com o Plano de Metas, do desequilíbrio setorial, do processo aí desencadeado, e de como seria difícil manter as altas taxas de crescimento naquelas circunstâncias. Em trabalho posterior, o período de 1966 a 1974 foi analisado com a utilização e o aperfeiçoamento do mesmo instrumental teórico-analítico.

Andrade e Silva (2009) enfatizam os fundamentos teóricos. Para compreender a industrialização no Brasil, privilegiando os aspectos endógenos da acumulação de capital, Tavares vale-se do *princípio da demanda efetiva*. Para ela, as economias não enfrentam problemas do lado da oferta, e sim pelo lado da demanda, quando se caracteriza uma situação de "insuficiência da demanda efetiva". Destaca o aspecto crucial da demanda efetiva ser o investimento enquanto instrumento de expansão da capacidade produtiva e da acumulação

26 Maria da Conceição Tavares: vida, ideias, teorias e políticas

de capital. Entre as variáveis de gasto é importante também o consumo capitalista, como enfatizado por Michael Kalecki. Este tem um papel a desempenhar na realização dos lucros no processo de acumulação. E a utilização do esquema de três setores de Kalecki é funcional para explicar a interpretação de Tavares do "crescimento desequilibrado". Essa ideia tornou-se a base da nova visão da autora sobre a dinâmica cíclica da industrialização brasileira, presente em suas teses de Livre-Docência e Titular, defendidas respectivamente em 1974 e 1978.

Se o crescimento do DI e do DII superar o crescimento do DIII, os lucros por definição superam os salários enquanto custos, mas se ressentem da demanda propiciada pela massa salarial. Resulta em uma expansão da capacidade produtiva em ritmo superior ao do crescimento da produção e da renda corrente. Isto gera uma queda no grau de utilização da capacidade produtiva. Esta, por sua vez, pode induzir a uma queda na taxa de investimento, implicando em aumento de capacidade ociosa por toda a economia e, por consequência, queda dos lucros.

Quanto ao processo de oligopolização da estrutura industrial, uma tendência de longo prazo, Tavares utiliza como referências microeconômicas:

1. o oligopólio puro ou concentrado *à la* Steindl e Bain;

2. a competição com base em inovações tecnológicas *à la* Schumpeter;

3. o oligopólio diferenciado *à la* Sylos-Labino; e

4. a articulação oligopólica com hegemonia do capital financeiro *à la* Hilferding.

A partir de sua interpretação da obra de John Maynard Keynes, Tavares ganha convicção quanto à impossibilidade de autorregulação da economia capitalista. A incerteza no horizonte de cálculo capitalista implica em ressaltar o papel determinante e instável do investimento na dinâmica capitalista. Está baseado no princípio da demanda efetiva: variáveis de gasto determinam variáveis de renda. Se, de um lado, o investimento é a variável estratégica determinante da demanda agregada, de outro, é o principal elemento de instabilidade do capitalismo. Os fatores determinantes do investimento, entre outros, as expectativas dos agentes acerca de um futuro incerto, são incapazes de garantir uma trajetória estável a essa variável.

– *Se crescer demais*, não se pode manter, porque termina por gerar capacidade ociosa, e ela deprime a taxa de rentabilidade do capital, tanto a efetiva como a esperada adiante.

– Se crescer de menos, tampouco pode se manter, porque não gera renda suficiente para comprar a própria produção ampliada.

Com base no princípio da demanda efetiva, Tavares afirma não se sustentar a ideia de "insuficiência de poupança" para explicar as flutuações do investimento. O desenvolvimento do sistema de crédito, ao exercer papel fundamental no financiamento do investimento, faz com que a poupança, isto é, a renda não gasta registrada *ex-post*, não seja determinante para a realização do investimento. Em sua abordagem, a poupança jamais "determina" o investimento, somente possui uma equivalência contábil com o mesmo. A relação de determinação causal deve ser entendida a partir do investimento (gasto) para a poupança (renda não gasta), e não o contrário, como é apresentada convencionalmente.

No financiamento do investimento, os capitalistas não podem contar apenas com suas "poupanças prévias acumuladas", ou melhor dito, seu estoque líquido de riqueza. Eles precisam também do crédito de sistema financeiro. Este deve ser capaz de captar o dinheiro disponível das firmas ou das famílias sob forma de investimentos em ativos financeiros. Essas formas de manutenção de riqueza permitem a valorização fictícia do capital por juros compostos. Ele é tanto maior quanto mais desenvolvidas forem as relações financeiras de dada economia. Somente uma parcela dos ativos financeiros é, de fato, "ativa". Corresponde à "dívida primária nova". Ela se destina a financiar o setor produtivo da economia. A remuneração desse capital financeiro é paga com os juros. O setor financeiro se apropria de parte do valor agregado na produção. Mas os empréstimos só serão efetivamente amortizados uma vez maturados os investimentos – e se os lucros forem realizados. A dívida, portanto, precede o investimento. Ainda com base em Keynes, Tavares trata da questão da *crise de crédito*. De acordo com a leitura de Possas (2010) de sua obra, ela surge quando há queda do investimento e redução dos lucros. Passa a ser difícil remunerar os juros das dívidas primárias. Leva à depressão do capital produtivo.

O grande problema do endividamento, segundo a autora, é o fato de ele preceder a geração da renda e seu componente de lucro. A sustentação dos lucros requer os investimentos produtivos crescerem de modo a multiplicar a "parte ativa do capital", aquele dinheiro relacionado ao financiamento da produção, do investimento e do consumo. Se os investimentos declinarem e, por consequência, os lucros esperados não se realizarem, o peso da "parte

28 Maria da Conceição Tavares: **vida, ideias, teorias e políticas**

passiva do capital", isto é, do endividamento, se eleva proporcionalmente ao retorno. Deprime ainda mais o movimento real do capital produtivo. Nesse sentido, a queda no nível dos investimentos é a explicação, em última instância, da reversão do ciclo. Na visão de Keynes, de acordo com a leitura de Tavares, a crise decorre não de uma elevação da taxa de juros, em virtude de necessidade de elevação do prêmio para se abandonar a liquidez, dado um aumento da preferência pela liquidez. Nasce sim do colapso da eficiência marginal do capital. Avaliações pessimistas e a incerteza em relação ao futuro fazem a retomada da confiança nos negócios ser algo de difícil gestão em uma "economia de livre-iniciativa".

Enquanto as expectativas quanto às resultantes do investimento forem otimistas, o endividamento para a alavancagem financeira da rentabilidade patrimonial sobre o capital próprio continua. Caso elevações na taxa de juros diminuírem a rentabilidade esperada, os investimentos declinarão (e com eles a renda multiplicada), tornando-se insuportável a carga da dívida. Então, a crise financeira se manifesta, aumentando *ex-post* a preferência pela liquidez dos agentes. A elevação do investimento leva ao crescimento do produto. Por sua vez, este levará a crescimentos adicionais do investimento, cujos impactos adicionais só diminuirão conforme diminuir a multiplicação da renda em ajustamento com caráter cíclico.

O *coeficiente da aceleração* é a relação entre variações no investimento provocadas por variações nos gastos dos consumidores. Mas a tragédia capitalista decorre de o investimento crescer aceleradamente à frente da demanda futura prevista. Gera capacidade produtiva superior à capacidade de consumir toda a renda multiplicada, inclusive pela necessidade de parte dela ser estocada em ativos financeiros para a aposentadoria e/ou a herança. Então, os gastos não a ocupam plenamente. A capacidade produtiva ociosa deprime o investimento. Um contínuo aumento de renda pode induzir à elevação do gasto em consumo e daí à maior utilização da capacidade produtiva. Quando a capacidade produtiva se esgota, cria-se incentivo para ser aumentada por meio de novos investimentos. A dedução é a necessidade de o crédito ao consumo acompanhar o ritmo do crédito ao investimento. A alavancagem financeira não pode correr muito à frente da capacidade de gasto em consumo, seja dos capitalistas, seja dos assalariados, sob o risco de gerar excesso de capacidade produtiva e, em consequência, virar para recessão.

Problema do financiamento de empresas não financeiras

Na análise da "Era desenvolvimentista", segundo Bielschowsky (2010), Conceição Tavares dedicou-se a dois grandes temas:

1. o movimento pelo lado real da economia; e

2. a natureza do sistema financeiro brasileiro e de seu papel no processo de acumulação no país.

A discussão pelo *lado financeiro* está distribuída em três textos.

O primeiro, publicado em 1967 e intitulado "Notas sobre o problema do financiamento numa economia em desenvolvimento: o caso do Brasil" aborda a influência das mudanças da estrutura produtiva sobre os problemas de financiamento, em especial ao consumo, bem como a funcionalidade e os limites do emprego da inflação como mecanismo de apoio à expansão industrial. O segundo, publicado em 1971, "Natureza e contradições do desenvolvimento financeiro", examina as características gerais da evolução financeira à luz das reformas feitas em meados de 1960, a acumulação financeira, concentração e centralização de capital no estudo de caso brasileiro. O terceiro texto corresponde ao capítulo IV de sua tese de Professora titular, defendida em 1978, é intitulado: "O sistema financeiro e o ciclo de expansão recente". Analisa o desdobramento do sistema financeiro nacional: sua funcionalidade e suas características estruturais, a evolução do crédito e dos ativos financeiros no ciclo em foco e os mecanismos de criação de *liquidez real* e *liquidez financeira*.

Nessa tese "Ciclo e crise: o movimento recente da industrialização brasileira", defendida em 1978, o primeiro capítulo é essencialmente teórico. Discute a noção (keynesiana) de *poupança*. Contrapõe à poupança *desejada* a poupança *potencial*. Esta é a renda não consumida, registrada *ex-post*, mas dependente da demanda efetiva. *Poupança não importa,* o relevante para o investimento é o financiamento. Crédito depende do funcionamento de um sistema financeiro capaz de centralizar recursos e gerar ativos e passivos financeiros. Há uma valorização contábil "fictícia" de parte do capital aplicado. Em economia avançada, o valor de ativos financeiros chega a superar o valor dos ativos reais. Após a maturação do investimento, uma parte dessa valorização, correspondente à *dívida primária nova*, teria financiado a economia real e, consequentemente, receberia os juros pagos por esta. O restante dos juros compostos, derivados da *circulação financeira*, corresponderia à redistribuição entre os investidores dos lucros obtidos pelo conjunto do capital financeiro.

Tavares chama atenção para o fato de o determinante fundamental dos investimentos ser a eficiência marginal do capital, referente às expectativas, e não um movimento autônomo das taxas de juros. Estas podem subir e não necessariamente inibir o investimento, se as expectativas apontarem aumento ainda maior da eficiência marginal do capital. Em vez de adotar o fundamentalismo keynesiano, Robilloti (2016) destaca ela preferir o exame dos determinantes do investimento segundo Kalecki e Steindl: grau de endividamento, expectativa de vendas e lucros, grau de ociosidade na capacidade produtiva, e fatores de desenvolvimento como inovação tecnológica ou demografia. Como o investimento é também dependente do crédito (e não de "poupança"), na *fase ascendente* do ciclo as empresas se alavancam, e na *fase descendente*, quando os juros são elevados, a carga financeira provoca um colapso das empresas mais débeis, dada a incapacidade de pagar os juros mais elevados quando suas taxas de lucro estão em queda.

Discutido isso no plano abstrato, na prática o sistema financeiro privado brasileiro necessitaria cumprir algumas funções de seus congêneres dos países desenvolvidos:

1. criar crédito ampliado;
2. intermediar a transferência de capital de empréstimo;
3. valorizar o capital no circuito financeiro.

As particularidades do sistema financeiro no Brasil passaram a ser examinadas como as origens do problema do financiamento na economia brasileira. Esta ainda era dependente do capital financeiro internacional. A industrialização tardia brasileira enfrentava os problemas de financiamento de grandes escalas de produção nos setores a serem implantados. O sistema financeiro brasileiro, então constituído por bancos comerciais concessores de crédito em curto prazo, não estava adequado a cumprir essa tarefa. Historicamente, o sistema financeiro privado nacional não dá todo o suporte necessário à acumulação de capital produtivo, porque evita financiar projetos de grande porte e longos prazos de maturação. Então, essa função é remetida ao Estado, por meio de instituições financeiras públicas federais e estaduais, estas antes de suas privatizações nos anos 1990. O Estado não age como fosse um capital financeiro autônomo. A promoção de fusões, aquisições e conglomerações econômico-financeiras não se dá sob seu comando. Não há constituição do capital financeiro como sujeito do processo de centralização do capital.

No sistema financeiro nacional, para Tavares, na leitura de Possas (2001), mais característico é o estabelecimento de duas formas de dinheiro:

1. de um lado, "dinheiro de pobre", isto é, papel-moeda e depósitos à vista como *meio de circulação*; e

2. de outro, "dinheiro de rico", ou seja, "dinheiro financeiro" ou moeda indexada com correção monetária atuando como instrumento de valorização do capital-dinheiro e cumprindo a função de *reserva de valor*.

Ainda de acordo com a resenha de Possas (2001), ela destaca a criação de espécie de Unidade Padrão de Capital (UPC) com o modo de operação do *open market* a partir de meados da década de 1970. Garantia liquidez e proteção aos aplicadores contra o regime de alta inflação. Isso se dava com a utilização das cartas de recompra e a zeragem automática do mercado interbancário, realizada pela Autoridade Monetária.

A *ciranda financeira* se estabeleceu com o crescimento da dívida externa propiciando grande entrada de divisas. Havia a conversão dos dólares em moeda nacional e emissão de títulos de dívida pública para esterilização do impacto monetário do balanço de pagamentos. Logo, a dívida interna cresceu como contrapartida da dívida externa. As mudanças de patamar da inflação ocorreram por ocasião dos choques exógenos (juros, petróleo e câmbio), alterando preços relativos em uma economia indexada.

Andrade e Silva (2009) afirmam o pensamento estruturalista ser fruto de algumas tradições da Economia Política, tanto em sua forma mais "radical" na herança marxista, quanto à sua vertente "reformista" nos enfoques keynesianos, kaleckianos e institucionalistas. Por isso, na obra de Tavares, destaca-se a leitura crítica de grandes pensadores da tradição da Economia Política, com o propósito de compreender a dinâmica dos capitalismos contemporâneos.

Lucro emerge do processo de interações entre os componentes do sistema capitalista, na sua forma completa ou, em linguagem marxista da autora, da "reprodução ampliada do capital". Por isso, não pode ser deduzido diretamente da mais-valia (ou trabalho não pago), nem contabilizado pelo número de horas do "sobretrabalho". O lucro requer a valorização, ou precificação em termos monetários, das mercadorias produzidas pela força de trabalho em seu uso de meios de produção. No seu movimento de autoexpansão e valorização permanente, o capital termina por encontrar-se "prisioneiro de si mesmo", isto é, "o dinheiro tentando valorizar o dinheiro". Esta é a ideia-chave para a compreensão de um aspecto central, desenvolvido de forma sistemática ao longo de sua obra: a *lógica financeira* do processo de valorização do capital sobrepondo-se à sua *dimensão produtiva*. Não são lados (real e financeiro) descolados.

O desenvolvimento das instituições financeiras e, por sua vez, a criação de novos instrumentos de dívida (títulos financeiros privados e públicos), ambos tornam possível a valorização contábil "fictícia" do capital. Neste processo, a valorização na *esfera financeira* tende a superar a valorização na *esfera da produção*. Dos diversos componentes do capital, inclusive das relações de crédito e de inovações financeiras, emergem a possibilidade da "capitalização". Esta é a valorização contábil do dinheiro pelo dinheiro, seja por juros compostos, seja pela especulação com base em atribuição subjetiva de valores às ações. Andrade e Silva (2009) afirmam, na visão da Professora, essa capitalização ocorrer em paralelo com a evolução da técnica de tornar "inútil" (ou dispensável) o trabalho produtivo. É um aparente paradoxo: de início, os capitalistas desejam contratar (e explorar) a força do trabalho. Depois, almejam a dispensar com o propósito de aumentar a produtividade dos empregados restantes. Toda essa exploração visa, em última análise, a acumulação de capital-dinheiro para a autovalorização de si próprio na circulação financeira.

A parte "ativa" do dinheiro entra na circulação de mercadorias, adquirindo força do trabalho, máquinas e matérias-primas. Ela é valorizada ao se vender as mercadorias produzidas, pagar os juros do capital tomado emprestado de terceiros e os demais custos de circulação, se sobrar um lucro alavancado sobre o capital inicial próprio. Os "limites" à acumulação decorrem do próprio processo de valorização do capital fora da produção. Considerando exógenos o esgotamento dos recursos naturais (matérias-primas) e a oferta da força de trabalho, são elementos endógenos a esse processo de valorização:

1. *a acumulação de capacidade ociosa*, devido ao descompasso entre o investimento em cadeia e o escoamento da produção corrente; e

2. *a descoordenação entre os capitalistas*, cujas expectativas de rentabilidade são eufóricas, quando tudo vai bem, e são revertidas, bruscamente, para o pânico, quando o endividamento passa a ser considerado excessivo e o risco se torna inaceitável.

A acumulação não esbarra nos salários ou na falta de mão de obra, esbarra em si mesma. O capital é o limite de si mesmo.

A releitura de Tavares da obra de Rudolf Hilferding, *O capital financeiro* (1911), propõe uma formulação mais geral do capital financeiro, aquele capaz de transpor fronteiras setoriais, indo além do caso do capitalismo monopolista alemão. A partir da leitura de *A evolução do capitalismo moderno* (1894), de autoria de John Hobson, Tavares destaca a "classe de financistas". Surge da associação estratégica entre bancos e empresas para formar a grande corporação estadunidense. Esta detém sob seu controle as atividades estratégicas na virada do século XIX para o XX: minas, siderurgia, petróleo, ferrovias, banco e manufaturas.

A alavancagem financeira, via aumento em grande escala do crédito, confere amplo poder à classe de controladores dos bancos. O tamanho e a capacidade de crescimento das grandes corporações "trustificadas" decorreriam mais da dimensão financeira, na organização do capitalismo monopolista, em vez da inovação tecnológica. As características gerais do capitalismo, captadas na obra de Tavares por Robilloti (2016), são:

1. movimento dinâmico não tendente à estagnação;

2. falsa oposição entre lucros e salários;

3. alta capacidade de inovação;

4. dinâmica instável; e

5. tendência à valorização do capital no circuito monetário-financeiro.

No caso da periferia, a autora analisa certas especificidades do desenvolvimento capitalista. Dadas as limitações prévias do sistema financeiro nacional – não sendo capaz de oferecer suporte à concentração e centralização de capital –, os grupos industriais aproveitaram a nova regulamentação das sociedades de capital aberto para consolidar suas posições de grupo econômico. Embora o capital familiar mantivesse o controle acionário de seus negócios, ao menos até o início dos anos 1980, os grandes grupos industriais passaram a usar o mercado de capitais como alternativa de valorização do capital social das empresas, auferindo rendas patrimoniais. Este fato não só põe em evidência o chamado "círculo vicioso de acumulação improdutiva", mas também caracteriza o chamado *modo rentista-patrimonialista de acumulação das empresas industriais brasileiras.*

Este caráter rentista-patrimonialista da acumulação é o interesse dos grandes grupos nacionais em diversificar o risco, em um contexto de restrições de financiamento. Atuam em vários ramos, inclusive no bancário, de

34   Maria da Conceição Tavares: vida, ideias, teorias e políticas

modo a promover a autossuficiência familiar. É diferente dos casos clássicos de acumulação de capital na Alemanha, no Japão e nos Estados Unidos, onde as empresas visavam maior eficiência produtiva, incorporação de novas tecnologias e ampliação das economias de escala. Este modelo de acumulação de capital é reflexo do emblemático processo de monopolização no Brasil. É decorrente da própria incapacidade do sistema financeiro nacional de descongelar o capital industrial, de permitir sua mobilização e transferência intersetorial mediante uma fusão de interesses de todas as esferas de acumulação industrial, comercial e financeira, sob a égide desta última.

Na verdade, eu ressalvo haver um impedimento legal, desde a reforma bancária de 1964, de banco emprestar para empresas não financeiras associadas em mais de 10% do capital. Logo, maior participação acionária levaria à perda da empresa como cliente e impossibilitaria o autofinanciamento do grupo. Essa medida legal foi adotada, no regime militar, justamente para impedir o autofinanciamento do grupo familiar bancário com recursos de terceiros captados pelo próprio banco. O risco era involuntariamente assumido pelo cliente bancário. O *modelo rentista-patrimonialista*, portanto, foi levado a cabo pelas empresas nacionais com vistas essencialmente à manutenção das rendas e patrimônio empresariais dos grupos familiares. A acumulação de capital no Brasil pelos grupos nacionais não esteve atrelada à monopolização produtiva da indústria, mas mais ao agronegócio, terras, minas, serviços urbanos etc.

Há certo desapontamento histórico dos leitores brasileiros do Hilferding (1911)porque aqui os conglomerados financeiros não cumpriram a função do capital financeiro, organizado em associação entre o capital bancário e o capital industrial, a exemplo do caso alemão e japonês. Ao não almejar mais além de ser capital rentista e patrimonialista, eles não deram competitividade internacional à indústria brasileira. A principal característica do capitalismo financeiro brasileiro é sua incapacidade de ter desenvolvido um capital financeiro propriamente nacional. Conceição indaga: como se vai construir um mercado de capitais autônomo se é tão mais barato trazer capital estrangeiro? Atrai-se capital financeiro do exterior para especular em curto prazo e investimento direto estrangeiro para investir na produção. Ocorre no capitalismo tardio brasileiro algo ao contrário da acumulação clássica em países de capitalismo avançado.

A centralização do capital financeiro no Brasil não implicou associação dos capitais industrial e comercial nacionais sob a hegemonia do capital bancário. Não conferiu a este último a possibilidade de promover uma maior centralização do capital em sua forma mais geral, a dos diretos de propriedade. Portanto, o capital bancário privado nacional não detém o controle, em última instância, do processo de acumulação no país. No entender da autora em foco, todo e qualquer processo de desenvolvimento industrial é impensável sem o desenvolvimento de canais de crédito em longo prazo. Aqui, quando não se apela ao endividamento externo, o BNDES é o responsável por financiamento à infraestrutura e indústria, porém limitado pelo grau de alavancagem financeira de seu capital próprio e pela não disponibilidade de *funding* captado com rede de agências.

Conceição Tavares ficou feliz quando eu apontei *a possibilidade de inclusão de uma "quarta perna" no tripé* apresentado por ela como sustentáculo do financiamento industrial: capital privado nacional, capital privado estrangeiro e capital estatal. Disse-lhe, em um *capitalismo de Estado neocorporativista*, tornar-se possível recorrer ao capital de origem trabalhista, não só em FAT e FGTS, mas também em Entidades Fechadas de Previdência Privada (EFPP), principalmente, nos fundos de pensão patrocinados pelas maiores empresas estatais. Ela sempre inicia a discussão sobre o capital financeiro pelo investimento ou, mais especificamente, pelos *mecanismos de financiamento do investimento* – daí extrai o conceito de *capital financeiro*. O capital financeiro surge da multiplicação das relações de débito e crédito por meio da transformação contábil entre ativos e passivos financeiros.

Os ativos financeiros dão suporte à chamada "valorização fictícia" na tradição marxista de leitura da teoria do valor-trabalho focada no capital produtivo. Tavares (1978) chama atenção para a tendência de os ativos financeiros superarem o valor dos ativos produtivos. Eu não sou partidário de considerar os elementos financeiros como "fictícios" na acumulação de capital. São "fictícios" em razão de não gerar empregos?! Ora, o sistema financeiro multiplica mais emprego assalariado em relação a diversas indústrias. O capital classificado como "improdutivo" é apenas para diferenciar sua circulação fora da órbita da produção – e não para avaliá-lo como "inútil", muito antes ao contrário. Ambas as órbitas são componentes interagentes e resultam na emergência do complexo sistema capitalista.

Andrade e Silva (2009) resenham também Tavares e Belluzzo (1986). Eles mostram como os efeitos desestabilizadores das taxas de câmbio flutuantes e de juros voláteis tornaram limitado *o modelo de fix-prices* de Hicks para explicar o comportamento dos preços. A estabilidade tanto dos preços embutidos nos contratos de oferta para o suprimento de matérias-

36 Maria da Conceição Tavares: vida, ideias, teorias e políticas

-primas estratégicas (importadas e exportadas), quanto dos contratos de dívida, fica comprometida com a flexibilidade do regime cambial e a volatilidade da fixação de juros. Esses contratos passaram a ser reajustados em períodos de tempo mais curtos. O horizonte temporal para o cálculo prospectivo capitalista tornou-se, portanto, mais incerto e os preços de produção, antes de natureza *fix-prices*, passaram a ser *flexprices*. Eram elevados como forma de antecipar uma possível queda na rentabilidade do capital. Como consequência, as *margens desejadas de lucro* já não mais representavam um *mark-up* estável sobre os custos primários, tornando-se uma "*margem incerta de cálculo*". Com as frequentes desvalorizações cambiais, estas margens apresentavam tendência ascendente, pois incorporavam as sucessivas reavaliações de estoques e a carga reajustável da dívida externa por meio de contratos repactuados com juros de mercado.

Este aumento da incerteza tornou mais problemática a estimativa do preço de oferta dos novos bens de capital. Afetou, de forma adversa, o cálculo da eficiência marginal do capital. Os mesmos fatores desestimulantes das decisões de investimento aumentavam a preferência pela liquidez. Sem demanda por crédito, aprisionava montantes crescentes de liquidez à circulação financeira. Então é restringida a liquidez necessária à circulação industrial. Esta restrição de liquidez real mais a instabilidade das taxas de juros inviabilizavam o investimento produtivo – e não os níveis absolutos dessas taxas.

Assim, ao mostrar as limitações do modelo keynesiano de determinação normal de preços na nova conjuntura econômica mundial dos anos 1970-1980, Tavares não rompeu com as ideias inspiradas em Keynes. Ao contrário, utilizou-as não para descartá-las, mas para fornecer uma interpretação mais geral da dinâmica da inflação, válida também para os contextos de maior instabilidade e incerteza. Constituiu, portanto, um aporte analítico, atualizado e inovador. Tavares e Belluzzo (1986), de acordo com a resenha de Possas (2001), explicaram *a aceleração da inflação* em contraponto à visão de *inflação inercial*. Em vez do conflito distributivo amortecido neste "modelo da gangorra", alternando a reposição do pico prévio de renda real por empregados e empregadores, eles destacaram o papel das expectativas especulativas quanto à taxa de inflação e à taxa de câmbio na formação de preço com margem de lucro variável por segurança na reposição dos estoques. Antecipava a esperada inflação futura. Apresentaram uma abordagem integrada entre moeda, finanças e economia produtiva.

Geoeconomia e geopolítica internacional: retomada da hegemonia estadunidense

Segundo Possas (2001), o ensaio "Retomada da hegemonia norte-americana" (Tavares, 1985) demarca sua entrada no debate sobre "Poder e Dinheiro" na economia mundial. Os Estados Unidos estavam perdendo vigor na liderança tecnológica com déficit comercial. Tinham se tornado um país devedor do resto do mundo. Porém, sendo o país emissor da moeda mundial e tendo domínio bélico, além de gerar o maior PIB mundial, era de fato o "senhor do dinheiro e da guerra". Conseguiu a imposição de seus interesses ao resto do mundo. Mas uma hegemonia não é apenas bélica e econômica, mas também política e ideológica. Os formadores de opinião especializada racionalizam a visão dominante como "a única possível". Havia servidão voluntária ao Consenso de Washington por parte dos tecnocratas lá formados.

O dólar era uma moeda enfraquecida até 1979 quando foi dado o primeiro passo da retomada da hegemonia estadunidense com a elevação dos juros por Paul Volcker, presidente do Federal Reserve. A imposição de dólar forte ao resto do mundo enfrentou a oposição em vão do FMI e da maioria dos países membros. O aumento sem precedentes da taxa de juros estadunidense até 22% ao ano provocou uma recessão mundial e a quebra de empresas e bancos, inclusive estadunidenses. Mas o império conseguiu a retomada do controle sobre bancos em seu território – e no resto do mundo.

As consequências sistêmicas mundiais (com assimetrias em inclusão/exclusão) foram:

1. barreira à Alemanha e ao Japão como potências econômicas emergentes;

2. crise da dívida externa de países periféricos endividados durante a reciclagem dos petrodólares; e

3. atração dos grandes bancos internacionais para o financiamento do déficit fiscal estadunidense por meio da compra de títulos de dívida pública.

Todas as demais economias, forçosamente, se alinharam aos interesses dos Estados Unidos. Suas políticas monetárias e de taxas de juros, fiscal e de câmbio foram adequadas à diretriz estadunidense, devido à dolarização generalizada do sistema de crédito. Após algum tempo, o dólar voltou a se depreciar e a economia estadunidense a crescer, mas o movimento de alinhamento e submissão de parceiros já havia sido feito.

38 Maria da Conceição Tavares: **vida, ideias, teorias e políticas**

O processo de crescimento na Era Neoliberal da Globalização Financeira tem *caráter concentrador*, baseado em regime de acumulação caracterizado por três aspectos:

1. *acirramento da concorrência*: marcado pela destruição e transferências locacionais das atividades produtivas, com rápidas mudanças das vantagens comparativas dinâmicas;

2. *concentração de capitais*: aumento da importância de fusões e aquisições; e

3. *centralização de capital no plano mundial*: direcionamento dos fluxos de capital financeiro e da disponibilidade de liquidez sujeitos a uma lógica financeira unificada.

Andrade e Silva (2009) destacam a internacionalização do capital, de acordo com Tavares, conferir um papel especial ao Estado nacional. Passa a ser o agente articulador dos interesses dos capitalistas locais e os da empresa multinacional, buscando defender os primeiros e garantir a reprodução ampliada do capital internacional.

Robilloti (2016) discute o conceito de *padrão de acumulação* adotado por Conceição Tavares. Defende o termo se referir a um estágio de desenvolvimento capitalista, mas também ser uma construção teórica. Permite combinar três eixos de análise:

1. a estrutura industrial;

2. a dinâmica de crescimento industrial; e

3. a forma de concorrência intercapitalista.

Todas elas são rediscutidas sob outra roupagem, por meio das *estruturas de oligopólios*, relacionadas às *estruturas de mercado*: os oligopólios competitivos, concentrados e diferenciados-concentrados, bem como a conglomeração financeira. O padrão de acumulação é analisado a partir da mesma construção teórica dos autores inspiradores, porém com uma adequação fundamental por parte de Tavares, na leitura de Robilloti (2016): não é possível pensar o capitalismo periférico fora dos marcos da expansão capitalista global. Entretanto, isto não significa – como os cepalinos destacavam – os *fatores externos* serem os determinantes exclusivos da dinâmica capitalista na periferia. Vale recorrer à expressão "em última instância", se "em primeira instância" destaca-se o papel do Estado nacional? A reboque do Estado estava a burguesia ainda nacional com um papel secundário na fase avançada do capitalismo globalizado. Posteriormente, iria se associar de maneira subordinada aos interesses estrangeiros. Quanto à insuficiência do progresso técnico na periferia – expressão última da dependência tecnológica –, Tavares procura ressaltar não a ânsia de aquisição no centro de bens na fronteira tecnológica, como faziam os cepalinos, mas sim a orientação da estrutura produtiva sobre a demanda de importação.

Recordamos nessa introdução à obra escrita da Professora Maria da Conceição Tavares suas ideias-chave e seus principais temas: mudanças na pauta de importação relacionadas às alterações na estrutura produtiva, relações entre ciclos e crises econômicas, concentração oligopolista de empresas não financeiras e centralização do capital financeiro, problema do financiamento, distribuição de renda e riqueza, geoeconomia e geopolítica internacional. Sua capacidade analítica holística é extraordinária e exemplar para seus discípulos. Muitos se especializaram em um ou outro tema. Poucos especialistas se esforçam para fazer uma análise sistêmica como ensinou a Professora.

Referências

ANDRADE, Rogerio Pereira de; SILVA, Renata Carvalho. "Uma Mestra na Periferia do Capitalismo: A Economia Política de Maria da Conceição Tavares". Campinas: Texto para Discussão do IE-Unicamp n. 172, dezembro de 2009.

BIELSCHOWSKY, Ricardo. "Maria da Conceição Tavares". *Revista de Economia Contemporânea*. IE-UFRJ. Rio de Janeiro, v. 14, n. 1, p. 193-200, jan./abr. 2010.

COSTA, Fernando Nogueira da. *Medição da Riqueza Pessoal*. Campinas: Texto para Discussão do IE-Unicamp, jun. 2013.

POSSAS, Maria Sílvia. "Maria da Conceição Tavares". *Estudos Avançados*, v. 15, n. 43, 2001, p. 389-400.

PRADO, Luiz Carlos Delorme (org.). *Desenvolvimento econômico e crise: ensaios em comemoração aos 80 anos de Maria da Conceição Tavares*. Rio de Janeiro: Contraponto/Centro Internacional Celso Furtado, 2012.

ROBILLOTI, Paulo César das Neves Sanna. *O desenvolvimento capitalista na obra de Maria da Conceição Tavares: Influências Teóricas, Economia Política e Pensamento Econômico*. Dissertação de Mestrado. Campinas: IE-Unicamp, defendida em 29/2/2016.

TAVARES, Maria da Conceição (1963). "Auge e declínio do processo de substituição de importações no Brasil". In: _____. *Da substituição de importações ao capitalismo financeiro: ensaios sobre economia brasileira*. Rio de Janeiro: Zahar Editores, 2ª ed., 1973.

_____ (1967). "Notas sobre o problema do financiamento numa economia em desenvolvimento – o caso do Brasil". In: Tavares, 1973.

_____ (1971). "Natureza e contradições do desenvolvimento financeiro recente". In: Tavares, 1973.

_____; SERRA, José. (1971) "Além da Estagnação". In: Tavares, 1973.

_____. *Da substituição de importações ao capitalismo financeiro: ensaios sobre economia brasileira*. Rio de Janeiro: Zahar Editores, 2ª ed., 1973.

_____ (1974). *Acumulação de capital e industrialização no Brasil*. Campinas: Editora da Unicamp, 1998a.

_____ (1978). *Ciclo e crise: o movimento recente da industrialização brasileira*. Campinas: IE-Unicamp, 1998b.

_____; BELLUZZO, Luiz Gonzaga de Mello (1978). "Notas sobre o processo de industrialização recente no Brasil". In: BELLUZZO, Luiz Gonzaga de Mello; COUTINHO, Renata. (orgs.). *Desenvolvimento Capitalista no Brasil*, v. I. Campinas: Editora da Unicamp/Instituto de Economia, 1998.

_____; _____. (1980) "Capital financeiro e empresa multinacional". In: BELLUZZO, Luiz Gonzaga de Mello. *Os antecedentes da tormenta: origens da crise global*. São Paulo: Unesp, 2009.

_____; _____. "Ainda a controvérsia sobre a demanda efetiva: uma pequena intervenção". *Revista de Economia Política*, v. 1, n. 3, julho-setembro, 1981.

_____ (1981). "Problemas de industrialización avanzada en capitalismos tardios y periféricos". Rio de Janeiro: Texto para Discussão/UFRJ, 1981.

_____; SOUZA, Paulo Renato. "Empregos e salários na indústria". *Revista de Economia Política*, n. 1, 1981.

_____ et al. *A questão da poupança: desfazendo confusões. A economia política da crise*. Petrópolis: Editora Vozes, 1982.

_____. "O movimento geral do capital: um contraponto à visão da autorregulação da produção capitalista". In: KONDER, L.; CERQUEIRA FILHO, G.; FIGUEIREDO, E. L. (orgs.). *Por que Marx?* Rio de Janeiro: Graal, p. 233-256, 1983a.

_____ (1983). "Apresentação". In: HOBSON, John Atkinson. *A Evolução do capitalismo moderno: um estudo da produção mecanizada*. São Paulo: Nova Cultural, 1983. (Coleção Os Economistas).

_____; BELLUZZO, Luiz Gonzaga de Mello. ([1984] 1986). "Uma reflexão sobre a natureza da inflação contemporânea". *Revista do Instituto de Economia Indus-*

trial – UFRJ, dezembro de 1984. Republicado em: REGO, J. M. (1986) (org.). *Inflação inercial, teorias sobre inflação e o Plano Cruzado*. Rio de Janeiro: Paz e Terra, cap. 2.

_____; CARDOSO DE MELLO, João Manuel. "The Capitalist Export Economy in Brazil (1884-1930)". *In:* CONDE, R. C.; HUNT, S. J. (orgs.). *The Latin American economies: growth and Export Sector 1880-1930*. New York: Holmes & Meier, 1985.

_____; ASSIS, José Carlos. *O grande salto para o caos: a economia política e a política econômica do regime autoritário*. Rio de Janeiro: J. Zahar Editor, 1985.

_____ "Economia e Felicidade". *Novos Estudos Cebrap*, n. 30, julho, 1991.

_____ "Ajuste e reestruturação nos países centrais: a modernização conservadora". *Economia e Sociedade*, n. 1, agosto. Republicado em: _____; FIORI, José Luís (org.) Poder e dinheiro: uma economia política da globalização. Petrópolis: Vozes, 1997. p. 27-54.

_____. "Entrevista". *In:* BIDERMAN, C.; COZAC, L. F. L.; REGO, J. M. (orgs.). *Conversas com Economistas Brasileiros*. São Paulo: Editora 34, 1996.

_____. (1985). "A retomada da hegemonia norte-americana". *In:* TAVARES, Maria da Conceição e FIORI, José Luís. *Poder e dinheiro: uma economia política da globalização*. Petrópolis: Vozes, 1997.

_____; MELIN, Luiz Eduardo. "Pós-escrito 1997: A reafirmação da retomada da hegemonia norte-americana". *In:* _____ e. FIORI, J. L. (org.). *Poder e dinheiro – uma economia política da globalização*. Petrópolis: Vozes, p. 27-54.

_____. "Poder, dinheiro e vida intelectual". In: HADDAD, F. (org.). *Desorganizando o consenso*. Petrópolis: Vozes, 1998. p. 149-164.

_____. "Império, território e dinheiro". In: FIORI, J. L. (org.). *Estado e moedas no desenvolvimento das nações*. Petrópolis: Vozes, 1999, p. 449-489.

_____; BELLUZZO, L. G.. "A mundialização do capital e a expansão do poder americano". *In:* FIORI, J. L. (org.). *O poder americano*. Petrópolis: Vozes, 2004.

_____. "Subdesenvolvimento, Dominação e Luta de Classes". *In:* _____ (org.). *Celso Furtado e o Brasil*. São Paulo: Fundação Perseu Abramo, 2000.

Itinerários – Maria da Conceição de Almeida Tavares

Hildete Pereira de Melo[1]
Gloria Maria Moraes da Costa[2]

Estou lutando por igualdade desde que aqui cheguei...
Eu sou uma Professora... uma Professora!

Maria da Conceição Tavares

Nasceu em Portugal, em pleno colapso da crise econômica de 1929/1930, numa família pequeno-burguesa. Fez seus estudos em Lisboa e diplomou-se em Ciências Matemáticas. Foi uma estudante irrequieta, influenciada pelo grande matemático português Bento de José Caraça. Naqueles anos, abraçou as causas libertárias e sociais e amargou as perseguições da Polícia Internacional e de Defesa do Estado (Pide) que, desde sua criação em 1945 até 1969, foi responsável pela repressão política na sociedade portuguesa.

No movimento estudantil, apaixonou-se por um colega, o estudante de engenharia Pedro José Serra Ribeiro Soares e, em 1951, casou-se com ele. Diplomados, ela matemática e ele engenheiro, escolheram a liberdade que as terras brasileiras sopravam naqueles anos. E, em fevereiro de 1954, desembarcaram na Praça Mauá, em pleno carnaval carioca. Ele com um convite de trabalho numa grande empresa da construção civil nacional e ela grávida de quatro meses, com esperança de iniciar uma carreira docente em Matemática e Estatística no país.

O jovem casal, militante da resistência portuguesa, foi bem acolhido no circuito carioca, tanto pelo círculo político de esquerda quanto pelo acadêmico. E,

---

1. Professora Associada nível IV, Faculdade de Economia e Programa de Estudos Pós-Graduados em Políticas Sociais e do Núcleo de Pesquisa em Gênero e Economia da Universidade Federal Fluminense (UFF). Endereço eletrônico: hildete43@gmail.com.
2. Professora Adjunta do Curso de Economia da Faculdade Presbiteriana Mackenzie-Rio. Endereço eletrônico: glomari@uol.com.br.

44   Maria da Conceição Tavares: vida, ideias, teorias e políticas

o mais significativo era o clima político reinante no país e na cidade. O crescimento econômico trazia prosperidade e muitas eram as festas, animadas com a bossa-nova nos salões intelectuais, sobretudo os de Mário Pedrosa, Aníbal Machado e Jorge Amado, onde a conversa era solta e descontraída. Nesses salões circulavam comunistas, trotskistas, católicos, liberais e as reuniões refletiam a "babel" intelectual que era o Rio de Janeiro. Frequentar estes salões foi uma imersão numa nova vida no além-mar e sua simpatia pela causa comunista foi rapidamente captada. Logo, sua casa, relativamente desconhecida da polícia e longe do burburinho carioca, abrigaria as reuniões de apoio de intelectuais ao Partido Comunista do Brasil, organizadas pelo secretário do partido Diógenes Arruda Câmara. Como moça bem-educada, "servia cafezinhos e assistia a tudo de boca calada" (Melo, 2012).

Seu plano português, para vir para o Brasil, era lecionar numa universidade local, mas, logo ficou claro que, para isso, era necessário o reconhecimento do seu diploma. Baseada no Acordo Luso-Brasileiro, que possibilitava o reconhecimento dos diplomas universitários entre os dois países, ela estava confiante para fazer este reconhecimento. Mas, por entraves burocráticos, o reconhecimento do seu diploma português não foi aceito e ela teve que desistir de seu plano primitivo de lecionar numa universidade brasileira.

Em 1955, sua formação matemática a possibilitou de fazer concurso e trabalhar como estatística, no Instituto Nacional de Imigração e Colonização (Inic), órgão criado em 1952 e que atuava em duas frentes: na colonização de terras incultas e no estabelecimento de uma política de reforma agrária. Sua atividade profissional começou com ela organizando os dados e fazendo tabelas sobre a questão agrária brasileira. De 1955 até 1957, Maria da Conceição se dedicou às Ciências Exatas. Por meio de seus contatos com os intelectuais portugueses conheceu a Sociedade Brasileira pelo Progresso da Ciência (SBPC) recém-criada e que congregava a elite científica nacional: José Leite Lopes, Mário Schenberg, Jacques Danon, Haity Moussatché, Horácio Macedo (entrevista, *Canal Ciência*, 1986). A SBPC era um fórum limitado para cientistas, não tendo ninguém de humanidades, mas, segundo ela, todos eram progressistas, "era uma coisa fantástica [...] jovem com 25 anos, entrava naquelas discussões, babando com as inteligências brasileiras". Apaixonou-se pelo Brasil e se tornou cidadã brasileira.

Sua virada intelectual para os estudos econômicos foi consequência do seu contato com os dados sobre a propriedade da terra no Brasil; estes foram determinantes para mostrar que não adiantava nada só saber matemática. Com este instrumental fazia tabelas, correlações, mas não permitia interferir na economia e na política. Assim, na impossibilidade do reconhecimento do seu diploma, fez vestibular e, em 1957, ingressou na Faculdade de Ciências Econômicas da antiga Universidade do Brasil, atualmente Universidade Federal do Rio Janeiro (UFRJ).

No mesmo ano, foi contratada pelo Banco Nacional de Desenvolvimento Econômico (BNDE) para trabalhar com Jessé Montello e Miguel Álvaro Osório de Almeida. Sua incumbência era organizar um estudo econométrico que fizesse a simulação da distribuição de renda no Brasil, utilizando a lei de Pareto, com o objetivo de analisar as informações do Adicional do Imposto de Renda, destinado ao Fundo de Reaparelhamento Econômico (FRE). Este fundo havia sido criado com o objetivo de financiar o desenvolvimento econômico e o banco tinha como finalidade específica administrar esses recursos.

Assim, no trabalho no BNDE e na Faculdade, enveredou pelos caminhos da Economia. No banco, a questão agrícola, a lei do capital estrangeiro, as reformas econômicas agitavam o ambiente intelectual institucional, e os ensinamentos de Celso Furtado, Ignácio Rangel e Juvenal Osório a estimulavam. Na Praia Vermelha, com as aulas do professor Octavio Gouveia de Bulhões, aprendia os clássicos da Economia. Abraçou para toda a vida a Economia. Nas suas palavras "tinha claro que a economia é uma ciência social... que não se tratava de modelos, havia uma luta política pela frente... havia muito otimismo com o desenvolvimento. Teríamos um país fantástico... seríamos a primeira república tropical democrática". O professor Bulhões dominava os cânones econômicos, mas não a matemática, e a jovem Maria da Conceição dedicou-se com afinco aos textos canônicos da teoria econômica. Seguramente, a matemática abriu-lhe as portas da docência, porque este mestre logo a convidou para ser sua assistente na disciplina. Recomendando a leitura de todos os clássicos: "Comece com Smith, segue com Ricardo, depois o Marx, Böhm-Bawerk, Vicksell." Ele só não gostava do Keynes (entrevista, *Canal Ciência*, 1986). Também foi aluna na graduação de Roberto Campos e Eugênio Gudin, intelectuais e gestores públicos dos mais influentes daqueles anos na sociedade brasileira. O professor Gudin tinha um livro – *Princípios de Economia Monetária* (1943) – segundo ela, "ótimo" e não tinha nenhum modelo matemático, assim como os clássicos; nas suas palavras, "levei uma surra" para dominar com clareza os novos postulados, sem equações e perspectivas de mundo. Segundo ela, Economia

46 Maria da Conceição Tavares: vida, ideias, teorias e políticas

se aprendia era na Fundação Getúlio Vargas com Isaac Kerstenetzky, Julian Chacel, Margareth Hanson Costa, responsáveis pela sua formação teórica e a economia aplicada (ver Loureiro, 1997, capítulo IX).

Sua formação ideológica, do ponto de vista do desenvolvimento econômico, foi no BNDE e, a humanista, com os colegas matemáticos. A virada, segundo ela, foi a leitura do livro *Formação Econômica do Brasil,* de Celso Furtado, em 1959, e o debate sobre inflação, com destaque para os ensinamentos de Ignácio Rangel, no BNDE, que incendiaram sua cabeça. De um lado, Roberto Campos e Bulhões posicionados no campo monetarista, contra Celso Furtado, Raúl Prebisch e os demais estruturalistas da Cepal. Segundo seu testemunho, estes foram os primórdios de sua profissão, professores de todas as tendências, "não precisou ir para Harvard, foi discípula dos grandes autodidatas da América Latina: ensinam com muito menos preconceito, porque não são bitolados" (entrevista, *Canal Ciência*, 1986). Sua aplicação aos estudos foi recompensada e, em 1960, ao completar a graduação, foi distinguida com *summa cum laude*, e ainda recebeu, pelo bom desempenho estudantil, o Prêmio Visconde de Cairu, da antiga Universidade do Brasil.

Concluindo o Curso de Ciências Econômicas, em 1960, foi convidada pela Comissão Econômica da América Latina (Cepal), órgão das Nações Unidas, para fazer o curso de "Desenvolvimento Econômico". Ao término foi contratada, em 1961, para ser assistente do economista chileno Aníbal Pinto Santa Cruz, coordenador do escritório Cepal-BNDE, entre 1961 e 1964. Este economista, segundo ela, foi uma das figuras mais importantes para sua formação em Economia e, ainda hoje, recordado com muito carinho (*Memórias do Desenvolvimento*, 2009, p. 161-192).

Este foi o itinerário da formação econômica de Maria da Conceição e o início de sua longa e brilhante trajetória como economista na sociedade brasileira. Tendo chegado em fevereiro de 1954, havia vivido o auge do ciclo de desenvolvimento dos anos 1950 e naquele início dos anos 1960 presenciava seu esgotamento (Melo, 2012).

Em seu primeiro ensaio "Auge e declínio da substituição de importações", fez uma análise acurada destes anos. Este texto foi lançado pela primeira vez, como "texto de discussão", no curso Cepal-BNDE, em 1964, e suas reflexões tiveram uma grande repercussão nos meios acadêmicos e políticos na avaliação daqueles anos conturbados. Este ensaio, até os dias atuais, permanece como uma contribuição teórica para o pensamento clássico da Cepal e uma

Hildete Pereira de Melo (Org.)

análise pioneira do arranco da industrialização nacional. Foi publicado no seu primeiro livro *Da substituição de importações ao capitalismo financeiro*, em 1972, do qual já foram lançadas treze edições nacionais e duas no México.

Nos anos 1960, já como economista profissional, trabalhando com indústria, distribuição de renda, contas nacionais, comércio exterior, buscando analisar a reforma Bulhões-Campos (1964/1965), notou uma lacuna nos economistas desenvolvimentistas relativa à economia monetária. E os ensinamentos de Rangel valeram para suas novas reflexões entre desenvolvimento e economia financeira. Com a volta de Aníbal Pinto para Santiago, ela assumiu a chefia do escritório Cepal-BNDE, onde, nas suas palavras, passou maus momentos, enfrentando o novo governo que pretendia fechar este escritório ou pelo menos desalojá-lo do prédio do BNDE. Assim, numa negociação entre a Cepal e o Instituto de Pesquisa Econômica Aplicada (Ipea), o escritório foi transferido para Brasília, agora com uma nova associação: com o Instituto Latino-Americano de Planejamento Econômico e Social (Ilpes), associado da Cepal. Com a formação deste novo escritório Ipea-Ilpes na nova capital federal, no segundo semestre de 1968, ela foi designada para trabalhar na sede da Cepal e, em outubro de 1968, chegou a Santiago (Chile). Desta forma, escapou dos expurgos promovidos pelo AI-5 de 13 de dezembro de 1968. Porque nestes anos, entre a queda do governo do presidente João Goulart (1964) e o ano de 1968, ela havia continuado lecionando na Faculdade de Economia e Administração, sendo também Professora visitante no curso ministrado pela FGV no Centro de Aperfeiçoamento do Ensino (CAE) entre 1965 e 1967. Fazia do magistério sua militância política. Participou, em 1967, do encontro de Itaipava com a Ford Foundation, para discutir a implantação da pós-graduação em Economia no país. Foi para este encontro como representante da Cepal e lá estavam presentes, entre outros, Delfim Netto (USP), Mário Henrique Simonsen (FGV), Isaac Kerstenetzky (IBGE). As propostas de Delfim Netto e Simonsen divergiam e a Ford apoiou o projeto de Delfim, e assim a Pós-Graduação de Economia da USP foi a primeira do Brasil. Em 1973 este grupo criou a Associação Nacional dos Centros de Pós-Graduação em Economia (Anpec).

Em outubro de 1968 chegou a Santiago, onde aprofundou suas reflexões sobre economia financeira. Estava claro que o mundo mudava e que aquela teoria monetária em que

> [...] supostamente os preços variavam pouco [...] não valia [...] a estatística ensina que quando a variância é muito grande, nenhuma equação tem

48 Maria da Conceição Tavares: vida, ideias, teorias e políticas

> estabilidade nos parâmetros [...] a velocidade de circulação da moeda era um parâmetro, eu gargalhava! E uma equação quantitativa da moeda ter como suposição estável seus parâmetros, quando uma das variáveis (preços) apresentava gigantesca variância e outra (quantidade de moeda ou M1) diminuía radicalmente seu peso. [...] Paradigmas que supõem equilíbrio não se sustentam numa economia como a brasileira (depoimento ao Canal Ciência, 1986).

No Chile, continuou sua trajetória de Professora, foi convidada para lecionar na Escuela de Estudios Latinoamericanos para Graduados (Escolatina), ligada à Universidade do Chile.

Em outubro de 1971, licenciou-se da Cepal e foi para Paris fazer uma pós-graduação na Sorbonne. Em maio de 1972, com o aguçamento da crise econômica chilena, voltou para a Cepal. Ao chegar, recebeu o convite do ministro da Economia do Chile, Carlos Matus, seu ex-colega na Cepal, para ser assessora econômica voluntária no Ministério. E a partir deste momento, até março do ano seguinte (1973), colaborou com o governo de Salvador Allende junto a outros economistas estrangeiros, entre os quais o brasileiro José Serra. Continuava dedicada aos estudos e junto com Serra, seu assistente, escreveram o ensaio *"Além da Estagnação"* (1972)[3] mostrando como o crescimento brasileiro do período chamado de "milagre" se fazia de forma perversa, com concentração de renda, mas que isso era perfeitamente funcional para o crescimento da economia: uma controvérsia estabeleceu-se no interior do pensamento cepalino.

Sempre militante da democracia, em paralelo, fazia seminários, promovia discussões em sua casa com os exilados brasileiros e latino-americanos, alimentando naqueles anos um ciclo de debates importante em Santiago (Chile). Em março de 1973, expirou sua licença para afastamento da UFRJ e, como sua opção de vida era a vida acadêmica, voltou ao Brasil. Mas, a universidade estava silenciada. Alguns resistiam no Instituto Universitário de Pesquisas do Rio de Janeiro (Iuperj), no Museu Nacional, no Centro Brasileiro de Análise e Planejamento (Cebrap) e na recém-criada Universidade de Campinas.

---

3. Nesta coletânea utiliza-se 1972 como a data de publicação deste ensaio, ano de sua primeira edição brasileira. Publicado no livro *Da substituição de importações ao capitalismo financeiro*. Rio de Janeiro: Zahar Ed., 1972. Este ensaio teve enorme repercussão no meio acadêmico e foi apresentado no 2º Seminário da UNESCO-FLACSO em novembro de 1970, publicado no Trimestre Econômico 152, nov-dez 1971 e na Revista da Escola Latinoamericana de Sociologia (FLACSO), v. 1, jan., 1972, além da edição em português de 1972.

A divulgação dos dados da distribuição de rendimentos do Censo Demográfico de 1970 escandalizou o Brasil. O Censo explicitava a extrema desigualdade da sociedade nacional e a polêmica, apesar da censura, saiu dos muros universitários e Conceição Tavares e diversos colegas travaram com o economista da FGV, Carlos Geraldo Langoni, discípulo de Simonsen, um debate vigoroso sobre a distribuição de renda e as desigualdade estampadas pelos dados do Censo de 1970 (ver Biderman *et al.*, 1996).

No final de 1973 foi para o México como Professora visitante da Universidade Autônoma do México, do Centro de Investigación y Docencia Económica da Cidade do México, e do escritório da Cepal naquele país, onde permaneceu durante todo o ano de 1974. Suas idas e vindas, na triangulação profissional entre a cidade do México, Santiago e Rio de Janeiro, valeu-lhe a prisão em novembro de 1974, no momento que embarcava no Galeão (Rio de Janeiro) para uma reunião em Santiago e de lá seguiria para o México. Felizmente sua prisão foi percebida pela sua filha Laura, que a havia acompanhado ao aeroporto, e sua família desencadeou uma busca desesperada para encontrá-la. Seu desaparecimento durou alguns dias, mas sua libertação foi ordenada pelo presidente da República, general Ernesto Geisel (1974-1979), a pedido dos ministros Mario Henrique Simonsen, da Fazenda, e de Severo Gomes, da Indústria e Comércio (CPDOC, s/d). O trauma desta prisão foi curado e a vida acadêmica retomada.

Voltou definitivamente ao Brasil, e de 1975 a 1979, além das atividades acadêmicas, foi consultora econômica da Financiadora de Estudos e Projetos (Finep), dirigida por José Pelúcio Ferreira desde 1971. Ela destaca que as presenças de Isaac Kerstenetzky no IBGE e de José Pelúcio Ferreira na Finep permitiram que a pesquisa em ciências sociais não fosse destroçada nas universidades brasileiras. E, nestes anos, estes dois intelectuais, com poucos recursos, mas com respeitabilidade no meio acadêmico, possibilitaram grande alento para as pesquisas nacionais, tanto em ciências sociais quanto em tecnologia (depoimento, *Canal Ciência*, 1986).

Sua vida acadêmica dividiu-se entre a Faculdade de Economia da Universidade Federal do Rio de Janeiro (FEA-UFRJ), onde seu retorno às salas de aula movimentou os jovens estudantes, e o Departamento de Economia e Planejamento Econômico (Depe), que integrava o Instituto de Filosofia e Ciências Humanas da Universidade de Campinas (Unicamp). Esta vivia um processo de reestruturação comandado pelo Professor Zeferino Vaz. Junto

50 Maria da Conceição Tavares: vida, ideias, teorias e políticas

com João Manuel Cardoso de Mello e Luiz Gonzaga Belluzzo, participou da criação dos cursos de Economia nesta universidade.

Na UFRJ, como docente do quadro, coordenou a graduação de Economia por dois anos. E como o curso de Ciências Econômicas estava há 20 anos sem concursos, ela articulou um concurso público com 20 vagas neste período. O clima político da resistência democrática permitiu motivar jovens acadêmicos cariocas para a vida universitária. Durante os anos de 1974 a 1978, completou *stricto sensu* sua formação acadêmica. Defendeu duas teses: a de livre-docência: *Acumulação de capital e industrialização no Brasil*, na FEA-UFRJ, com o professor Octávio Gouveia de Bulhões na presidência da banca. Este não concordava com nada do que ela havia escrito na tese, conferindo nota 8 a esta e nota 10 para sua aula sobre a teoria keynesiana. Em 1978, defendeu a tese de Professora titular: *Ciclo e crise: o movimento recente da economia brasileira*, na mesma instituição. E, no ano seguinte, a pós-graduação em Economia foi iniciada na UFRJ, e ela foi sua primeira coordenadora de 1978 a 1980. Dividia sua semana entre as duas instituições, participando ativamente da vida acadêmica nacional.

Suas pesquisas buscavam entender a lógica do crescimento brasileiro, instável e problemático, por que era uma economia capitalista periférica e subdesenvolvida. Portanto, uma estrutura produtiva heterogênea, pouco especializada e incapaz da geração endógena de progresso técnico, com oferta abundante de mão de obra e com concentração de renda e propriedades. Por sua vez, o aparelho do Estado e as instituições eram relativamente frágeis e instáveis. Assim, nestas obras, Conceição analisava dois grandes temas: o movimento do lado real da economia e a natureza do sistema financeiro brasileiro e seu papel no processo de acumulação no país.

Continuava com seu espírito crítico e aguçado senso de justiça, ensinando e formando as novas gerações de economistas, entre estes, a futura presidenta do Brasil, Dilma Rousseff, e vários de seus ministros. Esta era, então, já uma profissão procurada por muitos jovens, homens e mulheres, que acreditavam na democracia e no poder do Estado brasileiro para implementar reformas estruturais. Tornou-se uma ativista das ideias econômicas e do avanço do movimento pela redemocratização, participou com um grupo de economistas da criação do Movimento de Renovação dos Economistas e da fundação, em 1979, do Instituto dos Economistas do Rio de Janeiro (IERJ), instituição voltada para o combate da política econômica do regime militar,

Hildete Pereira de Melo (Org.)   **51**

da qual Pedro Malan foi seu primeiro e ela sua segunda presidenta. A intensidade do processo de redemocratização brasileira na década de 1980, levou-a a filiar-se ao Partido do Movimento Democrático Brasileiro (PMDB). Já era reconhecida como uma pensadora do Brasil, e seus conhecimentos de economia a conduziram à Executiva do PMDB. Ao longo da década fez parte da direção do PMDB e tornou-se "conselheira econômica" do deputado federal Ulysses Guimarães, presidente nacional do partido. Esta experiência lhe permitiu conhecer por dentro a classe política brasileira, que na sua maioria se guiava mais pelo interesse privado do que pelo bem público. Sua defesa ardorosa na televisão brasileira do programa de estabilização – Plano Cruzado – dos ministros Dilson Funaro (Fazenda) e João Sayad (Planejamento), em fevereiro de 1986, no governo Sarney, a tornaram conhecida nacionalmente de toda a sociedade brasileira.

Percorreu o Brasil inteiro com palestras e debates. Foi colunista semanal de economia do jornal *Folha de S.Paulo*. Sua coluna intitulada "Lições Contemporâneas" durou 11 anos e três meses (até setembro de 2004). A hiperinflação assolava a economia e os ventos do neoliberalismo chegavam atrasados, mas soprando forte no Brasil. Na primeira eleição direta para a Presidência da República depois do golpe militar de 1964, o ex-governador de Alagoas, Fernando Collor de Mello, foi eleito presidente. Mas, uma nova liderança despontava no cenário brasileiro: o candidato derrotado no segundo turno, Luiz Inácio Lula da Silva, do Partido dos Trabalhadores (PT), líder operário das lutas sindicais paulista da segunda metade dos anos 1970, tornou-se o símbolo da luta nacional por melhores condições de vida e liberdade.

O PT agigantou-se como partido de massa no Brasil e tornou-se a opção para os/as desgarrados/as militantes da esquerda brasileira. Um grupo de pessoas que vinha da esquerda do PMDB e do PSDB ficou deslocado no cenário político e muitas delas filiaram-se ao PT, e Conceição Tavares foi uma destas. Sua trajetória acadêmica e visibilidade social tinham atraído ex-alunos e ex-alunas filiados ao PT para uma possível candidatura à Câmara Federal nas eleições de 1994. Ela acabou decidindo-se a enfrentar o desafio.

> Ao entrar para o PT eu mesma estou fazendo uma ruptura com o meu passado. Não estou entrando para o partido como professora de economia política, ou como mera intelectual crítica, ou apenas como assessora qualificada das lideranças do Partido. Estou entrando para aprender a prática coletiva, às vezes conflitiva, mas sempre democrática do PT. Estou

52   **Maria da Conceição Tavares: vida, ideias, teorias e políticas**

> tentando obter um mandato de representação dos cidadãos do Rio de Janeiro que vá além de minha própria experiência como economista, como intelectual, como professora, como cidadã indignada e incorruptível. [...] Escolhi e fui escolhida pelo PT, para lutar melhor pelo sonho da minha vida, uma democracia social, que permita a passagem para o socialismo democrático, que eu não vou ver, mas que continua no meu horizonte utópico. (Lições Contemporâneas de uma Economista Popular, 1994, p. 6)

Com poucos recursos, sua campanha foi financiada por amigos e amigas, alunos e alunas que se formaram sob seus ensinamentos, comprometidos com o desenvolvimento e com a justiça social, dispersos principalmente pelo Rio de Janeiro e São Paulo, que se engajaram e ajudavam a distribuir material de campanha, a passar o livro de ouro, com doações, e com a venda do livro *Lições Contemporâneas de uma Economista Popular*, composto com as crônicas publicadas pela *Folha de S.Paulo* e editado por Francisco Neiva, um dos coordenadores de sua campanha e sócio da Livraria Dazibao. A campanha foi marcada por festas, pela alegria e pela esperança, inclusive com a feitura de uma boneca gigante, vestida com roupa da própria Conceição e com um cigarro entre os dedos, que acompanhava um grupo de militantes pelos bares e ruas do Rio. A campanha exigiu que Maria da Conceição Tavares fizesse inúmeras palestras em sindicatos, bares, comícios domésticos, atingindo um público diferente e nem sempre esclarecido, obrigando a Professora a ser mais paciente e a explicar inúmeras vezes as mudanças que vinham com o neoliberalismo.

Ao longo dos meses de abril a outubro de 1994, Conceição deve ter falado para cerca de cinco mil pessoas diretamente, tornando-se uma candidata de opinião, ampla, atingindo um eleitorado diversificado que ia da Zona Sul à Zona Oeste do Rio de Janeiro. Foi eleita deputada federal, pelo PT, com uma votação expressiva – 40.409 votos, correspondente a 0,89% do total de votos válidos do Estado do Rio de Janeiro. A vitória foi comemorada com os amigos, mas a Justiça Eleitoral anulou as eleições do Estado do Rio de Janeiro realizadas em 3 de outubro de 1994, marcando novas eleições para 15 de novembro do mesmo ano. Isto exigiu mais um mês de andanças pelas ruas e, com 64 anos, o esforço de Conceição foi enorme, mas conseguiu repetir a performance anterior. Seu corpo, obviamente, cobrou um preço e a deputada acabou tendo que fazer uma cirurgia na coluna por conta do esforço excessivo daqueles nove meses de campanha eleitoral.

Nessas eleições o partido vitorioso foi o Partido da Social-Democracia Brasileira (PSDB), numa aliança conservadora com a política mais reacionária nacional, e o vencedor foi o sociólogo Fernando Henrique Cardoso. O parceiro dos tempos da resistência ao regime militar foi eleito, em 1994, presidente da República. O carro-chefe de sua campanha foi o plano de estabilização – Plano Real – que estancou o processo hiperinflacionário que assolava a economia brasileira. Eleito, Fernando Henrique consagraria a adesão brasileira ao ideário neoliberal, ganhando uma feroz opositora no parlamento nacional.

Uma mulher e um mandato eletivo

Maria da Conceição chegou ao parlamento nacional num momento muito delicado para o ideário de esquerda propugnado pelo seu partido. A economia heterodoxa estava derrotada no mundo acadêmico e político – o neoliberalismo imperava. Sua chegada à Câmara Federal na abertura da legislatura, em fevereiro de 1995, foi saudada não só como vitória da heterodoxia econômica, mas também das mulheres. Eram tão poucas nos espaços de poder que a Professora Maria da Conceição representava uma esperança de que era possível ampliar a participação feminina naquele espaço de poder.

Sua passagem pela Câmara dos Deputados transcorreu no auge dos anos neoliberais da década de 1990 e foi um mandato popular de oposição na Câmara Federal, que contribuiu para formar um novo ciclo de elaboração programática nacional para o PT. Naquele meio masculino, a ressonância da sua competente voz acadêmica foi significativa no combate à hegemonia dos conservadores. Era preciso estabelecer as relações entre a geopolítica das finanças internacionais e a adesão do Brasil a esta política neoliberal. Com dureza fez seu trabalho parlamentar, mas a vida política não era pautada pelo pensamento crítico e as reflexões sobre os grandes temas nacionais não prosperavam no ambiente parlamentar.

Como não aceitava fazer um mandato tradicional de formular "projetos" de interesses de grupos locais, decidiu que sua passagem pela Câmara Federal seria voltada para um mandato coletivo relacionado ao seu partido: sua proposta era que se devia privilegiar projetos da bancada do partido e não individuais. Mas a tradição da Casa não é essa e nem seu partido aderiu. A maioria não concordava, decidiu então que pelo menos ela se comportaria desta forma. Assim, seu mandato foi posto a serviço da bancada do seu partido – o PT. Naturalmente, seus títulos acadêmicos e seu reconhecimento

54   Maria da Conceição Tavares: vida, ideias, teorias e políticas

como eminente Professora de Economia a transformaram nestes anos em "Professora da bancada do PT" na Câmara Federal. Este convívio e camaradagem com a bancada do PT e do Partido Comunista do Brasil (PcdoB) foi, segundo seu depoimento, o que lhe deu forças para resistir à onda neoliberal que assolou o país nos anos de seu mandato parlamentar.

Esses tempos que compreendem os anos de seu mandato foram, sobretudo, de resistência às políticas de desmantelamento da Constituição de 1988, propostas pelo governo Fernando Henrique Cardoso (FHC). O que estava em jogo naquele momento para os donos do poder era fazer "projetos de futuro" que prometiam ora a grandeza nacional ora o paraíso na Terra. O desmonte do Estado estava relacionado à retirada do Estado de setores de infraestrutura que ao longo do processo de industrialização tinham sido implantados na economia nacional. Vale dizer, com o aço/ferro, o petróleo, a energia elétrica e as telecomunicações. Vaticinando o encilhamento do Estado brasileiro, os economistas ortodoxos argumentavam com a necessidade de vultosos investimentos para os quais o Brasil não tinha como atrair capitais para alavancar estes negócios, era preciso privatizá-los! Como a questão inflacionária estava vencida pelo Plano Real, o ataque encontrava-se centrado no setor estratégico de infraestrutura e as privatizações passaram a ser a principal plataforma do governo de Fernando Henrique Cardoso.

Indignada, subiu na tribuna e afirmou que tinha chegado havia 41 anos neste país e já tinha assistido a muitas tentativas de reformas do Estado e da Constituição perversas, mas era a primeira vez que via uma operação de desmonte da base econômica de um setor estratégico da importância do petróleo, que atravessou todos os tipos de regime e de vicissitudes. Em nome do que estaria sendo desmontado? Pela ineficiência? Pela incapacidade da Petrobras para enfrentar a situação de globalização por que passava o mundo. Certamente que não! Foram palavras ao vento, nada adiantou, acabaram derrotados. Em 6 de agosto de 1997, foi aprovada a Lei 9.478, que dispunha sobre a política energética nacional, quebrava a exclusividade da Petrobras na exploração de petróleo e criava a Agência Nacional de Petróleo (ANP).

Contra a venda da Companhia Vale do Rio Doce, escreveu artigos e gritou aos quatro ventos, mas tudo foi em vão. E todo o pensamento de esquerda e as forças democráticas e nacionalistas foram impotentes para impedir o leilão da Companhia na bacia das almas. Esta companhia era um dos poucos sistemas globais que o país possuía com capacidade autônoma de atrair investimentos e financiamentos externos e realizar parcerias estratégicas, mantendo uma inserção competitiva num mercado internacional altamente oligopolizado. O projeto das telecomunicações foi um dos menos discutidos na sociedade e foi improvisado pelo governo de FHC, mas não teve pelo lado das oposições uma fundamentação teórica sólida para enfrentar a onda liberalizante que soprava no mundo naqueles anos. O Sistema Telebras foi fragmentado, privatizado, inclusive a Embratel, a operadora de longa distância, e o controle de suas empresas foi entregue a operadoras estrangeiras. Seu mandato lutou contra, mas foi outra batalha perdida.

Seu mandato foi uma permanente luta contra os rumos que a política econômica comandada pelo seu antigo aluno – Pedro Malan – tomava naqueles anos. Comemorava-se naquele ano de 1997, três anos do Plano Real, e a deputada Maria da Conceição denunciava a desorganização sem precedentes na vida econômica nacional propiciada pelo plano de estabilização que trazia desemprego e degradação das condições de trabalho, déficits crescentes nas transações comerciais e de serviços com o exterior.

Destemida, denunciava a ação predatória sobre o Estado, o desmonte do setor público, o sucateamento da infraestrutura de serviços básicos e a desnacionalização acelerada da produção. Sua participação na Comissão de Economia e Finanças foi a melhor contribuição que seu mandato deu à Nação. Combatia as "políticas negativas" que os desequilíbrios potenciais do balanço de pagamentos, a crise fiscal e o desemprego estrutural provocavam no Brasil. Denunciava o imenso custo social que a política de estabilização provocava no mercado de trabalho nacional.

Interessada num mandato coletivo atrelado ao partido, trabalhou com paixão no projeto que tratava da tributação das grandes fortunas, nos termos do artigo 153, inciso VII da Constituição Federal. A primeira iniciativa de instituí-lo foi do então senador Fernando Henrique Cardoso, que o aprovou no Senado (Projeto de Lei complementar (PLP) n. 162 de 1989 e encaminhado à Câmara dos Deputados). Foi relatora dele na legislatura de 1995 e na de 1996. Até o deputado Delfim Netto, ex-tsar da economia nos governos militares, assinou o seu relatório e convenceu vários deputados correligionários a fazerem o mesmo; sua justificativa era que este relatório não seria aprovado no plenário da Câmara Federal, mas as assinaturas deles seriam um reconhecimento ao seu esforço.

Sua vida parlamentar transcorreu em tempos amargos para o pensamento progressista de esquerda. Havia uma unanimidade em bater no velho Estado

56 Maria da Conceição Tavares: vida, ideias, teorias e políticas

de bem-estar, que nem havia se completado inteiramente no Brasil. O que aconteceu foi que houve retrocesso social aqui e em todas as partes do mundo onde as políticas sociais foram o eixo para a estabilização fiscal. O ano de 1998 foi marcado pelas eleições presidenciais e o presidente Fernando Henrique Cardoso, numa manobra política, aprovou a reeleição e candidatou-se, ganhou no primeiro turno ainda no rastro do sucesso da política anti-inflacionária.

Lúcida, decidiu que não seria mais candidata a nenhum cargo eletivo, reconhecia que uma intelectual crítica tem muito pouco a ver com um ambiente parlamentar, onde imperam valores diferenciados derivados dos acordos e negociações políticas. E estes passam longe do debate de ideias prevalentes no ambiente acadêmico e universitário. A desistência da vida parlamentar não era jogar a toalha para seus ideários; significava voltar para a vida de intelectual crítica e Professora do Instituto de Economia da UFRJ. Pensar o Brasil e continuar na luta para transformá-lo, permaneceu na militância partidária e viu acontecer a debacle do segundo governo FHC.

Cheia de esperanças, participou da nova tentativa do PT e de seu candidato Luiz Inácio Lula da Silva ao cargo de presidente da República. O ciclo neoliberal na política e na sociedade estava exaurido e a vitória histórica do PT nas eleições de 2002 a encheu de novas esperanças com a sociedade progressista nacional. A *Carta aos Brasileiros* de julho de 2002 que o PT havia assinado no meio da campanha eleitoral, e que tanto a havia contrariado, foi "quase" esquecida diante da vitória retumbante.

Durante os governos do PT, sem ocupar cargo algum, a "Professora", como é carinhosamente chamada por alguns alunos, continuou a desempenhar seu papel de intelectual crítica, sendo constantemente chamada para debates e discussões relevantes. Continuou, mesmo já com certa idade, a participar dos cursos ministrados no IE-UFRJ, de debates e bancas acadêmicas, de avidamente ler novas teses e artigos sobre economia brasileira e internacional, sem abdicar do prazer de ler romances e novelas policiais. Nesse período, à frente da Presidência Acadêmica do Centro Celso Furtado, promoveu grandes ciclos de debates, nas dependências do BNDES, que contaram com a participação de ministros de Estado e de especialistas, do governo ou não, dispostos a apresentarem suas visões sobre os entraves ao desenvolvimento, fazendo suas exposições sob a avaliação crítica da mestra de tantos deles. Agora ela coordenava os debates, quando antes fora discípula de Celso Furtado, de Aníbal Pinto e de Ignácio Rangel.

Maria da Conceição Tavares seguramente é uma testemunha lúcida dos acontecimentos do seu tempo, viveu uma experiência excepcional de ser uma mulher num domínio reservado aos homens que é a política e a economia. Tendo vindo ao mundo num tempo de uma história aberta pela crise de 1929, com guerras e revoluções, do socialismo ao fascismo, como ela gosta de afirmar, é [foi] uma moça do século XX, dominada pela esperança de justiça e liberdade. Mas ela teve um destino diferente das suas contemporâneas, sua trajetória acadêmica a colocou no rol dos grandes economistas heterodoxos do século XX na sociedade mundial e a mais importante economista da América Latina e do Brasil (*A Biographical Dictionary of Dissenting Economics*, Ed. 2000, p. 660-664).

Referências

ARESTIS, Philip; SAWYER, Malcolm (eds.). *A Biographical Dictionary of Dissenting Economics*. Northampton (Ma), EUA: Edward Elgar Publishing Limited, editions 1992, 1994 e second edition 2000.

ABDE – Associação Brasileira de Instituições Financeiras de Desenvolvimento. *Lições de Mestres*. Rio de Janeiro: Editora Campus, 1998.

BIDERMAN, C.; COZAC, Luis F. L., REGO, José M., *Conversas com economistas brasileiros*. São Paulo: Editora 34, 1996.

BRASIL, CÂMARA FEDERAL. Diários da Câmara Federal, 1995, 1998, 1997, 1998. Disponível em: <http://imagem.camara.gov.br>, acessos diversos.

FGV, CPDOC. Verbetes. Disponível em:<http://www.fgv.br/cpdoc/acervo/dicionarios/verbete-biografico/maria-da-conceicao-de-almeida-tavares>. Acesso em: 5 ago. 2018.

LOUREIRO, Maria Rita (org.). *50 Anos de Ciência Econômica no Brasil*. Petrópolis: Vozes, 1997.

MELO, Hildete Pereira de. "Conceição Tavares, uma mulher política", *in*: PRADO, L. C. D. (org.). *Desenvolvimento econômico e crise: ensaios comemorativos dos 80 anos de Maria da Conceição Tavares*. Rio de Janeiro: Contraponto, Centro Internacional Celso Furtado, 2012.

SBPC - Sociedade Brasileira pelo Progresso da Ciência, Canal Ciência. Portal de Divulgação Científica e Tecnológica, "Entrevista Maria da Conceição Tavares", março/abril de 1986. Disponível em: <http://www.canalciencia.ibict.br>.

TAVARES, Maria da Conceição. Entrevista, "Memórias do Desenvolvimento 3". Centro Internacional Celso Furtado de Políticas para o Desenvolvimento, Rio de Janeiro, ano 3, n. 3 – outubro de 2009, p. 161 a 192.

PARTE 1

FASE CEPAL

Transformações do modelo de desenvolvimento na América Latina[1]

Maria da Conceição Tavares

Características do modelo exportador

Relembrando rapidamente as principais características do modelo tradicional de desenvolvimento "para fora" de nossas economias, ficará mais claro o contraste entre este e o modelo de desenvolvimento recente que descreveremos em seguida.

É comum acentuar-se o alto peso relativo do setor externo nas economias primário-exportadoras, dando ênfase ao papel desempenhado por suas duas variáveis básicas: as exportações, como variável exógena responsável pela geração de importante parcela de renda nacional e pelo seu crescimento; e as importações como fonte flexível de suprimento dos vários tipos de bens e serviços necessários ao atendimento da parte apreciável da demanda interna. Enunciada de maneira sintética, a importância quantitativa destas duas componentes não se distingue da que é peculiar a qualquer economia aberta. Assim, para avaliarmos corretamente o significado do papel do setor externo em nossas economias periféricas, devemos contrastá-lo com o que historicamente desempenhou nas economias "centrais". Ao fazê-lo, ficarão manifestas algumas das principais características do modelo que pretendemos analisar.

No processo de desenvolvimento europeu, o setor externo foi em geral preponderante e desempenhou basicamente aquelas duas funções antes apontadas. Contudo, mesmo mantendo um alto nível de abstração, podem-se notar diferenças qualitativas substanciais na maneira pela qual atuava aquele setor em um e outro tipo de economia.

---

1. Extraído do livro TAVARES, Maria da Conceição. *Da substituição de importações ao capitalismo financeiro: ensaios sobre a economia brasileira.* Rio de Janeiro: Ed. Zahar, 1972, p. 29 a 58.

Comecemos por examinar o papel das exportações em ambos os casos.

No primeiro (o caso das economias centrais), embora as exportações fossem importantes e dinâmicas da formação da renda nacional, sem a qual não se poderia explicar a suaexpansão, não lhes cabia a exclusiva responsabilidade pelo crescimento da economia. Na realidade, a essa variável exógena vinha juntar-se uma variável endógena de grande importância, a saber, o investimento autônomo acompanhado de inovações tecnológicas. A combinação dessas duas variáveis, interna e externa, permitiu que o aproveitamento das oportunidades do mercado exterior se desse juntamente com a diversificação e integração da capacidade produtiva interna.

Já na América Latina, não só as exportações eram praticamente a única componente autônoma do crescimento da renda, como o setor exportador representava o centro dinâmico de toda economia. É certo que a sua ação direta sobre o sistema, do ponto de vista da diversificação da capacidade produtiva, era forçosamente limitada, dada a base estreita em que assentava: apenas um ou dois produtos primários. Por outro lado, as suas possibilidades de irradiação interna (sobre o resto do sistema) dependiam, na prática, de uma série de fatores entre os quais podemos destacar os tipos de função de produção adotados e o fato de o setor ser ou não um enclave de propriedade estrangeira. Em suma, o grau de difusão da atividade exportadora sobre o espaço econômico de cada país dependia da natureza do processo produtivo desses bens primários e do seu maior ou menor efeito multiplicador e distribuidor de renda.

De modo geral, o desenvolvimento do setor exportador deu lugar a um processo de urbanização mais ou menos intenso ao longo do qual se iam estabelecendo as chamadas indústrias de bens de consumo interno tais como as de tecido, calçado, vestuário, móveis etc. Estas, como se sabe, são indústrias tradicionais, de baixo nível de produtividade, presentes em quase toda a América Latina, que surgiram no bojo do próprio modelo exportador.

O que nos interessa assinalar, porém, é o fato de que essa reduzida atividade industrial, juntamente com o setor agrícola de subsistência, era insuficiente para dar à atividade interna um dinamismo próprio. Assim, o crescimento econômico ficava basicamente atrelado ao comportamento da demanda externa por produtos primários, dado o caráter eminentemente dependente e reflexo de nossas economias.

Por outro lado, o papel desempenhado pelas importações era também qualitativamente distinto, como distinta era a sua estrutura. Nas economias abertas centrais, as importações se destinavam, basicamente, a suprir as necessidades de alimentos e matérias-primas que as suas constelações de recursos naturais não lhes permitiam produzir internamente de maneira satisfatória. Já nas nossas economias, além de termos, em maior ou menor grau, de resolver esse mesmo problema, as importações deviam cobrir faixas inteiras de bens de consumo terminados e praticamente o total dos bens de capital necessários ao processo de investimento induzido pelo crescimento exógeno da renda. Assim, o papel do setor externo como mecanismo de ajuste entre estruturas de demanda e produção interna assume também um caráter marcadamente diverso, em grande parte responsável pela subsequente mudança de modelo de desenvolvimento.

O cerne da problemática do crescimento "para fora" típico de nossas economias está evidentemente vinculado ao quadro de divisão internacional do trabalho que foi imposto pelo próprio processo de desenvolvimento das economias líderes e do qual decorria, para os países da periferia, uma divisão do trabalho social totalmente distinta da do centro.

No caso dos países desenvolvidos, não havia, como não há, uma separação nítida entre a capacidade produtiva destinada a atender aos mercados interno e externo. Não é possível distinguir um setor propriamente exportador: as manufaturas produzidas são tanto exportadas quanto consumidas em grandes proporções dentro do país, e a especialização com vistas ao mercado externo se faz antes por diferenciação de produtos do que por setores produtivos distintos.

Ao contrário, para a maioria dos países da América Latina, há uma divisão nítida do trabalho social, entre os setores externo e interno da economia. O setor exportador era (e continua sendo) um setor bem definido da economia, geralmente de alta rentabilidade econômica, especializado em um ou poucos produtos dos quais apenas uma parcela reduzida é consumida internamente.[2] Já o setor interno, de baixa produtividade, era basicamente de subsistência, e só satisfazia parte das necessidades de alimentação, vestuário e habitação da parcela da população monetariamente incorporada aos mercados consumidores.

---

2. Uma das poucas exceções é a Argentina, em que essa divisão não é tão nítida, e uma parcela substancial da produção dos seus dois principais produtos de exportação é também consumida internamente. Assim como a característica básica persistirá no que diz respeito à especialização do setor exportador e são igualmente válidas as considerações seguintes.

64 Maria da Conceição Tavares: **vida, ideias, teorias e políticas**

Por outro lado, a alta concentração de propriedade dos recursos naturais e do capital, sobretudo no setor mais produtivo, o exportador, dava lugar a uma distribuição de renda extremamente desigual. Assim, se bem o grosso da população auferia níveis de renda muito baixos, que praticamente a colocava à margem dos mercados monetários, as classes de altas rendas apresentavam níveis e padrões de consumo similares aos dos grandes centros europeus e em grande parte atendidos por importações.

Na combinação de um esquema dual de divisão de trabalho com uma acentuada desigualdade na distribuição pessoal da renda residia, pois, a base da tremenda disparidade entre a estrutura da produção e a composição da demanda interna, cujo ajuste se dava por intermédio do mecanismo de comércio exterior. Esta é, em última análise, a característica mais relevante do modelo primário-exportador, para a compreensão da mudança subsequente à crise.

A quebra do modelo tradicional e a passagem a um novo modelo

De 1914 a 1945, as economias latino-americanas foram sendo abaladas por crises sucessivas do comércio exterior, decorrentes de um total de 20 anos de guerra e/ou depressão. A crise prolongada dos anos 1930, no entanto, pode ser encarada como o ponto crítico da ruptura do funcionamento do modelo primário-exportador. A violenta queda na receita de exportação acarretou de imediato uma diminuição de cerca de 50% na capacidade para importar da maior parte dos países da América Latina, a qual depois da recuperação não voltou, em geral, aos níveis da pré-crise.[3]

Apesar de o impacto sobre o setor externo das nossas economias ter sido violento, este não mergulhou em depressão prolongada como as economias desenvolvidas. A profundidade do desequilíbrio externo fez com que a maior parte dos governos adotasse uma série de medidas tendentes a defender o mercado interno dos efeitos da crise no mercado internacional. Medidas que consistiram basicamente em restrições e controle das importações, elevação da taxa de câmbio e compra de excedentes ou financiamento de estoques, visando antes defender-se contra o desequilíbrio externo do que estimular a atividade interna. No entanto, o processo de industrialização que se iniciou a

---

3. Veja-se, a respeito, a abundante literatura da Cepal, em particular *O Estudo Econômico de 1949* (E/CN. 12/164/Rev.1), publicação das Nações Unidas, n. de venda 51.II.G.1.

partir daí encontrou, sem dúvida alguma, seu apoio na manutenção da renda interna resultante daquela política.

Vejamos rapidamente, e em linhas as mais gerais, como se deu a passagem ao novo modelo de desenvolvimento voltado "para dentro".

Tendo-se mantido em maior ou menor grau o nível de demanda preexistente e reduzido violentamente a capacidade para importar, estava desfeita a possibilidade de um ajuste *ex ante* entre as estruturas de produção e de demanda interna, através do comércio exterior. O reajuste *ex post* se produziu mediante um acréscimo substancial dos preços relativos das importações, do que resultou um estímulo considerável à produção interna substitutiva.

Inicialmente utilizando e mesmo sobreutilizando a capacidade existente, foi possível substituir uma parte dos bens que antes se importavam. Posteriormente, mediante uma redistribuição de fatores e, em particular, do recurso escasso, as divisas, usou-se a capacidade disponível para importar, com o fim de obter do exterior os bens de capital e as matérias-primas indispensáveis à instalação de novas unidades destinadas a continuar o processo de substituição.

Não vamos alongar-nos descrevendo a dinâmica desse processo, que será objeto de atenção especial num dos próximos parágrafos. O que queremos enfatizar é que ele corresponde, na realidade, à vigência de um novo modelo de desenvolvimento.

O primeiro ponto que se deve assinalar é a mudança das variáveis dinâmicas da economia. Houve uma perda de importância relativa do setor externo no processo de formação da renda nacional e, concomitantemente, um aumento da participação e do dinamismo da atividade interna.

A importância das exportações como principal determinante (exógeno) do crescimento foi substituída pela variável endógena investimento, cujo montante e composição passaram a ser decisivos para a continuação do processo de desenvolvimento.

O setor externo não deixou de desempenhar papel relevante em nossos países; apenas houve uma mudança significativa nas suas funções. Em vez de ser o fator diretamente responsável pelo crescimento da renda, através do aumento das exportações, sua contribuição passou a ser decisiva no processo da diversificação da estrutura produtiva, mediante importações de equipamento e bens intermediários.

Compreenda-se, assim, a possibilidade de manter uma taxa razoável de investimento – e, em consequência, de crescimento –, mesmo em condições de estagnação ou declínio temporário das exportações, desde que se pudesse modificar a composição das importações, comprimindo as não essenciais para dar lugar aos bens de capital e insumos necessários.

Há outros aspectos que convém destacar para se compreender a natureza do novo modelo de desenvolvimento na América Latina.

Em primeiro lugar, deve levar-se em consideração que as transformações da estrutura produtiva circunscreveram-se, praticamente, ao setor industrial e atividades conexas sem modificar de modo sensível a condição do setor primário, inclusive as atividades tradicionais de exportação.

Desse caráter "parcial" da mutação ocorrida no sistema econômico resultam duas circunstâncias sobre as quais voltaremos mais adiante. Uma delas é a preservação de uma base exportadora precária e sem dinamismo, o que por sua vez é uma das causas do crônico estrangulamento externo. A outra é o caráter "parcial" da mutação ocorrida no sistema econômico e o consequente surgimento de um novo tipo de economia dual.

Em segundo lugar, ressalta o fato, já suficientemente divulgado, de que os novos setores dinâmicos aparecem e se expandem no âmbito restrito dos mercados nacionais, o que determina o caráter "fechado" do novo modelo.

Se examinarmos as características apontadas de um ângulo mais amplo, poder-se-ia dizer que a mudança na divisão do trabalho social (ou consignação dos recursos) que involucra o processo de industrialização, tal como se apresentou na região, não foi acompanhada de uma transformação equivalente na divisão internacional do trabalho. Esta última, fundamentalmente, não variou, pelo menos no que se refere às especializações das economias industriais e das subdesenvolvidas no intercâmbio mundial. Na realidade, as únicas mudanças sensíveis tiveram lugar no comércio entre as nações "centrais".

No fundo, muitas inquietudes atuais, como as existentes sobre a integração regional latino-americana ou a conferência mundial de comércio das Nações Unidas, estão baseadas ou postulam novos esquemas na divisão extranacional do trabalho ou dos recursos, que correspondem às transformações operadas internamente e às necessidades de dinamizar o crescimento dos países subdesenvolvidos com o reforço de um comércio exterior mais amplo e diversificado.

Em suma, o "processo de substituição das importações" pode ser entendido como um processo de desenvolvimento "parcial" e "fechado" que, respondendo às restrições do comércio exterior, procurou repetir aceleradamente, em condições históricas distintas, a experiência de industrialização dos países desenvolvidos.

Natureza e evolução do estrangulamento externo[4]

Por constituir a perda de dinamismo do setor externo uma característica dominante no modelo de substituição das importações e que está realmente presente em quase todas as economias latino-americanas, convém examinarmos mais detalhadamente este problema.

Em primeiro lugar, será útil fazer uma distinção entre as duas formas principais em que se manifesta o estrangulamento exterior, a saber: uma de caráter "absoluto", que corresponde a uma capacidade para importar estancada ou declinante, e outra de caráter "relativo", que se identifica com uma capacidade para importar que cresce lentamente a um ritmo inferior ao do produto. A primeira forma de estrangulamento será geralmente relacionada com as contrações do comércio internacional pelas quais têm passado os produtos primários. A segunda, por sua vez, está associada às tendências de longo prazo das exportações dos mesmos.

Apesar de as vicissitudes e o comportamento do setor externo latino-americano estarem fartamente documentados, é preciso recapitular brevemente, para fins de análise posterior, alguns dos principais antecedentes na experiência regional.

Até o fim da Segunda Guerra Mundial, nem o *quantum* nem o poder aquisitivo das exportações haviam alcançado o nível anterior ao da grande crise. Depois da guerra, o poder aquisitivo das exportações melhorou em termos absolutos devido ao aumento do *quantum* exportado e a um período de melhoramento da relação de intercâmbio entre 1949 e 1954. A partir de 1954, exclusão feita da Venezuela, o poder de compra das exportações dos demais países manteve-se estagnado e, inclusive, tendeu a decrescer nos últimos anos, como resultado da deterioração da relação de trocas.

Se se compara a evolução da renda nacional e do poder de compra das exportações em termos *per capita,* fica mais evidente o fenômeno da não recu-

---

4. Os antecedentes desta seção estão baseados nas seguintes fontes: Estudo Econômico da Cepal de 1949; Inflação e Crescimento: Resumo da Experiência da América Latina; *Boletim Econômico da América Latina*, v. VII (1962), p. 25 e ss.; e *Hacia una dinámica del desarrollo latinoamericano* (E/CN. 12/680).

peração do setor externo em termos relativos. Desde 1928-1929 até 1960, ao mesmo tempo que a renda média por habitante da região se elevou em mais de 60%, o poder aquisitivo das exportações por habitante decresceu em mais de 50%. Incluindo os anos 1950 e 1951, que foram os mais favoráveis do pós--guerra para nossas exportações, o poder aquisitivo por habitante continuou sendo inferior a 23% ao nível de antes da crise.

Este estrangulamento do setor externo e o concomitante processo mais ou menos intenso de substituição das importações traduziu-se por uma diminui-ção do coeficiente geral de importações em nossas economias. As importações, que antes da grande crise representavam 28% da renda conjunta da América Latina, constituíram, recentemente, uma proporção relativamente pequena (12%), representando, já no período de 1945-1949, apenas cerca de 15%.

Para estabelecer as relações entre esta evolução do setor exterior e as al-ternativas do processo de substituição de importações, é conveniente distin-guir três períodos que marcam fisionomias características nestas relações.

O primeiro período, que vai desde a grande crise (1929-1945) até o fim da Segunda Guerra Mundial, transcorreu com reduções severas globais ou espe-cíficas da capacidade para importar em diversas conjunturas. Por conseguinte, trata-se de um período em que as restrições do setor externo tiveram um caráter "absoluto", o que exigiu um esforço de substituição bastante acentuado em qua-se todos os países da região, traduzido por uma baixa considerável do coeficiente geral de importações. Esta primeira fase se caracterizou, sobretudo, pela substi-tuição dos bens não duráveis de consumo final. Em alguns países maiores, entre os quais se encontra o Brasil, segundo veremos, avançou-se até a categoria dos produtos intermediários e dos bens de capital.

O segundo período, que abrange o primeiro decênio (1945-1955) depois da guerra, transcorreu em condições de menores limitações da capacidade para importar. O crescimento do poder de compra das exportações, se bem que insuficiente para restituir ao setor externo o seu peso relativo, permitiu, no entanto, um aumento considerável do dinamismo da economia, uma vez que se conjugava a expansão da atividade interna com uma melhoria das con-dições do setor exportador.

Na realidade, durante este período, para a maior parte dos países da América Latina, a orientação do crescimento voltou a ser mais "para fora" do que "para dentro", pois repousou em maior grau na melhoria do poder de compra das exportações do que na substituição de importações. Para alguns poucos países, no entanto, como o Brasil, houve realmente o aproveitamento dessa situação relativamente favorável do setor externo para expandir o processo de industrialização. Assim, "o processo de substituição" avançou consideravelmente, entrando nas faixas de bens de consumo duráveis, e continuando, em algumas faixas de produtos intermediários e bens de capital.

De qualquer modo, dentro das três décadas mencionadas, este foi o período de maior crescimento para a América Latina em seu conjunto,[5] e em grande parte só foi possível graças ao fato de o poder de compra das exportações ter crescido com grande rapidez, embora menos do que o produto. (Isso significa que as limitações oriundas do setor externo tiveram apenas um caráter relativo.)

A partir de 1954, as condições externas voltaram a ser francamente restritivas (com exceção dos países petrolíferos) e a capacidade para importar da região tendeu novamente à estagnação. A maior parte dos países não pôde manter o seu ritmo de desenvolvimento pela via da substituição de importações. Praticamente só o México e o Brasil puderam continuar a sua expansão industrial em ritmo considerável. O Brasil conseguiu mesmo acelerar a sua taxa de crescimento por uma série de circunstâncias que serão examinadas na parte específica do estudo, mas não pôde fazê-lo, no entanto, sem aumentar consideravelmente o desequilíbrio do seu balanço de pagamentos.

As diversas acepções do termo "substituição de importações"

O termo "substituição de importações" é empregado muitas vezes numa acepção simples e literal, significando a diminuição ou o desaparecimento de certas importações que são substituídas pela produção interna.

Entendida dessa maneira, esta expressão disfarça a natureza do fenômeno anteriormente descrito e inclusive induz a um entendimento errôneo da dinâmica do processo em questão.

Na realidade, o termo "substituição de importações", adotado para designar o novo processo de desenvolvimento dos países subdesenvolvidos, é pouco feliz porque dá a impressão de que consiste em uma operação simples e limitada de retirar ou diminuir componentes da pauta de importações para

---

5. Ver *El desarrollo económico de América Latina en la post-guerra*, documento da Cepal (E/CN. 12/659/Rev.1), n. de venda 64.II.G.6.

70 Maria da Conceição Tavares: vida, ideias, teorias e políticas

substituí-los por produtos nacionais. Uma extensão desse critério simplista poderia levar a crer que o objetivo "natural" seria eliminar todas as importações, isto é, alcançar a autarcia.[6]

Nada está tão longe da realidade, porém, quanto esse *desideratum*. Em primeiro lugar, porque o processo de substituição não visa diminuir o *quantum* de importação global; essa diminuição, quando ocorre, é imposta pelas restrições do setor externo e não desejada. Dessas restrições (absolutas ou relativas) decorre a necessidade de produzir internamente alguns bens que antes se importavam. Por outro lado, no lugar desses bens substituídos aparecem outros, e à medida que o processo avança, isso acarreta um aumento da demanda derivada por importações (de produtos intermediários e bens de capital) que pode resultar numa maior dependência do exterior, em comparação com as primeiras fases do processo de substituição.

Esclarecido esse possível equívoco, convém agora examinar melhor os problemas analíticos que podem surgir quando se encara a substituição de importações em sentido restrito, isto é, de uma diminuição absoluta ou relativa de certos grupos de produtos na pauta. Para tanto vamos dar alguns exemplos em que isso não se verifique, ou que, mesmo ocorrendo essa diminuição, a essência do fenômeno fique oculta por trás dessa substituição "aparente".

O primeiro exemplo que se poderia apresentar é a hipótese extrema de não haver modificação na composição das importações tanto em termos absolutos quanto relativos, ou seja, não se estar modificando nem o *quantum* nem a participação dos principais grupos de produtos presentes na pauta. Neste caso não haveria substituição "aparente ou visível", embora pudesse estar ocorrendo um vigoroso e efetivo processo de "substituição" através do aumento da participação doméstica em uma oferta interna crescente, que se traduz por uma diminuição do coeficiente de importação da economia.

Outro tipo de problema é o que decorre da aparição de novos produtos no mercado internacional, o que torna difícil a análise comparada da pauta de importações entre períodos distintos. Assim, por exemplo, depois da Segunda Guerra Mundial surgiram novos bens de consumo durável que nada tinham a ver com a natureza dos produtos antes importados. Logo, o desenvolvimento

---

6. Diga-se, de passagem, que este ponto de vista tem sido formulado por alguns teóricos, como o professor Rottenberg, de Chicago, ao acentuar os "perigos" a que conduz uma política de substituição de importações. Ver *Reflexiones sobre la industrialización y el desarrollo económico*, Simón Rottenberg, edição da Universidade Católica de Santiago do Chile.

interno de uma indústria dedicada a produzir esses bens não pode ser chamado *stricto sensu* de "substituição" em relação às importações do período de antes da guerra. Em tal caso, o que ocorre é evidentemente uma continuação do processo geral anteriormente descrito, ou seja, uma reorientação de fatores produtivos que corresponde a uma nova modificação no esquema de divisão do trabalho social da economia.

Outro caso muito frequente nos países da América Latina, sobretudo na última década, é a diminuição de importações de produtos considerados não essenciais (certas faixas de bens de consumo duráveis e não duráveis) decorrente de uma política cambial discriminatória, adotada para ajustar o nível geral de importações à capacidade efetiva para importar.

Como consequência dessas restrições, passa a haver um estímulo à produção interna desses bens. Evidentemente que, nessas condições, a substituição "real" se produz depois da substituição "aparente" verificada na pauta. Ainda neste caso, produtos há que não chegam a ser efetivamente substituídos (porque não existem dimensões de mercado, e/ou os recursos necessários para produzi-los internamente) e cuja diminuição na pauta se deve exclusivamente aos controles. Uma vez afrouxadas, as importações desses bens voltarão automaticamente a subir, além do fato de que poderão subir também as de outros bens cujas condições de produção interna não sejam competitivas com as do exterior, a menos que se encontrem amparadas contra a concorrência externa (mediante uma proteção tarifária elevadíssima, ou via outros instrumentos discriminatórios).

Por último, é necessário não esquecer o caso bastante óbvio, mas nem por isso sempre compreendido, de que a substituição "real ou efetiva" é geralmente muito menor do que a "aparente", que se visualiza pela diminuição de certas importações na pauta. Assim, por exemplo, quando se substituem produtos finais, aumenta, em consequência, a demanda por insumos básicos e produtos intermediários (nem todos necessariamente produzidos no país), pagam-se serviços técnicos e de capital etc. No fundo, a produção de um determinado bem apenas "substitui" uma parte do valor agregado que antes se gerava fora da economia. Como já foi mencionado, isso pode aumentar em termos dinâmicos a demanda derivada de importações em um grau superior à economia de divisas que se obteve com a produção substitutiva.

O nosso propósito com esses breves comentários foi não só demonstrar o risco de uma interpretação estrita do termo "substituição de importações",

72 Maria da Conceição Tavares: vida, ideias, teorias e políticas

como também chamar a atenção para algumas características do próprio processo que estão ocultas por trás daquela designação e parecem mesmo, por vezes, entrar em conflito com ela.

Feitas essas considerações, passaremos à análise da dinâmica do processo que continuaremos a designar de "substituição de importações", uma vez que é o nome consagrado na literatura sobre desenvolvimento econômico dos países da América Latina e, em particular, nos trabalhos da Cepal. Entende-se, no entanto, que essa designação será aplicada, daqui por diante, em um sentido lato, para caracterizar um processo de desenvolvimento interno que tem lugar e se orienta sob o impulso de restrições externas e se manifesta, primordialmente, através de uma ampliação e diversificação da capacidade produtiva industrial.

Dinâmica do processo de substituição de importações

O nosso propósito neste parágrafo é fazer uma análise teórica, em alto nível de abstração, das principais características que oferece a dinâmica do que entendemos por um processo de substituição de importações *lato sensu* e dos problemas de natureza externa e interna que vão surgindo à medida que este se desenvolve.

A nossa tese central é de que a dinâmica do processo de desenvolvimento pela via da substituição de importações pode atribuir-se, em síntese, a uma série de respostas aos sucessivos desafios colocados pelo estrangulamento do setor externo, mediante os quais a economia vai-se tornando quantitativamente a natureza dessa dependência. Ao longo desse processo, do qual resulta uma série de modificações estruturais da economia, vão-se manifestando sucessivos aspectos da contradição básica que lhe é inerente entre as necessidades do crescimento e a barreira que representa a capacidade para importar. Tentaremos mostrar qual a mecânica da superação de alguns desses aspectos, chegando à conclusão de que os problemas de natureza externa e interna tendem a se avolumar de forma a frear o dinamismo do processo.

Resposta aos desafios do desequilíbrio externo

O início do processo está historicamente vinculado à grande depressão mundial dos anos 1930, mas para fins analíticos poder-se-ia considerar como ponto de partida qualquer situação de desequilíbrio externo duradouro que

Hildete Pereira de Melo (Org.)

rompesse o ajuste entre demanda e produção internas descrito no modelo tradicional exportador.

Na sua primeira fase, trata-se, portanto, de satisfazer a demanda interna existente, não afetada pela crise do setor exportador e/ou defendida pelo governo.

As possibilidades de expansão da oferta interna residem em três frentes, a saber: a maior utilização da capacidade produtiva já instalada, a produção de bens e serviços relativamente independentes do setor externo (por exemplo, serviços governamentais) e a instalação de unidades produtivas substituidoras de bens anteriormente importados.

A primeira alternativa termina com a saturação da capacidade existente na economia. Uma parte da segunda e a última passam a estar intimamente relacionadas e constituem a espinha dorsal do processo de desenvolvimento "para dentro", a que demos o nome de substituição de importações.

A substituição inicia-se, normalmente, pela via mais fácil da produção de bens de consumos terminados, não só porque a tecnologia nela empregada é, em geral, menos complexa e de menor intensidade de capital, como principalmente porque para estes é maior a reserva do mercado, quer a preexistente, quer a provocada pela política de comércio exterior adotada como medida de defesa.

Vejamos agora como a própria expansão da atividade interna, correspondente a esta primeira fase, engendra a necessidade de prosseguir o processo de substituição.

De um lado, a instalação de unidades industriais para produzir internamente bens de consumo final que antes se importavam tende a expandir o mercado interno desses mesmos bens, não só pelo próprio crescimento da renda[7] decorrente do processo de investimento, como pela inexistência de restrições internas análogas às que limitavam as importações desses produtos. De outro lado, a sua produção, como já vimos, somente substitui uma parte do valor agregado, anteriormente gerado fora da economia. Em consequência, a demanda derivada por importações de matérias-primas e outros insumos cresce rapidamente, tendendo a ultrapassar as disponibilidades de divisas.

Caracteriza-se assim, portanto, pela primeira vez, uma das faces da contradição interna do processo, antes mencionada, entre sua finalidade, que é o crescimento do produto (do qual decorre a necessidade de elevar, pelo

---

7. A maior ou menor expansão do consumo relacionada com o crescimento da renda depende, evidentemente, da elasticidade-renda dos produtos.

74 Maria da Conceição Tavares: vida, ideias, teorias e políticas

menos em alguma medida, as importações), e as limitações da capacidade para importar.

Em resposta a este desafio, segue-se uma nova onda de substituições para o que se torna necessário comprimir algumas importações menos essenciais, liberando assim as divisas indispensáveis à instalação e operação das novas unidades produtivas. De novo, com o crescimento do produto e da renda, se reproduz em maior ou menor medida o fenômeno anteriormente descrito.

Na superação contínua dessas contradições reside a essência da dinâmica do processo de substituição de importações. Teoricamente, o processo poderia continuar mediante uma seleção rigorosa do uso de divisas, até um ponto da divisão do trabalho com o exterior que correspondesse ao aproveitamento máximo dos recursos internos existentes.[8]

Na realidade, porém, à medida que o processo avança através de sucessivas respostas à "barreira externa", vai-se tornando cada vez mais difícil e custoso prosseguir, não só por razões de ordem interna (dimensões de mercado, tecnologia etc.) como porque, dadas as limitações da capacidade para importar, a pauta de importações tende a se tornar extremamente rígida, antes que o processo de desenvolvimento ganhe suficiente autonomia pelo lado da diversificação da estrutura produtiva.

Os fatores de ordem interna a que nos referimos serão analisados no próximo parágrafo. Vejamos agora, com um pouco mais de detalhe, como a dinâmica da substituição se reflete sobre a estrutura de importações e quais as implicações que daí derivam para a continuidade do processo.

As modificações da estrutura de importações e a mecânica da substituição

Nas primeiras fases do processo de substituição, a seleção de novas linhas de produção é feita à luz da demanda interna existente pelos itens da pauta mais facilmente substituíveis, que são, como já vimos, os bens de consumo terminados.

A composição das importações reflete essa mudança na orientação da atividade interna, através de uma diminuição da participação na pauta dos bens de consumo final e um aumento da participação dos produtos intermediários.

---

8. A inexistência de, pelo menos alguns recursos naturais, impede que considere, mesmo teoricamente, a possibilidade de caminhar para a autarcia.

Passadas, porém, as primeiras fases de industrialização, a manutenção de uma estrutura de importações sem grandes alterações na posição relativa dos três grandes grupos (bens de consumo, produtos intermediários e bens de capital) pode significar que se esteja conseguindo substituir, simultaneamente em várias faixas, embora com ênfase distinta em certas gamas de produtos de acordo com as condições específicas de cada país e o estágio de desenvolvimento em que se encontre.

Evidentemente, isto não significa que não haja modificação na composição das importações. Ao contrário, ela estará mudando dentro de cada grupo tanto mais rapidamente quanto mais acelerado for o processo de substituição. Para garantir, porém, a sua continuidade, as substituições devem encadear-se de modo a não haver sobreposição de picos de demanda por importações que deem origem a um estrangulamento interno prolongado. O comportamento das várias séries históricas de importação deve, pois, traduzir-se graficamente por uma série de parábolas defasadas, correspondendo a saídas e entradas alternadas de novos produtos na pauta.

A possibilidade de manter certa flexibilidade na estrutura de importações, em condições de limitação da capacidade para importar, repousa na construção, o mais cedo possível, de certos elos da cadeia produtiva que são de importância estratégica para levar adiante o processo. Em outras palavras, a possibilidade de continuar a substituir depende do tipo de substituições previamente realizadas.

Se, por exemplo, se continuar substituindo apenas nas faixas de bens finais de consumo, a pauta pode vir a ficar praticamente comprometida com as importações necessárias à manutenção da produção corrente, sem deixar margem suficiente para a entrada de novos produtos e, em particular, dos bens de capital indispensáveis à expansão da capacidade produtiva. Para evitar que isso ocorra, é indispensável que se comece bastante cedo a substituição em novas faixas, sobretudo de produtos intermediários e bens de capital, antes que a rigidez excessiva da pauta comprometa a própria continuidade do processo.

A substituição de produtos intermediários e outros semielaborados tem a característica importante, do ponto de vista das restrições externas, de que os requisitos importados para a continuação da sua produção corrente sejam relativamente modestos. Isso decorre de dois motivos fundamentais. O primeiro é o fato de uma parte das matérias-primas necessárias à sua elaboração poder ser encontrada dentro do próprio país e a parte importada consistir em

76 Maria da Conceição Tavares: vida, ideias, teorias e políticas

produtos brutos, ou pouco elaborados, de baixo valor unitário. O segundo é que, ao contrário dos bens de consumo, o mercado doméstico para este tipo de bens não tende a crescer abruptamente pelo simples fato de se começar a produzi-los internamente. Provavelmente, o maior dispêndio de divisas se fará de uma vez por todas, com a aquisição dos equipamentos necessários à instalação das unidades produtoras.

Neste setor da produção intermediária há, contudo, um hiato temporal bastante considerável entre a decisão de investir num dado ramo e a entrada em operação do projeto. Em consequência, se apenas se pensar em substituir esses produtos, depois de se terem tornado itens significativos na pauta, é quase certo que a aceleração da sua demanda (derivada), conjugada com o *lag* da oferta interna, se traduza por um aumento substancial de importações capaz de ultrapassar as disponibilidades cambiais do país.

Há algumas analogias entre o que se disse, sobretudo no último parágrafo, a respeito da produção intermediária e a de certas faixas de bens de capital. O início da sua produção o mais cedo possível tem, além disso, a vantagem estratégica de permitir certo grau de independência ao processo de desenvolvimento interno em relação às restrições externas.

Resumindo, podemos concluir que, nas condições do modelo de substituição de importações, é praticamente impossível que o processo de industrialização se dê da base para o vértice da pirâmide produtiva, isto é, partindo dos bens de consumo menos elaborados e progredindo lentamente até atingir os bens de capital. É necessário (para usar uma linguagem figurada) que o "edifício" seja construído em vários andares simultaneamente, mudando apenas o grau de concentração em cada um deles de período para período.

Salta aos olhos que a consecução de tal meta levanta uma série de problemas de toda a ordem que exigem para a sua solução um encadeamento de circunstâncias bastante favoráveis. Vamos apenas mencionar dois tipos de problema, um de natureza interna e outro de ordem externa, cuja relevância justifica um destaque especial.

O primeiro deles diz respeito à escolha das faixas de substituições. Em face do que dissemos anteriormente, é evidente que essa escolha não pode ser feita à luz de uma visão estática do mercado interno e/ou da estrutura de importações existente num dado momento. Isso significa, de um lado, que nem todos os investimentos podem ser apenas induzidos pela demanda presente e pressupõe, de outro, uma capacidade de previsão e de decisão autônoma que só pode ser atribuída ao Estado e/ou a alguns raros empresários inovadores.[9]

Os chamados "investimentos de base", por exemplo, dificilmente terão lugar com a necessária antecipação, a não ser por intermédio de decisões governamentais, quer promovendo-os diretamente, quer estimulando ou amparando a iniciativa privada através de medidas de caráter financeiro e outras.

Entre os próprios investimentos induzidos pelo mercado, muitos há que nada têm de "espontâneos",[10] uma vez que o seu surgimento se deve, em grande parte, a decisões de política econômica, sobretudo de comércio exterior (política cambial e tarifária), as quais, modificando, por vezes violentamente, o sistema de preços relativos, orientam (conscientemente ou não) as transformações da capacidade produtiva.

A outra ordem de problemas a que nos referimos diz respeito à natureza das limitações do setor externo. Compreende-se que, em condições de estagnação "absoluta" da capacidade para importar, dificilmente poderá produzir-se uma aceleração industrial suficiente para manter um ritmo de crescimento elevado. As altas taxas de formação de capital e a composição de investimento necessárias a uma rápida diversificação e integração do aparelho produtivo exigem que as limitações do setor externo sejam no máximo relativas, isto é, que haja uma certa expansão das importações, embora a uma taxa inferior à do crescimento do produto. Isso pode ser obtido por meio de um aumento no poder de compra das exportações e/ou à entrada autônoma ou compensatória de capital estrangeiro.

Como veremos mais adiante, no caso brasileiro, tanto uma quanto a outra ordem de problemas apontados tiveram, num passado recente, soluções relativamente favoráveis.

As condicionantes internas do processo

Até aqui examinamos o modelo de desenvolvimento de economias latino-americanas do ponto de vista da dinâmica da substituição de importações,

---

9. O termo está empregado no sentido schumpeteriano. Assim, embora não se negue a existência de considerável capacidade empresarial em algumas das economias latino-americanas em condições de responder adequadamente aos estímulos do mercado e/ou às decisões de política econômica governamentais, parece-nos lícito considerar rara a do tipo "inovador", capaz de uma visão de longo prazo que antecipe as oportunidades existentes na abertura de novas linhas da atividade produtiva.

10. No sentido de resultarem do "livre" jogo das forças de mercado.

no que concerne aos vários tipos de problemas e respostas que se colocavam diante das suas limitações externas.

Voltemo-nos agora "para dentro" e examinemos os condicionamentos que surgem no processo, provenientes de algumas das suas limitações internas. Selecionamos três ordens de fatores que mais cedo ou mais tarde se transformam em problemas sérios com a continuação do desenvolvimento econômico pela via de substituição de importações e que são, por outro lado, as causas das deformações que o processo apresentou historicamente em nossos países. São eles: *a dimensão e estrutura dos mercados nacionais, a natureza da evolução tecnológica e a constelação de recursos produtivos.* Os três têm, como é evidente, múltiplos aspectos intimamente relacionados, e só através de uma análise exaustiva e sistemática das suas interações se poderia apreender a visão ao mesmo tempo global e íntima da problemática do desenvolvimento econômico que se apresenta ao mundo subdesenvolvido em nossa época.

a) Comecemos pela análise dos problemas que podem ser colocados pela dimensão e estrutura do mercado interno.

Já vimos que o processo de industrialização na América Latina teve lugar apenas em escala nacional, dadas as condições de divisão internacional do trabalho que prevaleciam à época do seu início e que não se modificaram muito.

Para ultrapassar este obstáculo, os países maiores puderam apoiar-se no seu mercado interno e passar a desenvolver, sobre a velha estrutura produtiva primária, um moderno setor secundário, readaptando e modernizando o setor de serviços até então voltado para as atividades exportadoras. A magnitude e diversificação dos novos setores estavam, porém, condicionadas às dimensões e composição da demanda interna e à sua posterior evolução. Estas, por sua vez, estão na dependência do nível e distribuição de renda, atual e futura.

Dada a distribuição de renda existente quando se iniciou o processo de substituições, a nova orientação do sistema produtivo estava de antemão dirigida ao atendimento da demanda, insatisfeita por importações das classes de mais alta renda. Esse fator, se, de um lado, era favorável a uma correspondente diversificação industrial, considerada a correspondente variedade da demanda naquelas classes, de outro, apresentava inconvenientes óbvios do ponto de vista da estrutura de custos da concentração econômica em termos setoriais e regionais.

Com efeito, se as dimensões absolutas do mercado interno já eram relativamente reduzidas,[11] fácil é imaginar o que representa, do ponto de vista do que se poderia chamar escalas econômicas, ter que satisfazer uma grande demanda de bens e serviços em que cada um, separadamente, representava uma diminuta fração do mercado global.

Deriva então, dessa mesma realidade, a tendência a uma inevitável concentração das atividades econômicas, uma vez que não se poderia esperar um número grande de empresas que, num afã competitivo, se estabelecessem com condições de rentabilidade para disputar mercados específicos tão débeis, salvo em certas áreas de bens de consumo.

Além do mais, os problemas assinalados tendem a se agravar à medida que o processo de industrialização avança para novas categorias de produção mais complexas, já que, quando se entra em certo tipo de indústria mecânica ou de produção intermediária, por exemplo, a escala exigida tende a ser muito grande em relação ao tamanho relativo do mercado.

Vejamos, agora, de que maneira o desenvolvimento do processo da industrialização pela via da substituição de importações dá lugar à expansão do próprio mercado interno e de que tipo é essa expansão.

Enquanto a substituição se dava em faixas de bens de consumo não duráveis ou de certos produtos intermediários e bens de capital, em que a tecnologia adotada exigia uma densidade de capital pouco elevada, o "módulo" de investimento, além de multiplicador da renda, tendia a ser fortemente multiplicador de emprego. Desta maneira, a ampliação do mercado se processava por duas vias, tanto pela elevação de renda dos grupos de alto poder aquisitivo, como pela incorporação ao consumo de bens e serviços industriais e derivados de trabalhadores deslocados para os novos setores dinâmicos, evidentemente com remuneração mais elevada. À medida, porém, que se avança no processo de substituição e se entra, em particular, nas faixas de bens duráveis de consumo, o crescimento relativo do mercado passa a dar-se basicamente em termos verticais, ou seja, explorando o poder de compra das classes de altas rendas. Isto se deve a dois motivos fundamentais: a alta densidade de capital por unidade de investimento e de produto impede a absorção de grandes quantidades de mão

---

11. Segundo o estudo da Cepal sobre o mercado comum latino-americano, o maior mercado nacional da América Latina tinha, em 1959, um poder de compra anual ao redor de 13.200 milhões de dólares, enquanto o mercado de automóveis dos Estados Unidos representava por si só um poder de compra de cerca de 7.200 milhões de dólares. Na década de 1930, as dimensões absolutas eram, evidentemente, menores, mas a desproporção relativa deveria ser idêntica.

de obra, e o alto valor unitário dos bens produzidos só permite a incorporação aos mercados consumidores de reduzidas camadas da população.

Assim, se bem a implantação dos novos setores produtivos dá à economia um grande dinamismo em termos de crescimento da renda e acelera o processo de substituição de importações, introduz dentro do próprio "setor" capitalista uma desproporção séria entre uma capacidade produtiva cuja escala ótima se destina a atender ao consumo de massas, em países desenvolvidos, e a dimensão efetiva do mesmo num país subdesenvolvido.

b) Passemos agora ao exame dos problemas decorrentes da natureza da moderna tecnologia, em face do processo de substituição de importações.

Um dos aspectos que mais se tem acentuado é o fato de que os países subdesenvolvidos importam uma tecnologia concebida pelas economias líderes de acordo com as suas constelações de recursos totalmente diversas das nossas. A necessidade de importar essa tecnologia estaria dada pelo próprio caráter substitutivo da industrialização e pela impossibilidade de criarmos técnicas novas mais adequadas às nossas condições peculiares.

Os inconvenientes de ordem geral também são bastante conhecidos e podem ser resumidos do seguinte modo: para um dado volume de produto a substituir, a quantidade de capital exigida é muito grande e o emprego gerado relativamente pequeno. Em termos dinâmicos, isso significa que o processo de crescimento se dá com um grande esforço de acumulação de capital e com a absorção inadequada das massas crescentes de população ativa que anualmente se incorporam à força de trabalho. Quanto mais se quiser obstar o segundo inconveniente, tanto mais se terá de forçar a taxa de investimento, mantidas as características básicas da tecnologia adotada.

Além dessas observações que colocam em linhas gerais o problema do emprego e do ritmo de crescimento em nossas economias, convém atentar, também, para os obstáculos que surgem para a continuação do processo, quando este se defronta com a necessidade de entrar em faixas de substituição nas quais o problema da escala e da complexidade tecnológica se avoluma cada vez mais. Assim, a própria diversificação e integração do aparelho produtivo industrial tende a ser freada, à medida que o montante de capital necessário, a dimensão do mercado nacional e o problema do *know how* se conjuguem e impeçam a penetração em uma série de setores onde mesmo a menor escala da unidade produtiva seja demasiadamente "grande" para a capacidade real da economia.

A pergunta que poderíamos colocar é se, à exceção desses setores em que as funções técnicas de produção são relativamente específicas, não haveria possibilidade de se adotar uma tecnologia de menor densidade de capital que se coadunasse melhor com a abundância de mão de obra e de terra características de nossas economias. Essas possibilidades são, porém, meramente teóricas, pelo menos no que diz respeito à sua adoção pelos empresários privados dentro da dinâmica do modelo de substituição de importações, sobretudo no segundo período de desenvolvimento, que teve lugar no pós-guerra.

Vejamos alguns dos motivos pelos quais essas soluções não foram efetivamente viáveis, em face das condições objetivas em que teve lugar o nosso processo de industrialização.

Em primeiro lugar, a tendência a usar mais capital e menos mão de obra, em proporções bastante distintas daquelas que seriam ditadas pela dimensão relativa dos dois estoques, está relacionada com o fato de que os custos reais (de oportunidade) daqueles fatores não guardam qualquer relação com os seus custos monetários. Assim, por exemplo, a taxa de salário mínimo é mais ou menos idêntica em todas as regiões de um país e independe de que o custo de oportunidade possa ser zero ali onde haja desemprego da mão de obra não qualificada. Por sua vez, o preço dos bens de capital, que são na maioria importados, foi, em geral, artificialmente rebaixado, através de taxas cambiais favorecidas, no propósito de estimular o desenvolvimento industrial.

Por outro lado, grande parte das atividades substituidoras de importações era realizada por investimentos diretos estrangeiros, associados ou não a empresários nacionais, que traziam consigo, além do capital, a técnica adotada em seus países de origem.

Esses fatores, juntamente com o fato de que alguns dos novos empreendimentos se davam em setores nos quais já se encontravam instaladas empresas tradicionais, tendiam a provocar nestas uma depreciação acelerada dos equipamentos por obsolescência que, ao mesmo tempo em que representava desperdício do capital existente, forçava a economia a um esforço maior de capitalização e acarretava desemprego de mão de obra não qualificada.

c) No que concerne à constelação de recursos produtivos, a sua característica mais geral é, como se sabe, a desproporção existente entre os diversos estoques de fatores: a par de uma abundância relativa de recursos naturais e de mão de obra não qualificada, coexiste a escassez de mão de obra qualificada e de capital. Em consequência, há um completo divórcio entre as funções

82 Maria da Conceição Tavares: vida, ideias, teorias e políticas

macroeconômicas de produção (virtuais) que seriam mais adequadas a uma tal dotação de recursos e aquelas que resultam por agregação das funções microeconômicas efetivamente adotadas pelos empresários no processo de substituição de importações, em face do sistema de preços relativos existente.

Essa desproporção tende a agravar-se com o avanço do processo, à medida que se usam cada vez mais fatores escassos (muitas vezes com desperdício) no setor secundário e se mantém inalterada a estrutura do primário.[12] Tal situação é, em grande parte, responsável pelos sérios problemas de desemprego estrutural da mão de obra não qualificada e pela manutenção de reservas, potencialmente produtivas, na ociosidade.

Outros problemas que surgem em nossas economias prendem-se ao fato de que a "abundância" relativa de recursos naturais nem sempre significa que a sua composição seja satisfatória para a dinâmica do processo de industrialização. Nas suas primeiras fases, as duas exigências fundamentais, do ponto de vista dos recursos naturais, são: 1) a existência de uma fronteira agrícola em expansão (ou a possibilidade de usar de modo intensivo os solos com aumento de produtividade) que permita uma oferta de alimentos relativamente flexível; 2) a existência de matérias-primas que abasteçam as indústrias tradicionais de bens de consumo.

Nas fases seguintes, porém, além desses recursos, é indispensável a presença e facilidade de exploração de uma série de fontes de energia (petróleo, carvão, recursos hidráulicos) e de outros recursos minerais. Ora, esses recursos não estão igualmente distribuídos por toda a América Latina, e em quase todos os nossos países faltam alguns deles, por vezes estratégicos, o que se constitui obstáculo sério, diante das limitações da capacidade para importar.

As críticas ao processo de industrialização da América Latina

Ao fazer o exame das dificuldades oriundas do setor externo que condicionaram o processo de desenvolvimento em nossos países, é comum reconhecer-se que elas representam variáveis exógenas sobre as quais a ação isolada

---

12. Isto não significa que qualquer tipo de modificação na estrutura do setor primário alteraria automaticamente essa tendência. Se, por exemplo, for adotada, nessa mudança, uma tecnologia de alta densidade de capital, a tendência deverá, muito provavelmente, agravar-se, pelo menos a curto prazo.

de cada um tem muito poucas possibilidades de sucesso. Quando se trata, porém, de reconhecer que a industrialização tem conduzido, em geral, a uma insuficiente absorção da força de trabalho e a estrutura de mercado escassamente competitiva com custos de produção elevados, mantendo uma distribuição de rendas extremamente desigual, há certo consenso de que tudo isso ocorreu por falta de medidas adequadas de política econômica.[13]

A esse respeito gostaríamos de tecer alguns comentários que enquadrem a análise dos fatores estruturais, condicionantes da dinâmica do processo, feita no parágrafo anterior dentro de um marco de referência mais preciso. Antes de entrar, porém, nesse terreno, convém fazer a observação de ordem geral de que esses fatores condicionantes, antes analisados, podem atuar de maneira distinta para os vários países, sendo favoráveis ou restritivos de acordo com as condições objetivas de cada um e o período histórico em que tenham lugar as várias etapas do seu desenvolvimento. Os graus de liberdade que surgem das possíveis variações na conjugação dos fatores estruturais externos e internos permitem um maior ou menor raio de manobra à política econômica que, uma vez adotada, se torna também um condicionamento fundamental para o aproveitamento das potencialidades da economia, ou, inversamente, para sobrepujar os obstáculos ao processo de desenvolvimento.

Esclarecido, assim, que não há em nossa análise quaisquer veleidades deterministas, devemos reconhecer, no entanto, que, dentro dos parâmetros básicos do modelo de substituição de importações, dificilmente o processo de industrialização conduziria a resultados radicalmente diferentes dos obtidos. Não nos parece objetivo, por outro lado, tentar reescrever a história e discutir teoricamente a viabilidade de outro modelo de desenvolvimento, que se baseasse em parâmetros totalmente distintos, como, por exemplo, uma estrutura de propriedade e de repartição do produto menos desiguais, das quais decorressem funções gerais de produção inteiramente diversas.

O problema dos altos custos e da falta de competição

Uma das críticas mais comuns feitas ao processo de industrialização na América Latina destaca o problema dos altos custos dos bens produzidos, fenômeno frequentemente atribuído à falta de competição.

---

13. O que, para uns, é simplesmente classificado como erros do governo, e, para outros, em linguagem mais técnica ou mais "moderna", de falta de programação.

84 Maria da Conceição Tavares: vida, ideias, teorias e políticas

O problema de custos tem sido, em geral, mal colocado, em termos de custos internos *versus* externos. De fato, sua relevância, do ponto de vista nacional, reside, sobretudo, em questões de natureza macroeconômica, quais sejam, o desperdício de recursos escassos e o mau aproveitamento de recursos abundantes nas economias latino-americanas.[14]

Encarando o problema dos custos relativos por este ângulo, chegar-se-ia à necessidade de realizar cálculos de economicidade, considerando esta como uma relação macroeconômica que levasse em conta os lucros e custos sociais.

Quando se aborda, porém, o problema à luz do comércio internacional, necessariamente prevalece o aspecto microeconômico, uma vez que o que se tem em vista, em última análise, é o confronto dos preços internos com os preços internacionais vigentes. No entanto, mesmo neste caso, afirmar que a falta de competição é responsável pelos altos custos internos e que estes, por sua vez, impedem a entrada dos nossos produtos manufaturados no mercado internacional parece-nos uma colocação bastante insatisfatória do problema. Embora pareça paradoxal, a verdade é que se poderia sustentar que dadas as economias de escala que se pudessem efetivar, seria recomendável que em certos setores existisse maior grau de concentração e mesmo o monopólio.[15]

No entanto, essa possibilidade teórica não resolveria, necessariamente, o problema dos altos custos relativos. A esse respeito não devemos esquecer que as indústrias de substituição de nossos países foram instaladas para substituir importações que representavam uma fração insignificante da capacidade produtiva de qualquer país antes exportador. Para exemplificar este ponto, imaginemos que toda a indústria automobilística no Brasil estivesse concentrada numa só empresa para melhorar seus rendimentos de escala. Ainda assim, como sabemos, o volume de sua produção representaria apenas uma pequena fração de uma das grandes empresas europeias, como, por exemplo, a Volkswagen.

Naturalmente, o problema se reveste de características distintas no caso de muitas indústrias tradicionais e também em algumas mais pesadas e complexas nas quais as economias de escala não são a variável decisiva nos custos. Em tais casos, em que se poderia chegar a preços competitivos, as

---

14. Ver um exame do problema de custos relativos em *Problemas teóricos y prácticos del crecimiento económico* (E/CN. 12/221), publicação das Nações Unidas, n. de venda 52.II.G.1.

15. Vale a pena assinalar, por outro lado, que não basta a presença de várias empresas para que haja concorrência. O caso da indústria automobilística no Brasil é ilustrativo a esse respeito. Montaram-se 17 empresas cuja ação conjunta no mercado, em termos de preço, é paramonopolística, sem nenhuma das vantagens em termos de custos de um monopólio.

oportunidades dependerão, provavelmente, sobretudo dos obstáculos ou das facilidades para entrar nos mercados dos países desenvolvidos, dos acordos de integração regional e da diversidade de circunstâncias internas existentes.

O problema do emprego

Já vimos que uma das características de nossas economias é a permanência, quando não o aumento, do desemprego estrutural da mão de obra não qualificada. Por outro lado, constatamos também que no setor dinâmico por excelência – o secundário – a taxa de emprego tem crescido, nos últimos anos,[16] menos do que a da população, o que se deve não só ao crescimento explosivo desta, como também à tecnologia de alta densidade de capital adotada nos modernos ramos industriais.

As únicas possibilidades de contrabalançar esta tendência (dentro do modelo de substituição de importações, e na ausência de modificações profundas no setor primário) residiriam, pois, basicamente, em absorver os excedentes populacionais no setor de serviços ou nos programas de obras públicas. Isso se fez em certa medida, especialmente no primeiro, em que o "empreguismo" e o desemprego disfarçado são manifestações inequívocas da escassez de oportunidades em outras áreas. No setor de construções governamentais, porém, a tecnologia adotada tem sido, com raras exceções, também poupadora de mão de obra. Naturalmente isto decorre tanto de uma dependência tecnológica quanto da impossibilidade do próprio governo de se guiar pelos custos de oportunidade, desprezando os custos monetários em que incorre, sem um adequado mecanismo de financiamento.

Nada faz prever que essa tendência se modifique espontaneamente no futuro, e o problema poderá mesmo agravar-se com a introdução de novas técnicas ainda mais capitalísticas, não só no setor industrial, como, em particular, no setor de serviços.[17]

---

16. No período 1938-1948, o produto industrial da América Latina cresceu a uma taxa anual de 5,8%, e o emprego, no setor, a 3,6%. No período 1953-1958, porém, enquanto o produto cresceu a uma taxa anual de 6,2%, o emprego baixou sua taxa de crescimento para 1,6%. Ver: "Cepal – Una política agrícola para acelerar el desarrollo econômico de América Latina" (E/CN. 12/592).

17. A possibilidade de introduzir em grande escala modernos computadores eletrônicos nas grandes companhias públicas e privadas não é de modo algum remota e, embora represente um considerável aumento da eficiência das suas operações do ponto de vista isolado da empresa, não é, evidentemente, a solução "ideal" do ponto de vista dos custos de oportunidade.

86 Maria da Conceição Tavares: vida, ideias, teorias e políticas

As duas possibilidades de melhorar decisivamente a situação não se situam no contexto do modelo de substituição de importações, e sim em um modelo de desenvolvimento global. A menos que o investimento governamental se oriente decididamente no sentido de emprego de mão de obra e que no setor primário, no qual se encontra grande parcela de nossa população, se realize uma reforma agrária que conjugue abundantemente o fator terra com o fator trabalho, aumentando a produtividade deste último através da melhoria do uso da terra e não do emprego de técnicas de alta densidade de capital, não antevemos possibilidades de melhorar decisivamente a situação.

O problema de falta de planejamento

Dissemos, na parte introdutória deste capítulo, que muitas das críticas ao processo de industrialização têm sido feitas na base de imputar os seus defeitos à falta de racionalidade das decisões de política econômica, ou, em outras palavras, à falta de planejamento. Já tentamos colocar, por outro lado, algumas dessas objeções dentro do que nos parece ser o seu verdadeiro marco de referências: o modelo histórico de desenvolvimento dos países da América Latina.

O que dissemos não significa, porém, que, mesmo dentro das linhas básicas do modelo de substituição, não se pudesse e devesse ter adotado um planejamento cuidadoso, que lançasse mão de uma maneira coordenada de todo o instrumental de política econômica à disposição do governo. Com isso poder-se-ia ter evitado o agravamento das tensões de toda a sorte a que estiveram sujeitas as economias latino-americanas desde as tremendas pressões inflacionárias, até o aumento dos desequilíbrios setoriais e regionais.

Na realidade, mesmo do ponto de vista "estrito" da substituição de importações, o planejamento vai-se tornando cada vez mais necessário à medida que o processo avança. A escolha entre alternativas de investimento passa a ser mais difícil e, por outro lado, mais decisiva, para poder seguir adiante. Critérios como o de dar prioridade aos investimentos que poupem mais divisas (embora se trate de uma regra empírica que pode ser adotada nas primeiras fases do processo) tornam-se cada vez menos operacionais e mesmo perigosos. Em primeiro lugar, porque o cálculo se faz geralmente em termos estáticos, isto é, sem tomar em consideração o crescimento posterior da demanda interna pelo próprio produto, uma vez feita a substituição, nem o subsequente aumento da demanda por importações. Disto resulta que muitas vezes se incorre, por um período mais ou menos longo (dependendo da rapidez do processo de integração vertical do setor substitutivo), num aumento do dispêndio de divisas, recurso escasso que originalmente se pretendia poupar.

Por outro lado, mesmo admitindo a hipótese de o cálculo ser feito corretamente, em termos dinâmicos, existem outros elementos que têm de ser levados em consideração, do próprio ponto de vista da continuidade do processo de industrialização, e que têm peso distinto nas suas diversas fases. Entre eles podemos mencionar a existência de outros recursos igualmente escassos e o nexo estratégico existente entre os elos do processo produtivo.

Assim, poderíamos assegurar que o planejamento dos investimentos públicos e privados se torna indispensável até para evitar descontinuidades do aparelho produtivo do sistema e consideráveis desperdícios de recursos. Nesse sentido, são pertinentes as críticas que se referem à falta de coordenação entre as várias medidas de política econômica adotadas nos países latino-americanos tanto no que concerne aos instrumentos utilizados quanto à compatibilidade das metas em termos globais e setoriais. Queremos assinalar, porém, mais uma vez, que isso poderia ter sido evitado dentro de um planejamento que se ativesse basicamente aos parâmetros do modelo de substituições, com o que os problemas antes discutidos teriam permanecido sensivelmente os mesmos.

Não se pode esperar que a modificação nas funções macroeconômicas de produção que permitiria uma integração nacional, com absorção dos excedentes de mão de obra e melhoria na distribuição de renda em termos pessoais, setoriais e regionais, derivasse, *per se*, da dinâmica própria ao modelo de substituição de importações.

Parece-nos, pois, que, se aqueles objetivos não forem deliberadamente perseguidos, o processo poderá conduzir a um agravamento ainda maior da dualidade estrutural básica das economias latino-americanas, ou seja, a um alargamento da brecha existente entre o "setor capitalista" relativamente desenvolvido e o "setor de subsistência" extremamente subdesenvolvido. Isto não só impedirá que aquele atue como motor dinâmico do sistema como um todo, mas também, muito provavelmente, acabará por frear o seu próprio dinamismo interno.

Estagnação ou crise?[1]

Maria da Conceição Tavares

Devido ao esgotamento do dinamismo do desenvolvimento industrial sustentado pela substituição de importações em alguns países da América Latina, passou a prevalecer, em certos meios intelectuais e políticos da região, a crença de que grande parte das economias latino-americanas encontrava--se, a médio ou longo prazo, frente a uma situação de estagnação estrutural ou, no melhor dos casos, de insuficiência dinâmica. Esta convicção permitiu e reforçou numerosas análises que iam desde estudos empíricos até modelos teóricos, explicativos e a previsões várias.

Nossa ideia é de que a crise que acompanha o esgotamento do processo substitutivo representa no essencial, pelo menos no caso de alguns países, uma situação de transição a um novo esquema de desenvolvimento capitalista. Este pode apresentar características bastante dinâmicas e ao mesmo tempo reforçar alguns traços do "modelo" substitutivo de crescimento em suas etapas mais avançadas, ou seja, a exclusão social, a concentração espacial, bem como o atra-so de certos subsetores econômicos quanto aos níveis de produtividade.

Talvez sejam essas últimas circunstâncias que levem muitos estudiosos a concluir que a economia capitalista latino-americana vive num estado de prostração repetitivo. Após observarem que grande parte da população da América Latina está e tende a permanecer marginalizada dos benefícios do crescimento econômico, mantendo-se subempregada e a baixíssimos níveis de produtividade, afirmam que tal situação demonstraria a incapacidade dinâmica do capitalismo na região. A constatação é, obviamente, correta, mas sua utilização naqueles termos não aponta para as diferenças entre os interesses dos grupos dominantes na América Latina e o interesse nacional. Marginalidade, desemprego estrutural, infraconsumo etc. não constituem

---

1. Este ensaio foi escrito em colaboração com José Serra. Extraído do livro TAVARES, Maria da Conceição. *Da substituição de importações ao capitalismo financeiro: ensaios sobre a economia brasileira.* Rio de Janeiro: Ed. Zahar, 1972, p. 157-173.

90   Maria da Conceição Tavares: vida, ideias, teorias e políticas

em si mesmo, nem necessariamente, problemas fundamentais para a dinâmica econômica capitalista, ao contrário do que ocorre, por exemplo, com os problemas relacionados com a absorção de poupança, oportunidades de investimento etc.

Nos países capitalistas, atualmente denominados desenvolvidos, a modernização da agricultura e a maximização do contingente de força de trabalho e dos consumidores constituíram, em épocas passadas e em determinados momentos, requisitos importantes para a expansão do sistema.[2] Pode-se afirmar que o mesmo não ocorre com a economia da América Latina, embora isso não seja fundamento para sustentar o princípio de que o capitalismo carece de dinamismo em toda a região. O processo capitalista no Brasil, em especial, embora se desenvolva de modo crescentemente desigual, incorporando e excluindo setores da população e estratos econômicos, levando a aprofundar uma série de diferenças relacionadas com consumo e a produtividade, conseguiu estabelecer um esquema que lhe permite autogerar fontes internas de estímulo e expansão que lhe conferem dinamismo. Neste sentido, poder-se-ia dizer que, enquanto o capitalismo brasileiro desenvolve-se de maneira satisfatória, a nação, a maioria da população, permanece em condições de grande privação econômica, e isso, em grande medida, devido ao dinamismo do sistema ou, ainda, ao tipo de dinamismo que o anima.

Em outras análises procuram-se fundamentar as previsões de estagnação secular com base na manipulação de algum instrumental extraído da economia marxista ou, às vezes, mesmo da economia neoclássica. Chega-se, além do mais, a supor que, à medida que alguma economia latino-americana cresça, o mercado se vá estreitando, dado que um maior número de pessoas vai permanecendo de fora. Ou seja, tudo pareceria se dar como se a dimensão do mercado dependesse mais do número de pessoas que o integram do que da magnitude do excedente econômico intercambiável. Em análises mais refinadas, através de uma evidente visão estática do processo econômico, busca-se identificar problemas de tendência decrescente da taxa de lucro que, no fundo, se relacionam com o aumento da composição orgânica do capital no tempo. Há, ainda, aqueles que, sem deixar de lado essa ideia, enfatizam os problemas da escassez de oportunidades de investimento agravados pela acentuada heterogeneidade da economia. Estes, sem dúvida alguma, tratam de problemas mais pertinentes ao objeto em estudo, visto que se preocupam

---

2. Ver a introdução de Antônio Castro no seu livro *Sete Ensaios sobre a Economia Brasileira*, Rio de Janeiro, Ed. Forense, 1970.

com as manifestações de uma contradição básica do sistema capitalista, ou seja, a existente entre produção e realização da mais-valia. No entanto, embora o capitalismo latino-americano sofra de maneira mais aguda esta contradição que os centros dominantes, isso não permite prever que devido a tal contradição a tendência à estagnação seja, em nossas economias, mais marcada que nos centros. Embora a contradição entre a produção e a realização da mais-valia se encontre na própria raiz das crises mais importantes do capitalismo, torna-se difícil sustentar que tal contradição seja também responsável por algum tipo de estagnação secular em economias que possuem um significativo setor de bens de produção.

Uma consequência importante da aceitação da tese da estagnação secular é prejudicar a compreensão da dinâmica atual do capitalismo nas economias mais avançadas da região. A convicção de que o capitalismo não avança ou que, muito em breve, deixará de fazê-lo leva ao desinteresse pelas análises de sua operação e expansão,[3] que seriam imprescindíveis como ponto de partida para todos aqueles que se propõem a promover ou apressar sua substituição.

O "modelo" de Celso Furtado[4]

1. Na parte final do ensaio aqui mencionado, Celso Furtado analisa dois casos de estagnação econômica na América Latina, correspondentes a países que se industrializaram, preservando um importante setor pré-capitalista, e países que o fizeram sem possuir um setor tradicional remanescente ou, então, absorvendo-o. No primeiro caso – ao contrário do que se verifica no segundo – manter-se-ia ao longo do processo de industrialização, segundo Furtado, uma oferta ilimitada de mão de obra e níveis salariais regulados por padrões de vida prevalecentes no setor pré-capitalista. Visto que este caso tende a representar as condições mais gerais na América Latina – e especialmente no Brasil –, nos centraremos em sua análise.

---

3. Não queremos dizer, de forma alguma, que as análises apologéticas do capitalismo nacional – tão abundantes, por exemplo, no Brasil – expliquem mais que as análises críticas de autores que insistem na ideia de um capitalismo esgotado. Nestes últimos podem-se distinguir percepções e explicações parciais importantes, e os progressos são evidentes. Quanto aos primeiros, ocultam, obviamente, cada vez mais, as explicações reais, seja através de uma apologia aberta, seja mediante análises que, com pretexto de serem "científicas", restringem tanto seu objeto de enfoque que acabam dizendo "tudo sobre o nada".

4 Analisa-se com mais detalhe a tese de Celso Furtado sobre a estagnação, apresentada em seu importante artigo "Desenvolvimento e estagnação na América Latina: um enfoque estruturalista". Trabalho incluído em BIANCHI, A. et al., *America Latina: ensayos de interpretación económica*. Santiago: Ed. Universitária, 1969. p. 120-149.

Furtado vincula a estagnação econômica à perda de dinamismo do processo de industrialização apoiado na substituição de importações. Nesse sentido, focaliza sua análise na evolução e no comportamento da estrutura da demanda, dependente, por sua vez, da distribuição da renda. Considera que a industrialização não foi de modo algum capaz de alterar substancialmente os padrões de distribuição da renda, altamente concentrados, herança da economia primário-exportadora, falhando em criar um mercado socialmente integrado e orientando-o para a satisfação da demanda diversificada dos grupos de rendas mais altas. Progressivamente, a "faixa" de substituições possíveis e rentáveis foi-se restringindo a bens de consumo duráveis de maior valor e bens de capital que supõem, em geral, um coeficiente de capital por trabalhador mais alto que nas atividades "tradicionais". A magnitude da demanda, em cada novo item a ser substituído, apresentava-se como relativamente pequena, e isso teria criado importantes problemas de escala. O que deveria, portanto, ocorrer?

Vejamos, em primeiro lugar, a economia como um todo. Em termos de alocação alternativa de recursos, verifica-se, nos diferentes subsetores da indústria, uma redução da relação produto-capital (dada a concentração dos investimentos em atividades de maior coeficiente capital-trabalho), o que resulta num ritmo menor de crescimento para o conjunto da economia. Além disso, uma menor demanda de mão de obra por unidade de investimento significa uma redução relativa do ritmo de absorção de mão de obra, o que, em condições de salários estáveis, reduz a massa de salários em proporção ao produto industrial. Dado que os aumentos de produtividade refletem-se apenas em pequena medida na queda dos preços, e, embora o fizessem em maior proporção, estariam restritos a bens de consumo não massivos, a elevação do coeficiente capital-trabalho conduz a uma maior concentração da renda. Esse mecanismo reforça o esquema de orientação dos recursos produtivos para setores de menor relação produto-capital e, por outro lado, implica um crescimento relativamente fraco da demanda por bens produzidos em setores cuja relação produto-capital é mais alta (agropecuária, por exemplo). Daí aumentarem os motivos para que a economia cresça mais lentamente.

Poderia, não obstante, ocorrer uma situação mais otimista ao nível das próprias atividades "dinâmicas". No entanto, isso não se dá. As indústrias de bens de capital, ao enfrentarem maiores obstáculos devido à dimensão limitada do mercado e à falta de meios adequados de financiamento, só podem se desenvolver se os preços relativos do setor alcançarem níveis extremamente altos. Esta situação tende a diminuir a relação produto-capital, o que, em condições de salários estáveis, ocasiona uma redução da taxa de lucros. Esta circunstância é agravada pelas margens de capacidade ociosa prevalecentes na indústria de bens duráveis. A redução dos lucros na indústria moderna exclui a possibilidade de que a taxa de poupança possa aumentar a fim de compensar a queda na relação produto-capital. Desse modo, tanto do ponto de vista da economia como um todo quanto do setor dinâmico da indústria, o crescimento econômico tende a debilitar-se sob o influxo de uma relação produto-capital rapidamente decrescente em condições de salários estáveis.

2. O "modelo" proposto por Celso Furtado pode ser examinado a partir de três pontos de vista, evidentemente interdependentes. O primeiro relaciona-se com as próprias categorias usadas em sua análise; o segundo refere-se às hipóteses e à consistência interna de seu modelo; e o terceiro diz respeito à maior ou menor correspondência e poder de explicação frente ao que efetivamente ocorreu em alguns países.

Trataremos, a seguir, de desenvolver as observações referentes principalmente aos dois primeiros planos; os itens que se seguem contêm implícita ou explicitamente referências ao terceiro. Finalmente, cabe assinalar que esses três pontos de vista encontram-se presentes no decorrer de todos os nossos comentários.

Parece evidente que o autor considera a evolução da relação produto-capital como um aspecto essencial no processo de estagnação econômica, embora esta categoria seja mais propriamente um *resultado* do processo econômico, ao contrário do que sucede com categorias relacionadas com o comportamento (como a taxa de lucro esperada). Por isso não nos permite explicar a dinâmica de uma economia capitalista. Ao tomar suas decisões de investimento, o empresário está preocupado com a taxa de lucro que poderá obter, ou seja, o fundamental será o lucro esperado sobre o investimento que virá a realizar. A relação produto-capital não faz parte dos cálculos empresariais e constitui, melhor dizendo, um parâmetro tecnológico em termos físicos e um *resultado* em termos de valor para cada setor ou atividade em operação.[5]

A diferença apontada tem importância não apenas teórica, como é relevante para a interpretação da estagnação tal como se verificou em algumas re-

---

5. Em termos de economia convencional, é muito comum confundir a rentabilidade esperada ou

giões. Como se verá mais adiante, no caso do Brasil, a crise que acompanhou o esgotamento do processo substitutivo está mais relacionada com a redução da taxa de investimentos e com os fatores responsáveis por isto que com um eventual declínio da relação produto-capital.

Passemos agora ao núcleo do modelo de Furtado, a fim de examinar mais detidamente as conclusões do autor no que se refere à evolução da relação produto-capital e suas consequências sobre a economia.

Ao analisar o suposto declínio dessa relação no setor industrial – admitida uma elevação da dotação de capital por trabalhador, derivada da concentração dos investimentos no subsetor de metal-mecânica[6] –, o autor afirma que se

> a taxa de lucro tende a igualar-se nas diferentes indústrias, pois ao contrário não se explicaria como as indústrias, com uma notória inferioridade no que diz respeito à rentabilidade de capital, atraem investimentos, levando-se em consideração que a taxa de salários é a mesma, devemos inferir que a relação produto-capital tende a ser tanto mais baixa quanto mais elevado o coeficiente de capital por trabalhador.

Ao fazer esta afirmação, Furtado parte de um suposto quanto à igualação das taxas de lucro que nos parece irreal, visto que em condições de merca-

---

"eficiência marginal" do investimento com a relação produto-capital marginal. A primeira diz respeito ao comportamento do empresário e depende de suas expectativas frente a situações dadas ou em transformação no mercado. A segunda é determinada, em condições tecnológicas dadas, pelo processo de acumulação de longo prazo.

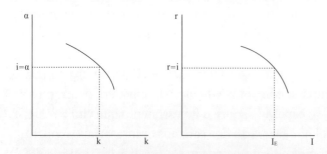

O determinante da dinâmica de uma economia capitalista é o comportamento empresarial que leva, evidentemente, em consideração as alterações nos parâmetros tecnológicos dados.

6. Ao referir-se aos subsetores de maior densidade de capital e, portanto, como se diz, de menos relação produto-capital, Furtado não se refere aos ramos de bens intermediários que são precisamente os que nas fases avançadas do processo de industrialização substitutiva passam a exigir dotações de capital por trabalhador mais altas, tecnologias mais complexas e, em muitos casos, maiores dimensões de escala. Daí, inclusive, constituírem *rubros* importantes dos bens de substituição "difícil".

do acentuadamente "imperfeito", com alguns ramos dominados por grandes unidades de produção que, além disso, possuem forte grau de monopólio tecnológico, não há por que admitir que se igualem as taxas de lucro das diferentes indústrias.

São elas, ao contrário, sempre maiores nos estratos modernos do setor industrial,[7] ainda mesmo quando têm menor relação produto-capital.[8] De todo modo, é errônea a causalidade que estabelece Furtado no sentido de que

---

7. Estas maiores taxas de lucro devem-se ao fato de que, nas indústrias mais modernas, a taxa de exploração da mão de obra tende a ser mais alta em função da maior produtividade e da não transferência dessa maior produtividade aos salários ou aos preços, no sentido de aumentar os primeiros ou reduzir os últimos.
8. A taxa de lucro pode ser expressa pela fórmula:

$$r = a \frac{m}{m+1}$$

Onde r é a relação de lucro; a corresponde à relação produto-capital em valor; e m, à taxa de mais-valia (ou taxa de exploração)

$$m = \frac{p-w}{w}$$

Onde p é o produto por trabalhador; e w é o salário.

Apesar de muito simples, verifica-se muita confusão sobre as relações entre a taxa de mais-valia (mais-valia sobre o salário), relação produto-capital e taxa de lucro. Na realidade, a relação produto-capital pode ser consideravelmente menor num setor (I) que em outro (II) e, no entanto, a taxa de lucro ser muito maior, dada a incidência da taxa de mais-valia.

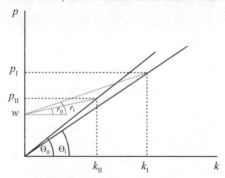

w = taxa de salário (que se supõe ser constante entre os diferentes ramos)
k = capital por trabalhador
tg = relação produto-capital = a
r = taxa de lucro
$r\mathrm{I} > r\mathrm{II}$ apesar de que $a\mathrm{I} < a\mathrm{II}$. Por quê? Porque $m\mathrm{I} < m\mathrm{II}$ a ponto de compensar $a\mathrm{I}$ menor que $a\mathrm{II}$, isto é:

$$\frac{\dfrac{m\mathrm{I}}{m\mathrm{I}+1}}{\dfrac{m\mathrm{II}}{m\mathrm{II}+1}} = \frac{a\mathrm{II}}{a\mathrm{I}}$$

a igualdade das taxas de lucro implica que a relação produto-capital varie de modo inverso ao coeficiente capital por trabalhador, dado que se apoia numa relação puramente formal. Se nos mantivermos dentro de seu esquema de análise, e dadas as relações produto-capital, as relações entre taxas de lucro (*ex-post*) constituem um resultado das taxas de mais-valia ou, em outras palavras, da relação excedente-salários.

Por outro lado, a ideia de que a relação produto-capital declina necessariamente quando se eleva o coeficiente capital-trabalho (que está associada a um esquema analítico de corte neoclássico, de equilíbrio geral) não leva em consideração os efeitos do progresso técnico vinculado à acumulação de capital. É certo que o aumento do coeficiente capital-trabalho num setor ou atividade dá-se simultaneamente com a penetração ou difusão do progresso técnico, embora a difusão seja restringida. Sempre que se acumulam, os "novos" equipamentos que se incorporam à economia são mais "eficientes" para a dinâmica do sistema que os equipamentos preexistentes.[9] Neste sentido, se o progresso técnico é poupador de capital, haverá menor demanda de insumos de capital por unidade de produto, o que tende a frear os possíveis efeitos negativos da acumulação sobre a relação produto-capital. Não obstante, no entender de Furtado, o caso mais comum é aquele em que o progresso técnico poupa mão de obra. No entanto, ainda nessa circunstância a relação produto-capital só cairá se o aumento relativo da produtividade do trabalho se tornar menor que o aumento relativo da dotação de capital por trabalhador.[10] Além disso, se, neste caso, a relação produto-capital declina, é possível que a taxa de mais-valia aumente de modo suficiente para provocar um aumento do excedente a ser investido.[11]

---

9. Embora não o seja – em nível teórico – num modelo de equilíbrio geral de concorrência perfeita.
10. Isto porque a relação produto-capital é igual à produtividade do trabalho dividida pela relação capital-trabalho.
11. O gráfico, a seguir, permite-nos compreender melhor o raciocínio.
    A acumulação de capital (k2 – k1) levaria, se não houvesse progresso técnico, de a1 a a'_2. Como há progresso técnico, vai-se de a_1 a a'_2. É evidente que o resultado final depende da forma de 1, podendo, $a' < a$1; mas em qualquer caso aumenta o produto > por unidade de insumo capital + trabalho (isto é, aumenta o excedente a ser reinvestido).

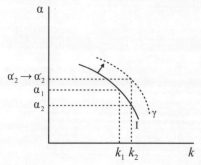

Em resumo, ou a relação produto-capital não declina apesar do aumento do coeficiente capital-trabalho, ou, se o faz, seus efeitos negativos sobre o excedente a ser investido podem ser impedidos por um aumento adequado do excedente subtraído à força de trabalho. A possibilidade de compensar os efeitos da baixa da relação produto-capital sobre a taxa de crescimento dependerá de esse excedente se transformar ou não em investimento.

Embora não se deva ao aumento do coeficiente capital-trabalho, é indiscutível que, pelo menos em algumas atividades, a relação efetiva produto-capital tende, nas etapas mais avançadas do processo substitutivo, a permanecer muito abaixo da relação máxima possível. Em alguns casos isso se deve – e Furtado menciona isso – ao fato de que no processo de substituição de importações a fabricação interna dos equipamentos só tem início depois que os preços relativos alcançarem determinados níveis, significativamente altos, resultantes dos problemas relacionados com as dimensões limitadas do mercado e da escassez de meios adequados de financiamento das vendas. Consequentemente, reduz-se a relação produto-capital físico nas indústrias de equipamentos (como produtores) e, em valor, nas indústrias que utilizam esses equipamentos.

Em outros casos poderia funcionar no mesmo sentido situações de sobredimensão nas indústrias de bens duráveis tanto em conjunturas especiais que favorecessem a aquisição de equipamentos quanto devido a problemas de indivisibilidade dos mesmos.

Não obstante, não há nenhum motivo para admitir que, em nível macroeconômico, a relação produto-capital necessariamente sofra uma queda no momento em que se atualizem os lucros dos investimentos de infraestrutura que permitiram a instalação das indústrias metal-mecânicas e de base. Pode-se, no entanto, supor que com o passar do tempo sejam propiciadas condições de demanda e complementação adequadas que venham a resultar numa melhor utilização da capacidade instalada. Ambas as situações tenderiam a provocar a elevação da relação produto-capital.[12]

---

12. O fato de o autor não mencionar as possíveis implicações da massa de recursos para investimento não é devida apenas a não considerar os efeitos do progresso técnico. Na realidade, embora Furtado diga que o incremento do capital por trabalhador – em condições estáveis – leva a uma redistribuição regressiva da renda (devido ao aumento da taxa de mais-valia), não conclui, como seria lógico, que consequentemente o excedente a ser reinvestido aumenta. Se este aumentasse, iria atuar em sentido contrário ao do declínio da relação produto-capital no que diz respeito aos efeitos sobre a taxa de crescimento.

É evidente que no caso de se chegar a uma crise – por razões não vinculadas com a evolução da relação produto-capital – o problema é diferente, visto que a contração da demanda corrente provoca o aumento das margens de capacidade ociosa e a consequente redução da relação produto-capital. Mas isto seria, então, uma consequência e não uma determinante da crise.

Uma análise mais detalhada do modelo de Celso Furtado sugere, de maneira paradoxal, que se as categorias com que trabalha fossem as mais pertinentes, dificilmente se poderia concluir que a estagnação fosse inevitável no tipo de economia por ele estudada. No máximo, haveria uma ligeira desaceleração durante certo período até que os efeitos dos fatores que freiam a tendência à redução da relação produto-capital se verificassem mais fortemente, mas a estagnação não seria de modo algum do tipo secular. Na realidade, ao trabalhar com "categorias resultado", na consideração das taxas de lucro das diferentes indústrias que tenderiam a se igualar do mesmo modo que os salários, ao separar a intensificação do uso do capital da penetração do progresso técnico e, além disso, não considerar os efeitos deste sobre a produtividade dos investimentos nem os efeitos das diversas modalidades de economias externas. Furtado parece ter vestido a "camisa da força" de um modelo neoclássico de equilíbrio geral – elegante, mas ineficaz para explicar a dinâmica de uma economia capitalista.

A crise e a recuperação econômica do Brasil

É indiscutível que a crise econômica pela qual a economia brasileira passou, em meados da década de 1960, esteve estreitamente relacionada, em nível estrutural, com o esgotamento do dinamismo da industrialização baseada na substituição de importações. A economia havia esvaziado um "pacote" de investimentos complementares – fundamentalmente em bens de consumo duráveis e de produção – em que tinha utilizado as reservas de mercado preexistentes, propiciando uma expansão da renda e uma diversificação do consumo. Passou, então, a necessitar de um conjunto de projetos para novos investimentos que pudesse ser introduzido numa sequência temporal adequada, ou seja, depois de amadurecidos os investimentos do "Plano de Metas" correspondente ao governo Juscelino Kubitschek (1956-1960). O novo "pacote" de investimentos deveria, neste sentido, cumprir um papel semelhante ao da onda de inovações de Schumpeter, a qual, não ocorrendo regularmente no tempo, tende a provocar profundas flutuações no desenvolvimento capitalista.

A inexistência de um volume adequado de investimentos, capaz de assegurar a manutenção de uma alta taxa de expansão econômica, não se relaciona estritamente com limitações da capacidade produtiva (já suficiente em alguns ramos do setor produtor de meios de produção como metal-mecânica, equipamentos elétricos, máquinas, ferramentas, materiais de construção), mas sim com problemas relacionados com a estrutura de demanda e com o financiamento.

Quanto à demanda, o problema consistia na distribuição extremamente concentrada da renda entre uma pequena cúpula, limitando a diversificação e expansão adequadas do consumo dos grupos médios, exatamente o tipo de consumo que permitiria um melhor aproveitamento e ampliação da capacidade industrial instalada, com importantes efeitos de indução sobre a economia. Por outro lado, os recursos necessários ao financiamento de novos projetos de investimento privado estavam limitados pela evolução da relação excedente-salários e os de investimento público pela relação gastos-carga fiscal, além dos problemas existentes para a definição dos próprios projetos.

Deste modo, tudo levaria a crer que as possibilidades de crescimento do sistema estariam limitadas pela falta de recursos para financiar os novos investimentos e de demanda que os tornassem rentáveis, embora se contasse com um significativo potencial produtivo que não estava totalmente aproveitado. Nestas circunstâncias, a solução para o sistema consistia em alterar a composição da demanda – redistribuindo a renda pessoal e seus futuros incrementos "para cima", a favor das camadas médias e altas, e aumentando a relação excedente-salários através da compressão, até mesmo absoluta, das remunerações à massa de trabalhadores menos qualificados.

O problema do financiamento, no entanto, não se limitava aos aspectos relacionados com o volume de recursos a serem mobilizados, mas dependia também da forma como fazê-lo. O mecanismo utilizado ao longo do processo de substituição de importações estava inserido num esquema inflacionário que cumpriu um papel muito importante como "acelerador" da crise. A inflação havia permitido um relativo amortecimento das tensões salários-lucros, mediante a preservação de uma taxa ilusória de lucro para um número interminável de novos investimentos, especialmente nos setores de bens de produção vinculados ao forte processo de acumulação física do período 1957-1961. A rentabilidade esperada do capital empregado era mantida artificialmente pela valorização dos ativos reais frente à desvalorização da moeda, bem como por uma socialização dos custos de certos insumos básicos e bens de capital (política cambial) e dos custos financeiros (graças ao financiamento vindo do setor público e de outras fontes externas às empresas). Verificou-se, em consequência disso, um sobreinvestimento físico que tendia a diminuir a relação produto-capital marginal.

Com o descontrole de seus mecanismos de propagação, a inflação se acelerou, perdendo a funcionalidade; nem as altas taxas de crescimento poderiam diminuí-la. A maior solidariedade dos preços relativos impedia uma transferência intersetorial dos custos, desmistificava os lucros ilusórios e estrangulava financeiramente as empresas. O acelerado ritmo de aumento dos preços levou à intensificação das pressões trabalhistas, enquanto os salários seguiam de perto os preços, limitando, assim, as possibilidades da redistribuição forçada.

O declínio da rentabilidade esperada dos investimentos, o fim dos lucros ilusórios e a redução do volume de recursos para investimento provocaram uma forte redução das taxas de investimento global, tanto público quanto privado.

No período 1955-1960 parece ter crescido a relação produto-capital na indústria. Entre 1960-1963 – quando se configura o declínio das taxas de crescimento – não há nenhuma evidência sobre seu comportamento. Parece, no entanto, que a contração da taxa de investimentos foi o elemento decisivo na crise econômica. Não resta dúvida de que, ao agudizar-se, fosse pela contração do nível corrente de atividade, fosse pelo debilitamento da taxa de investimento, generalizaram-se margens importantes de capacidade ociosa, com efeitos negativos sobre a relação produto-capital.

Primeira fase da crise

À tendência à desaceleração se somou uma crise conjuntural, cuja natureza se relacionava com a busca de soluções para a própria desaceleração. Numa primeira fase reuniram-se diversas circunstâncias que configuraram esta situação. Entre elas devem ser ressaltadas as tentativas do governo para redistribuir a renda em favor dos assalariados, através de uma política de salários e preços, freando, simultaneamente, a inflação, via contenção do gasto público ou do crédito privado e redução da liquidez do sistema mediante um programa monetário rígido (1963). Estas medidas tiveram um resultado nitidamente depressivo, visto que a curto prazo não era possível – nem o governo tentava isso seriamente – fazer com que as mesmas fossem acompanhadas de uma efetiva reorientação dos investimentos e do aparelho produtivo, que era sustentado com a compressão do nível de renda dos estratos sociais mais altos.

A redução do investimento público e o ataque direto ao capital estrangeiro (lei de restrição e controle das remessas de lucros) detiveram os planos de investimento nos setores mais dinâmicos, bem como em novos setores visados pelas corporações multinacionais (mineração, aço, petroquímico e equipamentos pesados), eliminando-se, desse modo, componentes autônomos que poderiam ter contrabalançado os efeitos da crise de demanda corrente na economia.

Segunda fase da crise (1964-1966) e a recuperação

1) A passagem da primeira à segunda fase da crise foi precedida pela mudança do regime no início de 1964. O panorama do capitalismo brasileiro, a curto prazo, não melhorou; muito ao contrário, acentuou-se a depressão, mas, então, deliberadamente, ao serem quase que totalmente freados os mecanismos habituais de financiamento relacionados com a política cambial, de crédito, de salários e do déficit público, que prevaleciam desde os anos 1950. A carga fiscal se tornou bem mais pesada, foram feitos cortes no gasto público e restringiu-se novamente o crédito. O conjunto dessas medidas levou a uma drástica política de compressão salarial cujos efeitos sobre a economia foram ambivalentes – se, de um lado, aliviou as empresas no que se refere aos custos, de outro, reduziu a demanda corrente.[13]

Apesar de tudo, essas medidas podem ser consideradas como "funcionais" do ponto de vista da luta contra a crise e da passagem a uma nova etapa de desenvolvimento capitalista. Várias empresas marginais de menor solidez financeira ou com pouca capacidade de endividamento foram liquidadas, limpando o campo para uma reconcentração da atividade industrial e comercial. Foi eliminada, consequentemente, parte da capacidade produtiva que "sobrava" no sistema, com evidentes efeitos positivos sobre a eficiência produtiva, pelo menos em termos dinâmicos.[14] A política de compressão salarial alterou substancialmente a distribuição funcional da renda em favor dos lucros das empresas que tinham melhores condições de sobreviver, o que

---

13. O famoso "estrangulamento externo", pretexto para algumas teorias sobre a estagnação, desapareceu como por milagre (1964 e 1965), como consequência do rápido declínio da demanda de importações de bens de produção, resultante da redução dos investimentos. O balanço de pagamentos apresentou fortes superávits que permitiram, pela primeira vez desde a Segunda Guerra, uma considerável saída de capitais, apesar, inclusive, da radical mudança das regras do jogo, em franco favor do capital estrangeiro.

14. Este processo foi acompanhado por uma acelerada desnacionalização, visto que não apenas as empresas estrangeiras eram mais capazes, como também obtiveram enormes facilidades para internar recursos financeiros (Instrução n. 289).

permitiu, juntamente com algumas medidas de emergência para atender a problemas financeiros, a recuperação e expansão em etapas posteriores.

No entanto, duas reformas institucionais – a tributária e a do mercado de capitais – prepararam o terreno para um novo esquema de financiamento do setor público e privado.

Desde 1966 o governo vinha aumentando sua taxa de investimento, conseguindo atrair capital estrangeiro a curto prazo (Instrução n. 289) a fim de alimentar a recuperação das indústrias dominantes, promovendo o desenvolvimento de uma série de empresas financeiras privadas e preparando os novos projetos de solidariedade entre o capital estrangeiro de longo prazo e o Estado (em minerais, equipamentos, petroquímica, construção naval, transportes, energia elétrica).

2) É fundamental observar que, no Brasil, ao contrário de muitos países da América Latina, o grau de desenvolvimento industrial na fase de esgotamento do dinamismo do processo de substituição de importações permitia a substituição física de parte dos artigos que antes se importava. Em outros países latino-americanos, o processo substitutivo se esgotou antes que as respectivas economias tivessem alcançado uma base material que lhes permitisse produzir os bens de produção necessários à realização de investimentos relativamente vultosos, intensivos em capital e tecnologicamente mais complexos.

O capitalismo brasileiro tinha condições para passar a um esquema de expansão cujos estímulos emanavam do próprio sistema (sem que isto significasse o enfraquecimento dos laços de dependência externa, tornando-os, ao contrário, mais estreitos). Dadas as condições materiais, este novo esquema impunha, no nível econômico, reajustes pelo lado da estrutura da demanda, maior acumulação de recursos para investimento, definição de projetos rentáveis e complementares à capacidade produtiva preexistente, bem como algumas "correções" da estrutura produtiva através da eliminação de atividades sob a proteção da inflação e que não faziam sentido para o novo esquema de expansão. Esse quadro de soluções só poderia ser viável a partir de uma reordenação da política econômica pública no que diz respeito a financiamento, distribuição da renda, orientação dos gastos e assinação de recursos, exigindo, ainda, uma rearticulação do sistema monetário-financeiro em outras bases.

Todos estes requisitos mostram as transformações que acompanharam a recuperação econômica. Como já foi dito, foram o objeto da ação dos primeiros anos do regime militar. Também já foi assinalado que um dos problemas importantes, ou seja, o dos recursos necessários ao financiamento de novos investimentos e à expansão da demanda de bens duráveis (com evidente repercussão sobre a relação produto-capital das indústrias correspondentes) foi resolvido, no fundamental, pela absoluta compressão salarial. Isso nos leva de volta ao "modelo" de Furtado, que supõe que os salários reais na indústria se mantiveram, ao longo da industrialização, estáveis e regulados pelos setores de subsistência.

Pode-se entender melhor o problema se nos detivermos na evolução dos anos 1950. Neste período, embora o emprego industrial tenha crescido a uma taxa de 2,6% ao ano, é muito provável que o emprego urbano tenha aumentado a uma taxa maior devido à transferência do excedente gerado no setor industrial para outras atividades, através de vários serviços e gastos do Estado. Graças a isso foi possível, durante os anos 1950, haver um aumento da demanda de bens não duráveis a uma taxa de aproximadamente 6% ao ano, permitindo assim que a substituição de importações mantivesse seu dinamismo até etapas avançadas, dada a demanda proveniente do subsetor "tradicional". Por outro lado, precisamente porque os salários reais na indústria subiram nos anos 1950, junto com a massa de salários urbanos, é que veio a permitir o aumento da taxa de exploração da força de trabalho, possibilitando, em consequência, que a redução absoluta dos salários se constituísse numa fonte essencial de financiamento da recuperação econômica.

Acumulação financeira, concentração e centralização do capital[1]

Um processo de acumulação financeira significa, basicamente, a capitalização de rendas obtidas a partir de títulos financeiros que constituem "capital" apenas no sentido genérico de um direito de propriedade sobre uma renda. A realização dessa renda não repousa, diretamente, no processo de produção, mas em um direito de participação no excedente gerado por uma empresa ou pela economia em seu conjunto. Esse direito pode estar regulado juridicamente como no caso dos títulos de renda fixa, ou ser aleatório, baseado tanto nas expectativas de rentabilidade da empresa emissora como nas regras do jogo institucional e do comportamento da própria empresa (caso das ações e outros ativos financeiros de renda variável). Neste caso, o valor do capital pode flutuar intensamente segundo as características do mercado de valores, a "confiança" do público, a situação econômica das empresas e a sua própria política de distribuição de lucros.

Capital financeiro e capital produtivo

A acumulação de ativos financeiramente não tem, em primeira instância, uma relação direta com o processo macroeconômico de poupança-investimento porque não implica, necessariamente, a acumulação de ativos reais. De fato, o processo de acumulação financeira significa, apenas, uma modificação dos estados patrimoniais das distintas unidades econômicas e das suas relações de participação no excedente econômico efetivo gerado pela economia. O capital financeiro não representa, pois, o resultado da produção e acumulação do excedente econômico, e sim da geração e "acumulação" de direitos de propriedade.

---

1. Extraído do livro *Da substituição de importações ao capitalismo financeiro, ensaios sobre a economia brasileira*. TAVARES, Maria da Conceição. Rio de Janeiro: Editora Zahar, 1972, p. 234 a 240.

106 Maria da Conceição Tavares: vida, ideias, teorias e políticas

Desse modo, é possível que não se altere o volume do excedente produzido, mas apenas a forma como esse excedente é apropriado, ou seja, a maneira como se distribuem as rendas de propriedade entre os donos dos ativos. É nesse sentido que se pode entender a acumulação financeira como um processo de criação de capital "fictício", que repousa no desenvolvimento de relações jurídicas de propriedade as quais permitem a separação de funções entre empresários e capitalistas.[2] Essa separação de funções coloca o problema de reconversão do capital financeiro em capital produtivo, ou seja, do modo de articulação entre os dois planos da acumulação, nas órbitas real e financeira. Assim, por exemplo, dadas as condições de demanda existentes num determinado período, pode ser mais interessante, tanto para os empresários como para os capitalistas, aplicar recursos no financiamento de uma dívida crescente de consumo, privada ou pública, em vez de ampliar a capacidade produtiva das empresas; nessas circunstâncias, se aceleraria o processo de acumulação de ativos financeiros sem contrapartida numa expansão equivalente dos ativos reais. As possibilidades da mencionada reconversão de capital financeiro em capital produtivo dependerão, precisamente, da forma como se articulam as funções de capitalistas e empresários dentro ou fora da empresa, bem como dos interesses objetivos de ambos no processo global de acumulação.

Poupança e investimento

Este mesmo fenômeno pode agora observar-se desde o ponto de vista microeconômico. Os "poupadores finais", ou seja, as unidades econômicas superavitárias, investem financeiramente, adquirindo títulos de renda fixa ou variável que lhes permite uma capitalização pessoal. Neste sentido, do seu ângulo, estão acumulando a uma determinada taxa de rentabilidade, que depende das condições do mercado financeiro. Do ponto de vista dos investidores financeiros institucionais (ou seja, as principais agências do mercado de capitais), pode haver tanto uma simples operação de intermediação, me-

---

2. Não nos referimos aqui à habitual separação de funções (de inspiração schumpeteriana) entre empresário enquanto organizador de fatores de produção e capitalista como financiador do processo produtivo. Neste contexto, a função empresarial está ligada à produção e acumulação de excedentes reais, isto é, à geração de lucros e sua acumulação dentro da empresa, tendo como resultado a expansão da capacidade produtiva. E quanto ao capitalista, seu papel fundamental não fica bem caracterizado como agente financeiro no processo (esta é a função das instituições de crédito), mas, sobretudo, como portador de direitos de propriedade que lhe permitem "acumular" capital numa órbita distinta da real, isto é, capital financeiro.

diante a cobrança de comissões, como a aplicação de recursos (próprios ou alheios) na compra de títulos, o que representa um investimento financeiro cujos riscos variarão inversamente com a diversificação de carteira e cuja rentabilidade será função da valorização real ou fictícia dos títulos. No que se refere às empresas emissoras primárias, que se endividam, se verifica uma modificação no seu estado patrimonial no valor e na composição dos seus passivos e ativos. Este endividamento depende de vários fatores e destina-se a múltiplos usos. Assim, a maior procura de fundos externos por parte das empresas pode dever-se a problemas de liquidez ou estar ligada a aplicações que se destinem a aumentar a rentabilidade ou a diminuir os riscos. Em todos os casos, pode ser conveniente absorver recursos para reconverter a composição e os prazos da dívida já existente e modificar a estrutura das aplicações, sem que isso dê lugar à ampliação da capacidade produtiva.

Deste modo, não existe articulação direta entre os poupadores e os que utilizam os recursos e, em consequência, as poupanças das unidades superavitárias não se convertem, obrigatoriamente, em investimento real. Uma coisa é realizar aplicações baseadas na rentabilidade dos títulos, outra, bem distinta, é que os recursos que fluem das unidades superavitárias (famílias e empresas) sejam investidos pelas empresas em ampliação da sua capacidade produtiva.

A realização dos novos investimentos reais dependerá não só das possibilidades de autofinanciamento ou da obtenção de créditos por parte das empresas, mas, sobretudo, das relações existentes no mercado entre a estrutura da taxa de lucro e de juros e da taxa de rentabilidade esperada dos novos investimentos (expectativas de rentabilidade e risco).

Acumulação financeira e formação real de capital

O fato de que um processo de acumulação financeira possa ter lugar a um ritmo diferente do da formação real de capital é evidenciado pela experiência histórica dos países desenvolvidos, onde, durante longos períodos, se verificaram aumentos da dívida pública e privada em ritmo significativamente superior ao do crescimento da renda nacional e do estoque de capital.[3]

Ressalta-se, no entanto, que uma evolução divergente das órbitas real e financeira requer, para ser compatível com a sustentação dinâmica da economia, uma relativa estabilidade na taxa de lucro líquido das empresas e na rentabi-

---

3. Ver Goldsmith, *La estructura financiera y el crecimiento económico*, ed. Cemla.

lidade média dos títulos ou valores mobiliários. Na verdade, uma divergência acentuada entre as tendências de crescimento das variáveis nos planos real e financeiro sempre foi considerada como uma fonte de perturbações e, eventualmente, de crises.

Estes movimentos divergentes podem decorrer de causas distintas que afetam seja a taxa de rentabilidade dos títulos, seja a taxa de lucro da empresa.

Para evitar flutuações acentuadas na rentabilidade dos títulos, tem-se recorrido, historicamente, a dois procedimentos que implicam, ambos, maior controle e centralização do capital financeiro. O primeiro repousa em um aumento do "peso" das instituições financeiras públicas quanto ao grau de participação efetiva nos mercados monetário, creditício e de capitais (casos da França, Itália, México e Japão).[4] O segundo consiste na passagem progressiva do controle e da acumulação financeira para as "mãos firmes" das grandes agências poupadoras-investidoras institucionais – é o caso, basicamente, dos países anglo-saxões.[5]

Este movimento de centralização não resolve por si só o problema da disparidade entre rentabilidade financeira e real e entre ritmos de acumulação distintos; evita, no entanto, que as tendências divergentes se manifestem em ciclos conjunturais ou mesmo em crises financeiras agudas.

No que se refere à taxa de rentabilidade esperada das empresas, ou à sua efetiva taxa de lucro, existem muito menos possibilidades de controle. O próprio aumento de concentração empresarial e a passagem a uma estrutura produtiva fortemente oligopólica[6] não é solução para o problema da estabilidade da taxa de lucro. Ao contrário, pode-se até sustentar que um aumento do grau de monopólio do setor empresas desestabiliza a taxa de lucro, divorciando-a da taxa de equilíbrio, isto é, aquela que seria capaz de produzir um ritmo de acumulação real suficiente para absorver o potencial de acumulação interna das empresas. Um aumento da margem de lucro por unidade de produção, ou seja, do grau de monopólio, corresponde a um au-

---

4. No Brasil, a participação e o controle das instituições públicas são importantes no mercado monetário e creditício, mas sua participação no mercado de capitais se tem feito, até agora, mais por intermédio de instrumentos captadores de recursos (ORTN e ações de empresas públicas) do que propriamente por mecanismos ou instituições reguladoras do mercado.

5. Ver Gurley & Shaw, "Financial Aspects of Development", *The American Economic Review*, setembro, 1955, n. 4.

6. Em que se modificam acentuadamente as formas de competição e as empresas líderes podem, em princípio, manter uma margem alta de lucro diferencial que as proteja de uma situação de mercado desfavorável.

mento do potencial de acumulação das empresas oligopólicas, o qual, mantidas as condições de demanda global, só seria compatível com uma taxa de lucro estável mediante um aumento da intensidade de capital, uma diminuição da taxa de endividamento externo das empresas ou um aumento da capacidade ociosa planejada (isto é, aquela que corresponde à estratégia da expansão da grande empresa).[7]

Se admitirmos, contudo, uma relativa estabilidade da estrutura oligopólica, a manutenção de uma taxa de lucro de equilíbrio vai depender, fundamentalmente, do ritmo de expansão do consumo dos grupos médios e altos e do investimento dos capitalistas.[8] Temporariamente, pode ser compensada qualquer insuficiência dinâmica do investimento, e mesmo acelerado o crescimento, mediante um aumento mais do que proporcional do consumo de classes de altas rendas, do déficit público ou do superávit corrente da balança comercial, mas a longo prazo parece haver consenso de que a taxa de investimento é a variável crucial.

Articulação da acumulação real e financeira – o conglomerado

Este consenso sobre a importância da manutenção ou elevação da taxa de investimento tem conduzido não só a graus crescentes de intervenção estatal na promoção e orientação dos investimentos em setores fundamentais, como, sobretudo, nos países em que o setor privado está dominado pela grande empresa oligopólica a mudanças acentuadas na estrutura das empresas, bem como de suas formas de organização e estratégia de expansão.

Uma das expressões mais notórias dessas mudanças reside em uma nova forma de organização empresarial que passou a ser conhecida pela designação de "conglomerado" e ganhou prestígio a partir das experiências japonesa e alemã. Sua característica fundamental consiste em maior articulação entre a esfera real e a financeira, através da qual, historicamente, se voltou a atri-

---

7. Ver Steindl, *Maturity and Stagnation in American Capitalism*, Oxford, cap. IX, sobre o modelo de acumulação em condições oligopólicas.

8. Kalecki, *Economic Dynamics*. O consumo dos capitalistas no modelo simplificado de Kalecki equivaleria ao consumo urbano das camadas altas e médias. O modelo admite que o consumo assalariado é, aproximadamente, equivalente ao custo de salários e, como tal, não há geração de poupanças estimável. Esta hipótese simplificadora pode ser aceita com certo grau de realismo se admitimos que a única poupança popular significativa está ligada a um sub-sistema específico de financiamento – de habitação – o fato, poupança institucional.

110 Maria da Conceição Tavares: vida, ideias, teorias e políticas

buir ao capital financeiro um papel predominante na articulação dos interesses empresariais no processo global de acumulação.[9]

O caso do conglomerado japonês (Keiretsu) e o significado da sua dinâmica interna já foram sumariamente descritos no segundo capítulo do trabalho de apoio a este ensaio, "Intermediação Financeira na América Latina".[10] Em resumo, e para fins desta argumentação, interessa apenas salientar que a estratégia de expansão do conglomerado consiste em diversificar a produção e os investimentos nos principais setores dinâmicos da economia, tendo em vista as condições do mercado interno e internacional. Essa expansão se verifica a partir de um núcleo financeiro central que tem poder de emissão praticamente ilimitado em favor das empresas conglomeradas e que mantém sob controle um imenso poder de acumulação, graças às relações intersetoriais dentro do grupo e às suas enormes economias de aglomeração.

Assim, o aparentemente extraordinário grau de endividamento externo das empresas japonesas, que tenderia a aumentar fortemente sua taxa de risco e deprimir sua taxa de rentabilidade esperada, é, na verdade, meramente contábil e fictício, uma vez que, para efeitos do conglomerado, essa relação de dívida é interna e permite uma elevada taxa de rotação do capital de curto prazo que alimenta um processo contínuo e programado de expansão.

Tendo em vista estes antecedentes teóricos e a breve referência histórica com vista à experiência de outros países e, em particular, os casos de desenvolvimento financeiro apresentados no estudo sobre intermediação financeira, passaremos ao exame da situação brasileira. Centraremos a análise nas características do processo de acumulação financeira, concentração e centralização do capital com o objetivo de identificar os principais problemas que se revelam para a manutenção das atuais tendências de crescimento.

---

9. Se bem que o quadro brasileiro do início dos anos 1970 seja substancialmente diferente do quadro do capitalismo alemão do começo do século, parte da análise feita por Hilferding, em seu *Capital Financeiro*, ed. Tecnos, segue tendo interesse, sobretudo, no que se refere às funções do capital financeiro: permitir o descongelamento do capital industrial, sua mobilização e transferência intersetorial mediante uma fusão de interesses de todas as esferas de acumulação industrial, comercial e financeira, sob a égide desta última.

10. Para mais detalhes, ver artigo de referência "Rapid Economic Growth in Post-War-Japan", em *Developing Economics,* v. V, n. 2, junho de 1967.

O caso brasileiro[1]

A acumulação financeira e seu significado na atual etapa

Como se viu no parágrafo sobre tendências recentes, a emissão e a acumulação de ativos financeiros vinham-se dando no Brasil, sobretudo ligadas à expansão da dívida pública (ORTN) dos consumidores, das empresas produtoras de bens duráveis (aceites cambiais) e da expansão imobiliária (letras imobiliárias).

A acumulação financeira se mantém, pois, até 1969-1970, mediante uma expansão da dívida pública e privada crescentes e com base numa alta taxa de rentabilidade e negociabilidade de ativos financeiros de curto e médio prazo, que têm seu valor corrigido automaticamente contra a inflação ou oferecem uma taxa de juros antecipada que extrapola as tendências inflacionárias. Este processo deu lugar a um acentuado aumento dos custos financeiros das empresas e a necessidades crescentes de capital de giro que deprimem sua taxa de lucro líquido e, consequentemente, suas possibilidades de acumulação interna.

O aumento do endividamento das empresas foi compatível com a forma de crescimento desde o período de recuperação 1967-1968, à medida que os aumentos de custos têm sido absorvidos por uma expansão das vendas a partir de margens consideráveis de capacidade ociosa.[2] À medida, porém, que as empresas vão ocupando essa capacidade e se mantém o ritmo de expansão da demanda com ritmos altos de endividamento público e privado, as possibilidades de sustentação de uma alta taxa de acumulação passam a depender, cada vez mais, de uma elevação da taxa de investimento do setor empresas e, portanto, da existência de esquemas de financiamento adequados a este fim.

---

1. Extraído do livro *Da substituição de importações ao capitalismo financeiro, ensaios sobre a economia brasileira*. TAVARES, Maria da Conceição. Rio de Janeiro: Editora Zahar, 1972, p. 240 a 255.
2. Em condições de custos diretos da mão de obra estabilizados em nível significativamente reduzido (aproximadamente similar aos níveis prevalecentes no imediato pós-guerra).

112 Maria da Conceição Tavares: vida, ideias, teorias e políticas

Esses esquemas de financiamento que permitiriam a acumulação interna das empresas deveriam apoiar-se em fontes externas, sobretudo se se toma em conta que os reduzidos níveis salariais dos trabalhadores não permitiriam um significativo aumento da taxa de excedente interno, via redução absoluta dos salários, como ocorreu no período 1964-1968.

Até agora o setor financeiro privado tem-se revelado incapaz de modificar as modalidades de crédito no sentido de aumentar substancialmente os prazos e reduzir as taxas de juros. Isso se deve às próprias condições de estruturação do mercado financeiro, bem como ao fato de que o seu funcionamento se dá em condições inflacionárias que tendem a se institucionalizar, mediante a generalização do emprego dos diversos mecanismos de correção monetária. Esta circunstância eleva o patamar em que se define a estrutura das taxas de juros, e, em condições de ampla liquidez do sistema, bem como de rápida rotação do capital financeiro, permite manter uma altíssima taxa de lucro no setor financeiro, acelerando, portanto, o próprio ritmo de acumulação e expansão desse setor.

Nessas condições, dificulta-se a implantação de agências financeiras privadas especializadas no crédito de longo prazo – o qual fica praticamente na dependência das agências públicas de desenvolvimento –, bem como se problematiza o financiamento do próprio capital de trabalho das empresas.

Frente a essa situação, a solução encontrada para os problemas de financiamento das empresas esteve na adoção de uma política de fortes estímulos[3] fiscais e outros, às aplicações em ações e à abertura de capital das empresas.[4]

De 1969 para cá, o chamado mercado de capitais tornou-se, assim, eufórico, através da especulação realizada com ações de empresas já existentes, dos lançamentos de novas ações e, mais recentemente, com a intensificação do processo de abertura de empresas.

Nas atuais condições de ebulição no mercado de capitais, as operações de abertura de capital, lançamento e valorização de ações se fazem ao sabor de flutuações acentuadas no mercado financeiro aberto e, inclusive, em mercado paralelo ao da própria Bolsa de Valores, prevalecendo o caráter especulativo

---

3. Para se ter uma ideia das modalidades e da importância dos estímulos utilizados, ver *Avaliação Crítica dos Incentivos no Mercado de Capitais,* publicação IBMEC – Bolsa de Valores do Rio de Janeiro.

4. Note-se, no entanto, que este procedimento de abertura de capital das empresas necessariamente não se destina ao financiamento do investimento real das empresas e, sim, tem permitido, às que se abrem, mudar acentuadamente sua estrutura de endividamento.

das operações financeiras. Isso tem dois reflexos importantes: um, sobre o desenvolvimento e a estabilidade do mercado de capitais; o outro, sobre a estrutura de financiamento das empresas, ambos intimamente relacionados e que expressam as limitações principais da solução adotada.

O primeiro se relaciona com uma das condições requeridas para a estabilidade do processo de acumulação financeira, qual seja, a de manter uma taxa de rentabilidade dos títulos capaz de assegurar o crescimento equilibrado de longo prazo.

Nesse sentido, as agências financeiras, ao operarem em competição aberta por recursos e aplicações, forçam uma elevação das taxas de remuneração dos títulos; e, por outro lado, enquanto intermediárias entre os mercados primário e secundário de valores, elevam arbitrariamente o valor dos títulos primários através de lançamentos já acentuadamente especulativos,[5] que alimentarão, na base das expectativas, uma sequência de valorizações artificiais no mercado secundário.

Portanto, configura-se uma estrutura e comportamento do mercado de capitais marcadamente instáveis, incapazes de garantir um processo de acumulação financeira adequado ao crescimento sustentado de longo prazo.[6]

O segundo aspecto está relacionado com a forma pela qual se vem abrindo o capital das empresas produtivas, estimuladas pela possibilidade de revalorização dos seus ativos, sem ônus fiscais e sem controle das aplicações, o que lhes permite a captação de recursos financeiros extremamente baratos, em face dos altos custos financeiros do crédito. A valorização extraordinária das ações permite que a capacidade de acumulação interna de um número crescente de empresas se torne cada vez mais dependente de novos desdobramentos de capital que, inegavelmente, reduzem o custo de seu capital de trabalho, mas implicam taxas de risco crescentes, dados os compromissos de pagamentos de dividendos, que se vão acumulando e diferindo no tempo.

Por outro lado, uma vez que o valor de mercado das ações se encontra completamente desligado do custo real de reposição dos ativos fixos ou da

---

5. O lucro do lançador, componente do lucro especulativo, é tanto maior quanto maior for a diferença entre o valor de emissão de ação e o seu preço de lançamento. Nas atuais condições do mercado, essa diferença chega a ultrapassar 100% do valor nominal da ação.

6. Outra indicação da possível instabilidade do processo recente de acumulação financeira está nas altíssimas relações preço-lucro da maioria das ações negociadas em bolsa, as quais demonstram o caráter fortemente especulativo das operações financeiras baseadas mais em expectativas de valorização (fictícia) do capital do que na taxa de rentabilidade implícita nessa relação.

taxa interna de rentabilidade do investimento real, não há articulação possível para fins de cálculo econômico entre a expansão real e a financeira. Ao que tudo indica, parece estar ocorrendo uma forte acumulação de capital fictício (contábil) por parte das empresas de capital aberto sem contrapartida na expansão equivalente da sua capacidade produtiva. Isto põe em risco a taxa de lucro de longo prazo das empresas e, portanto, sua capacidade de pagar dividendos. Em outras palavras, deixa completamente em suspenso a realização do valor de capital financeiro enquanto direito de propriedade sobre os lucros de empresas.

O caráter contraditório do processo

O caráter contraditório entre a expansão real e a financeira se manifesta na impossibilidade de manter uma base real para acumulação financeira. Esta última, tal como se vem fazendo, supõe uma contínua expansão da dívida de curto e médio prazo das empresas e famílias, bem como da dívida pública. Contudo, é difícil imaginar que a dívida pública e dos consumidores possa continuar expandindo-se a um ritmo remotamente comparável ao do período 1966-1970, dadas as proporções já alcançadas por seu volume bruto e levando-se em conta os prazos e custos do serviço da dívida.[7] A tendência normal seria de que os ritmos de crescimento dessas duas modalidades de dívida se aproximem, respectivamente, do crescimento da renda interna bruta e da renda disponível das famílias, não continuando, portanto, a desempenhar um papel significativo como componentes autônomos da expansão da demanda interna. Nesse caso, a alternativa compensatória para manter-se o dinamismo da economia, a longo prazo, repousaria numa aceleração do investimento em capital fixo.

Não obstante, essa tendência compensatória é freada em função dos critérios de rentabilidade microeconômica que afetam tanto as decisões dos poupadores (pessoais ou institucionais) como as decisões de investimento das empresas.

Em parte devido ao movimento especulativo, as aplicações financeiras continuam sendo as mais rentáveis para os poupadores. Além do mais, o elevado grau de negociabilidade e liquidez dos títulos facilita a transferência de

---

7. Os saltos da ORTN (principais instrumentos de financiamento de dívida pública) já alcançavam em 1970 um montante equivalente ao total de papel-moeda em circulação, e as emissões desse ano já praticamente superaram o valor do resgate dos títulos emitidos pelo Tesouro nos últimos anos.

excedentes interempresas e intersetorialmente, a qual segue beneficiando a acumulação no setor financeiro. Como consequência, verifica-se um congelamento da estrutura de custos financeiros que vai gravitar como um peso crescente sobre a taxa real de lucro das atividades produtivas.

As indicações existentes sobre as taxas de lucro das 615 maiores empresas brasileiras parecem confirmar esta hipótese, pois é enorme a diferença entre a taxa de rentabilidade média do setor financeiro e dos demais setores produtivos. Assim, enquanto os bancos estatais e os bancos de investimento apresentam em seus balanços de 1970 taxas de lucro líquido superiores a 50%, e as demais financeiras, taxas superiores a 30%, a rentabilidade média para o conjunto das empresas da amostra é de apenas 11,5%, apresentando alguns setores, como o químico, farmacêutico e plástico, taxas negativas.[8]

Esse processo de expansão especulativa mantém uma permanente tensão inflacionária e distorce violentamente a alocação de recursos do setor privado, favorecendo, sobretudo, as atividades ligadas à diversificação do consumo, e esterilizando, assim, do ponto de vista macroeconômico, volumes crescentes de poupanças, num verdadeiro círculo vicioso de acumulação improdutiva.

Do mesmo modo, do ângulo das decisões de investimento, além de a estrutura das taxas de lucro favorecer cumulativamente o setor financeiro, a forma de endividamento utilizada pelas empresas, como já se observou, tem aumentado a taxa de risco para as aplicações de longo prazo, a qual deprime a taxa de rentabilidade esperada por unidade de investimento real.

Em síntese, o problema da instabilidade estrutural deste processo de expansão financeira não está apenas na divergência de ritmos de acumulação entre ativos reais e financeiros, mas sim no caráter recorrente do processo em curso, que tende a uma redistribuição contínua do excedente em favor da órbita financeira, a qual, se for mantida além de suas possibilidades reais de sustentação, poderá provocar uma ruptura crítica da expansão econômica. Parece existir certo consenso de que para evitar essa ruptura se necessita diminuir a especulação, forçando uma maior centralização do capital financeiro, mediante a qual as grandes agências financeiras controlem o lançamento dos novos títulos em bolsa, intervenham em forma coordenada na manipulação das operações financeiras e promovam a canalização de recursos para os setores com maiores oportunidades de investimento.

---

8. Ver, a esse respeito, *Anuário Banas – Brasil Financeiro*, 1970.

O logro dessas medidas significaria, obviamente, maior integração entre os planos real e financeiro, que permitiria a reconversão de capital financeiro em capital "produtivo", adequada a uma aceleração da taxa real de poupança-investimento. Entretanto, essa tão conveniente integração não depende apenas da centralização do capital, mas, inclusive, de uma profunda reorganização da estrutura oligopólica vigente, bem como de uma acentuada modificação do estilo de crescimento recente da economia.

Concentração e centralização do capital: possibilidade de articulação de uma nova estrutura oligopólica integrada

Parece-nos realista tomar como ponto de partida a hipótese de que está em curso um modelo de crescimento concentrador da renda e do capital e de que as tentativas de política econômica se orientarão, como até agora, mais no sentido de ordenar e racionalizar esse processo global de reconcentração e acumulação oligopólica do que promover uma redistribuição da renda e do poder econômico.

De início, é importante deixar claro que um processo de concentração pode avançar em certos planos sem significar aumento da concentração absoluta. O aumento da concentração relativa é teoricamente compatível com uma elevação dos níveis absolutos de renda das classes de baixas ou médias rendas, do mesmo modo que o é com a expansão dos níveis de produção e do número das empresas pequenas e médias; o que ocorreria no caso seria uma diminuição de sua participação relativa nos incrementos de produto, renda e produtividade. Isto é, o mercado se expandiria proporcionalmente a favor das grandes empresas e das camadas de maior nível de renda.

No que se refere à concentração da renda e à expansão do mercado consumidor, as poucas indicações existentes são no sentido de que, por volta de 1970, os níveis médios de renda e consumo das classes assalariadas seguiam por baixo dos níveis que prevaleciam no começo da década passada,[9] com perda acentuada de posição para os grupos de mais baixas rendas. Em compensação, teriam se expandido e diversificado acentuadamente os níveis de consumo das classes altas e dos setores superiores dos grupos médios; no caso destes

---

9. Ver dados de crescimento na década, das indústrias de bens de consumo popular e orçamentos familiares, da Fundação Getúlio Vargas – *Conjuntura Econômica*, Retrospectiva da Década, fevereiro de 1971.

Hildete Pereira de Melo (Org.)

últimos, em parte devido à elevação de suas rendas e em parte devido a uma expansão acelerada de seu endividamento.

No que se refere à concentração da produção e do capital, há evidências de que durante os anos 1960 se verificou um forte processo de concentração relativa da atividade urbana, que se teria acentuado com as crises econômicas de meados da década. Mais recentemente, depois de 1968, passou-se a observar uma forte centralização do capital na órbita financeira.[10]

Os dois processos não foram simétricos, tendo-se desenvolvido até agora com dinâmicas distintas. Do mesmo modo, não tem havido articulação definida entre a ação dos principais grupos financeiros, até pouco tempo atrás majoritariamente nacionais, e a ação das maiores empresas industriais, dos ramos mais dinâmicos, predominantemente, estrangeiras. Salvo no caso de alguns consórcios internacionais em que há associações claras de interesses industriais, agrícolas, comerciais e financeiros, a conglomeração parece ser mais objeto de discussão ou projeção do que uma tendência geral já definida.

As inúmeras fusões de grupos financeiros que vêm ocorrendo nos últimos anos não têm estado articuladas com o processo de concentração na esfera real. Na verdade, representam somente um agudo processo de centralização do capital financeiro devido, principalmente, ao caráter fortemente competitivo e especulativo do mercado financeiro, a partir da expansão e diversificação excessiva dos agentes financeiros verificada no período 1966-1968.[11]

Deste modo se está configurando uma estrutura oligopólica marcadamente assimétrica, no que diz respeito à relação de poder e de articulação entre a órbita real e a financeira. De um lado, as grandes empresas, em sua maioria estrangeira, solidamente estabelecidas no mercado, têm um grau de autofinanciamento elevado, não apresentando dependência visível do poder financeiro privado. Não obstante, são para o setor financeiro as clientes favoritas. Simultaneamente, existe uma ampla gama de empresas cujo poder financeiro e empresarial é relativamente frágil, e que têm forte dependência,

---

10. Para dados sobre concentração industrial, ver Fernando Fajnzylber, *Sistema industrial y exportación de manufacturas,* Cepal, 1970. Para dados sobre concentração financeira, ver Banas, 1970, e Índice, abril, 1971.

11. A partir de 1968, o governo tratou de evitar a proliferação de agências com escalas mínimas de operação e competindo na margem por recursos e aplicações. Isso se destinou mais a evitar quebras fraudulentas e a regularizar o mercado do que a diminuir os custos financeiros (como muitos supunham), uma vez que os preços dos serviços financeiros em um mercado oligopólico estão determinados pelas empresas dominantes e não pelas marginais, embora influam nas taxas diferenciais de lucro de toda a estrutura oligopólica.

por essa razão, de fontes externas de recursos. Apesar disso, não têm contado com possibilidades reais de expandir-se e modernizar-se com o apoio sólido dos grandes grupos financeiros.

De outro lado, as grandes empresas parecem bem pouco dispostas a abrir seu capital de forma que as levasse a perder o controle para os grupos financeiros que não são seus "aliados naturais" (apesar de que um esquema desse tipo apontaria, efetivamente, na tão falada direção do conglomerado). Em compensação, a abertura de capital das empresas mais débeis, e sua associação com grupos financeiros, só parece fazer-se em condições "favoráveis" enquanto persista o movimento especulativo. Ainda nesse caso há dúvidas sobre suas possibilidades de transição a uma escala de operações e eficiência significativamente mais altas, pois uma coisa é que os grupos financeiros se interessem por suas operações de *underwriting*, com altas comissões de lançamento; outra bem diferente é que estejam dispostos a associar-se estreitamente com elas numa política conjunta de reorganização empresarial e alocação de recursos. Assim, no que se refere às médias e pequenas empresas, o processo de concentração tende a ser irregular e avançar mais mediante quebras e desaparições nas fases depressivas do que por reconcentração e aumento geral da escala de produção e eficiência nos períodos de auge.

Paradoxalmente, no setor empresas públicas o processo de expansão e concentração é mais estável e estruturado, justamente porque aí não se põe com a mesma força o problema da assimetria entre poder empresarial e financeiro, nem entre investimento real e acumulação financeira.

No que se refere, pois, ao processo de acumulação e concentração do setor privado, parecem faltar ainda no Brasil duas condições básicas de centralização do capital que estão presentes na maioria dos países hoje desenvolvidos.

A primeira condição corresponderia a um controle mais eficaz do mercado financeiro por parte de poderosas agências financeiras públicas (México, França, Itália e Japão), que não só evitassem a especulação financeira, como também controlassem mais eficazmente a transferência intersetorial de recursos financeiros e a alocação dos recursos reais. A segunda diz respeito a uma articulação mais orgânica entre grupos financeiros e empresas industriais (do tipo conglomerado japonês ou alemão), ou, pelo menos, a um maior equilíbrio de forças entre a estrutura oligopólica financeira e a produtiva (Estados Unidos). Esses dois aspectos da centralização são relevantes

Hildete Pereira de Melo (Org.)

para resolver, simultaneamente, os problemas da estabilidade financeira e da orientação da acumulação.

Assim, por exemplo, o problema da estabilidade financeira não pode ser adequadamente resolvido enquanto as autoridades financeiras se comportarem, sobretudo, como autoridades monetárias e fiscalizadoras, isto é, com seu poder de controle efetivo basicamente limitado à expansão de meios de pagamento e do crédito bancário geral e sem capacidade operativa maior no mercado de capitais. A regulação deste último vem sendo feita por mudanças sucessivas nas regras do jogo e mediante a emissão contínua e corretiva de instruções e regulamentos do Banco Central. Se bem é verdade que uma política financeira deste estilo permite maior dose de pragmatismo e adequação às mudanças contingentes do mercado, não é menos certo que impede uma orientação macroeconômica mais racional da acumulação financeira e permite a ocorrência de fortes movimentos especulativos, além de deixar que as fusões e associações de grupos financeiros e empresariais nacionais e estrangeiros se façam ao embate de interesses contingentes.[12]

Aqui surge o outro problema central: o da articulação do setor empresarial e financeiro privado, de cuja capacidade de organização tanto se espera, ao abrigo das recentes leis de incentivos à capitalização, reavaliação de ativos e fusões. Pela sua posição privilegiada no mercado de capitais, seria de se esperar que os bancos de investimento assumissem o papel central nessa articulação mais orgânica entre a órbita real e financeira e, em particular, promovessem o financiamento da expansão produtiva das empresas.

No entanto, até há pouco tempo a forma de operar dos bancos de investimento não se distinguia marcadamente da de qualquer "financeira" comum e corrente. O fato de ter-se colocado à sua disposição instrumentos legais que lhes permitiria atuar mais efetivamente como agências principais

---

12. Na discussão de 1965 e 1966 sobre a estruturação do mercado de capitais, aventaram-se várias alternativas, uma das quais era a da conversão do BNDE numa espécie de Banco Central dos Bancos de Investimento e das agências de desenvolvimento estaduais e regionais. Havia precedentes já antigos de presença estatal no mercado financeiro, como o do Instituto Mobiliário Italiano e da Nacional Financeira Mexicana, mas essas soluções não chegam a ser cogitadas. A solução proposta pelo então presidente do BNDE era converter o Finame numa agência financeira que estaria para o Banco do Desenvolvimento como o CFI para o Banco Mundial. (Algo semelhante foi proposto e aceito na Colômbia e, posteriormente, no Peru.) Prevaleceu, no entanto, a orientação liberalizante do Banco Central de permitir a criação não estruturada de uma multiplicidade de entidades financeiras privadas, entre as quais passaram a sobressair os bancos de investimento. Ao BNDE continuou cabendo, basicamente, o papel de agência financiadora de crédito a longo prazo tanto para o setor público quanto para o setor privado em áreas consideradas prioritárias.

120 Maria da Conceição Tavares: vida, ideias, teorias e políticas

do mercado de capitais não afetou senão moderadamente sua forma de operar no mercado de títulos.[13]

Por outra parte, mesmo na sua tarefa de lançadores de ações mediante operações de *underwriting*, guiam-se muito mais pelo caráter especulativo da operação do que pelos interesses de longo prazo das empresas clientes. As próprias formas de articulação de interesses, ainda quando existem cruzamentos de diretorias entre os bancos e as empresas, ou até mesmo participação acionária, permitida por recentes modificações na lei bancária, se regem mais por considerações de ordem financeira do que por uma estratégia global de expansão tipo conglomerado ou consórcio internacional.

Mesmo no caso do grupo Deltec – cuja cabeça financeira no Brasil é o BIB –, apesar de sua tradição de consórcio internacional, e de sua teia de interesses empresariais, que vão da petroquímica ao gado, ter passado por toda uma gama de participação em atividades industriais e comerciais dentro do Brasil,[14] sua forma de operação não está nem remotamente estruturada nos moldes do conglomerado japonês. Este, como já vimos, possui a sua organização empresarial em "estrela" em torno de um grande banco, o qual, a partir de um poder de emissão praticamente ilimitado em favor das empresas do grupo, controla globalmente a acumulação financeira e a reprodução do capital do conglomerado, além de orientar os critérios de investimento, seleção de tecnologia e ampliação de mercados.

No caso dos conglomerados internacionais operacionais funcionando no Brasil, as decisões integradas a respeito de matérias tão relevantes como as apontadas são tomadas em seus escritórios centrais, levando em conta a estratégia global do conglomerado e sua regionalização. Deste modo, o banco de investimento local tende a ser apenas uma agência financeira com certo grau de flexibilidade para articular operações reais e financeiras, cuja dimensão não transcendia a escala local. Sua estratégia está centrada, sobretudo, na diversificação das aplicações, visando diminuir a taxa de risco global do capi-

---

13. A própria declaração de Roberto Campos, presidente do Investbanco, sobre "a nossa mistura de banco de investimento" (*Cadernos Halles,* n. 5), reconhece que "os bancos de investimento, originalmente pensados no sentido de especialização de funções enquanto agências de financiamento a largo prazo e apoio aos investimentos das empresas, trabalham realmente a curto e médio prazo, e a única especialização ocorrida foi a de reservar para as financeiras o financiamento ao consumo e para os bancos de investimento o financiamento do capital de giro". Na prática, isso não faz grande diferença nem quanto à forma principal de instrumentos de crédito nem quanto à função geral do capital circulante das empresas.

14. Ver Relatórios da Deltec Internacional, 1969-1970.

tal investido. É certo que, como esse capital representa apenas uma porcentagem das aplicações globais do "conglomerado" internacional, as suas filiais brasileiras podem buscar oportunidades novas de investimento com um grau maior de risco do que as empresas nacionais. Isto é, no entanto, praticamente irrelevante quando a política de incentivos fiscais e de subsídios financeiros não discrimina entre capital nacional e estrangeiro para fim de aplicações em áreas prioritárias ao desenvolvimento nacional.

Muito mais limitados, em sua órbita de aplicações, se encontram os bancos de investimento nacionais que, com contadas as exceções, se limitam a reforçar o poder financeiro de velhos bancos comerciais e a operar no mercado de títulos mediante uma cadeia vinculada de financeiras, corretoras e distribuidoras de títulos.

Assim, aquela articulação entre capital financeiro e industrial que permitiria algo semelhante a um processo integrado de acumulação do polo "capitalístico" da economia não parece estar ainda em vias de realização no Brasil.

A própria estrutura oligopólica prévia a 1968, que é objeto de intentos de reorganização, possuía características de rigidez quanto à origem e interesses dos grupos preexistentes, dada a posição destes na estrutura produtiva interna e em face do mercado internacional, que tem dificultado uma rearticulação simultânea na órbita produtiva e financeira.

Na verdade, é relativamente fácil juntar uma série de grupos financeiros internacionais de todas as procedências para participar na fundação de um grande banco de investimento como o Investbanco, que se destina a operar no mercado financeiro aberto como investidora financeira institucional.[15] Mas é muito mais difícil conseguir que esses grupos fundadores se ponham de acordo para tratar em conjunto de projetos de investimento em áreas em que porventura já sejam dominantes empresas filiais de grandes consórcios internacionais que competem entre si no mercado interno ou internacional.[16]

Assim, as articulações possíveis entre capital financeiro e capital industrial aparecem até agora limitadas a três tipos de áreas, todas relacionadas com a conquista de novos mercados, e não com a reassinação de atividades em mercados preexistentes. A primeira delas é a configurada pela petroquímica, em que

---

15. Sobretudo nas condições recentes do mercado internacional e com o excesso de dólares existente nos mercados europeu e japonês.

16. O aparente fracasso do Investexport, seção especial do Investbank destinada a promover um *pool* de projetos de exportação, é bem sintomático.

122 Maria da Conceição Tavares: vida, ideias, teorias e políticas

o grupo União (Deltec – grupo Rockefeller) conseguiu uma divisão do trabalho com a própria petroquímica estatal e a associação com grupos nacionais minoritários. A segunda é o complexo minério-aço, no qual se verifica a articulação com vistas à exportação para o mercado mundial de vários grupos internacionais em associação ou divisão de trabalho com as grandes empresas públicas e em que o BNDE é o agente financeiro principal. Finalmente, a terceira é a associação de capitais nacionais e estrangeiros, com marcado predomínio destes últimos, sobretudo para explorar a fronteira de recursos naturais ao abrigo das vantagens concedidas pelas leis de incentivos fiscais, basicamente para fins de exportação e nas quais se produzem as associações mais heterodoxas do ponto de vista da origem dos grupos participantes.

Em compensação, nos setores manufatureiros onde predominam as filiais das grandes empresas integradas estrangeiras (material elétrico, material de transporte e metal-mecânica), é difícil prever uma articulação mais íntima entre essas empresas e grupos financeiros (às vezes rivais) que não suponham o estrito controle daquelas. Operações de abertura de capital que ponham em risco a perda de controle patrimonial pela matriz não são previsíveis. Ou seja, resumindo, a concentração e centralização do capital em curso e prevista para um prazo razoável diz respeito a associações de capitais para fins de especulação financeira ou de abertura externa e, apenas em casos especiais, para competir ou redividir o mercado interno de bens e serviços.

É certo que o governo tem revelado a intenção manifesta, no que diz respeito às empresas nacionais, de auxiliar a sua fusão ou a centralização sob o patrocínio de um banco, para aumentar o seu poder competitivo face a face com o capital estrangeiro. Daí a recente discussão do Congresso de Bancos em Brasília sobre a forma de associação (*holding* ou corporação financeira) e sobre quem desempenharia o papel de cabeça do grupo – os bancos comerciais ou bancos de investimento.[17]

---

17. Os argumentos do setor bancário nacional seriam a favor da primeira forma, sob a alegação de que os bancos de investimento têm maior participação estrangeira. Na verdade, quase todos os grandes bancos comerciais estão ligados aos 30 bancos de investimento existentes, dos quais, se bem que apenas dez têm ligações ostensivas com grupos estrangeiros, somente dois dos mais fortes parecem ser exclusivamente nacionais. O problema está, uma vez mais, em que todo o setor financeiro se encontra numa acelerada de expansão e reconcentração, na qual é difícil impedir a penetração do capital estrangeiro, mormente com a avalanche de capital de curto e médio prazo que tem entrado no país nos últimos anos. Além do mais, o forte processo de abertura de capital das empresas nacionais, acompanhado da participação crescente das financeiras nas operações em bolsa, levará, provavelmente, a uma perda de controle patrimonial por parte das empresas menores, sem que por isso lhes seja garantido

O capitalismo financeiro e a "internacionalização" dependente

Por fim, poder-se-ia ressaltar que a semelhança dos fenômenos de acumulação financeira, concentração e centralização do capital atualmente no Brasil com processos verificados, historicamente, nas economias capitalistas desenvolvidas é superficial. Atribuir um significado mais profundo a essa semelhança seria esquecer o caráter desigual da concentração verificada no Brasil, bem como a heterogeneidade dos diversos grupos empresariais e financeiros quanto à origem e interesses objetivos do seu capital e grau de poder monopólico interno. Seria esquecer que o capitalismo financeiro representou para os países centrais uma etapa mais avançada do desenvolvimento das forças produtivas internas em sua expansão monopólica em escala mundial, enquanto no caso brasileiro corresponde, somente, a uma tentativa de readaptação da estrutura oligopólica interna às novas regras do jogo econômico financeiro internacional.

Nessa readaptação se configura um processo cujo caráter supõe o estabelecimento de um novo esquema de articulação entre empresas públicas e privadas, nacionais e estrangeiras, no qual joga um papel decisivo o capital financeiro internacional, e que corresponde a uma nova forma de inserção de setores fundamentais da economia brasileira em um marco distinto de relações de dependência. As características dominantes dessas novas relações estão dadas pela dinâmica da competição entre as grandes empresas monopólicas internacionais, num mercado mundial também em rearticulação.[18] O afã competitivo na conquista de novos mercados, a necessidade de controlar e escalonar a introdução do progresso técnico num processo de acumulação de capital em escala mundial têm levado ao surgimento das novas formas de organização empresarial em conglomerados que adquirem, muitas vezes, caráter "multinacional".

A fusão de interesses de grupos industriais, financeiros e comerciais de distinta procedência que se está processando agora no Brasil, e que permite maior internacionalização da empresa produtiva "brasileira", mediante novas formas de associação promovidas pelo capital financeiro, corresponde a um

---

aquilo que verdadeiramente lhes interessaria, ou seja, uma forma de conglomeração em que o banco controlador tivesse poder emissor ilimitado em seu favor. Isto permitiria converter o endividamento externo em dívida intergrupo, o que diminuiria a taxa de risco para o processo de acumulação integrada das empresas afiliadas.

18. Ver a esse respeito o capítulo especial sobre "Empresas Internacionais" do *Estudio económico de América Latina*, 1970, da Cepal, e *El nuevo esquema centro periferia*, de Anibal Pinto e J. Knackal, Santiago, 1971.

rearranjo da estrutura oligopólica interna para adaptar-se melhor às novas regras do jogo econômico internacional.

Nesse sentido, o caráter fundamental do capitalismo financeiro em expansão acelerada no Brasil adquire, de partida, uma funcionalidade distinta do velho "capital financeiro" alemão ou do vertiginoso crescimento da acumulação financeira americana no começo do século, embora guarde com este certa semelhança pelo seu caráter especulativo. Muito maior é ainda a diferença em relação ao "modelo" japonês de pós-guerra, tanto no que se refere à estrutura e direção do crescimento, como ao caráter autônomo de acumulação e centralização do capital e, finalmente, ao papel hegemônico de uma burguesia e um Estado nacionais. Sobre este problema voltaremos, nas notas finais, para esclarecer com mais detalhe as principais diferenças que se podem observar entre o modelo japonês e o brasileiro.

PARTE 2
FASE UNICAMP

Problemas de acumulação oligopólica em economias semi-industrializadas[1]

Maria da Conceição Tavares

Introdução

As diferenças que queremos identificar em estruturas industriais de economias subdesenvolvidas podem ser visualizadas em dois níveis de abstração, que, se bem são inseparáveis para a compreensão do processo de acumulação, devem ser distinguidas por razões analíticas.

O primeiro é o da conformação da estrutura oligopólica no que se refere aos seus parâmetros de funcionamento. Por exemplo: o fato básico de que uma estrutura oligopólica subdesenvolvida é marcadamente assimétrica em termos de poder de acumulação, distribuição da renda e incorporação do progresso técnico. Essa assimetria admite vários cortes analíticos, em termos de empresas, de consumidores, de setores produtivos e de regiões geográficas, que são a razão básica da permanente heterogeneidade estrutural das economias subdesenvolvidas.[2]

Nosso propósito, porém, é centrarmo-nos sobre os problemas de acumulação e progresso técnico em estruturas industriais diferenciadas e em expansão desigual, para o que os cortes relevantes do ponto de vista analítico passam a ser os de pequena e grande empresa, nacional e estrangeira, privada e pública, que serão analisadas sob a ótica da organização e das formas de concorrência em distintas estruturas de mercado.

---

1. Extraído TAVARES, Maria da Conceição. *Acumulação de capital e industrialização no Brasil*. Campinas: Editora da Unicamp, IE, 1985 (1ª ed.), 1986 (2ª ed.) e 1998 (30 Anos da Unicamp).
2. Sobre as raízes básicas da heterogeneidade estrutural na América Latina, ver A. Pinto (1965, 1970) e Vuskovic (1970).

128 Maria da Conceição Tavares: vida, ideias, teorias e políticas

O segundo nível de abstração diz respeito ao modo de funcionar no tempo dessas estruturas oligopólicas, isto é, o seu ciclo de expansão. Nossa ideia de ciclo de expansão não é idêntica à de "Ciclo de Produto" de Vernon, que se refere à evolução de uma indústria desde sua juventude até sua maturidade. Nossas economias semi-industrializadas podem apresentar alguns aspectos patológicos de maturidade, junto com bloqueios de crescimento e com problemas de "juventude", mas estão longe de apresentar uma dinâmica interna comparável à dos problemas de crescimento industrial em economias maduras. Por outro lado, suas tendências cíclicas internas dependem tanto de processos endógenos de acumulação, com incorporação e difusão restrita de progresso técnico, como da expansão acelerada de filiais estrangeiras, que, por sua forma de articulação no mercado interno, dão uma configuração específica ao ciclo.

Ainda no nível de considerações gerais, podemos fazer uma distinção clara dessa especificidade, por contraste com as condições de funcionamento de um modelo de acumulação oligopólica do tipo do apresentado por Steindl.

Em primeiro lugar, as empresas bem colocadas no mercado de países subdesenvolvidos distinguem-se menos pelo tamanho das plantas e pelas economias de escala do que pelo fato de serem de propriedade estrangeira. Estas têm vantagens relativas que se devem tanto à obtenção a custo ínfimo de marcas, patentes, tecnologia, assistência técnica e *marketing* como às possibilidades de utilizar dinamicamente essas vantagens para diferenciar a sua estrutura de produção e de custos e de se tornarem rapidamente dominantes no mercado. Do ponto de vista dos custos reais, convém ainda lembrar que, embora paguem por esses conceitos recursos financeiros vultosos, trata-se de transferências no circuito interno de acumulação filial-matriz que não afetam a taxa de rentabilidade global da empresa internacional.

Outra vantagem diferencial importante é a do acesso ao capital. Sua capacidade de levantar fundos está amparada no peso da matriz. Como a escala da filial é mínima, comparada com a da matriz, não vale o princípio do risco crescente para o endividamento externo, particularmente quando se tratar de transferências da matriz. As alternativas de recorrer amplamente a fundos financeiros de diversas procedências não só diminuem a taxa de risco como modifica a sua estrutura, flexibilizando as aplicações de capital em distintos setores.

Desse modo, os determinantes do investimento, tal como foram colocados por Kalecki e Steindl, com ênfase na taxa interna de lucros retidos e no princípio do risco crescente, deixam de funcionar como hipóteses básicas de acumulação.[3]

Em segundo lugar, a hipótese de que a taxa de crescimento da demanda é dada exogenamente pelas condições de expansão global da economia não é válida para as grandes empresas oligopólicas estrangeiras, nem para as do setor público. Particularmente quando as decisões estratégicas de crescimento da capacidade, na frente da demanda, são tomadas em conjunto com vistas a uma complementaridade de longo prazo, isso garante uma componente "autônoma" do investimento em curso, que dá um patamar mínimo à taxa de crescimento industrial. Esta pode flutuar violentamente, com ciclos de aceleração e desaceleração de crescimento, mas dificilmente a indústria, em seu conjunto, se encontrará em "estagnação". Isso não significa que não haja problemas de demanda efetiva e de realização dos lucros ao nível do mercado interno. Como veremos, esses problemas não só persistem como podem ter repercussões graves para a estabilidade financeira, do balanço de pagamentos e da taxa de emprego urbano.

Finalmente, as hipóteses clássicas e neoclássicas de introdução do progresso técnico não têm maior relevância explicativa para países subdesenvolvidos. É verdade que o progresso técnico se introduz também nas estruturas oligopólicas de nossos países, como uma sombra da acumulação, dentro das empresas e dos setores que lideram o processo de expansão. Assim, continuaria valendo o método clássico de considerar o progresso técnico como *endógeno* ao processo de acumulação. O problema está em que ele não se guia nem pelas "proporções dos fatores de produção", nem pelos seus preços relativos, se não que por uma competição interna capitalista *assimétrica* que tende a introduzir progresso técnico em forma restringida e desigual, para aumentar as margens de lucro diferencial das empresas oligopólicas. Isto é particularmente favorável às empresas estrangeiras que têm o controle e o domínio da tecnologia de ponta.

Essas condições não parecem ser muito diferentes das que prevalecem numa estrutura oligopólica concentrada, mas são completamente diferentes para as empresas nacionais, mesmo as públicas, que só têm acesso direto à tecnologia difundida. Talvez seja devido ao fato reconhecido de sua incapacidade de controlar a tecnologia dominante, ou adaptá-la às condições de produção

---

3. Para uma aplicação do modelo de Steindl, adaptado à indústria automobilística da América Latina, ver Jenkins (1973).

130 Maria da Conceição Tavares: vida, ideias, teorias e políticas

locais, bem como ao alto preço que têm de pagar por certos processos, que se tenha adotado a expressão não muito feliz de "dependência tecnológica".

Há, porém, algumas considerações adicionais que convém fazer para esclarecer melhor o problema da "escolha de técnicas" em países subdesenvolvidos.

Apesar da superpopulação relativa permanente, o progresso técnico pode poupar mão de obra, independentemente de que não se necessite aumentar "o exército industrial de reserva", como no modelo clássico marxista. O problema não se põe tampouco, como na visão neoclássica de alocação de recursos a partir dos custos alternativos dos "fatores de produção", *vis-à-vis* a sua escassez relativa. As técnicas não parecem ajustar-se aos preços relativos dos fatores nem mesmo em países desenvolvidos onde predomina uma estrutura oligopólica de grandes empresas. Estas, para introduzir o progresso técnico, levam menos em conta os preços relativos *atuais* do que as economias de escala dinâmicas num mercado em expansão. Com maior razão o fazem em economias semi-industrializadas, onde se obtêm "economias de escala monetárias", com a vantagem de que se trata de técnicas praticamente amortizadas.

Para economias subdesenvolvidas o problema da "escolha de técnicas", tal como vem sendo colocado à luz da dotação relativa de fatores produtivos, é, pois, um falso problema. O verdadeiro problema está na escolha dos produtos e, por derivação, na modificação da estrutura da produção que afeta e diferencia a demanda. A interação de ambas as estruturas modifica os preços relativos numa direção que não corresponde a qualquer noção de "preço de escassez relativa" ou "custo de oportunidade dos fatores", bem como a qualquer ideia de "bem-estar social". A questão da alocação de recursos e da escolha de técnicas (quando esta é possível) só tem sentido *em termos de política econômica*, quando se planeja e se controla o que se quer produzir. Vale dizer, quando se pode determinar uma gama de produtos prioritários, isto é, uma canastra de consumo básica e os seus insumos correspondentes e, por aí, pelo lado da produção, influir na estrutura tecnológica, na estrutura de consumo e na estrutura de preços relativos e, portanto, na distribuição social da renda.

Convém advertir, porém, que a introdução de novos produtos na economia não é em geral controlada pelo Estado; é, ao contrário, parte essencial da dinâmica de acumulação de um oligopólio diferenciado. Não existe na sua lógica interna qualquer razão para que as empresas apliquem "critérios sociais" na seleção de produtos, como tampouco o fazem na seleção de técnicas.

A este problema "maior" da alocação de produtos e de recursos pode, pois, reduzir-se a chamada "dependência externa tecnológica". Não que as filiais estrangeiras tomem decisões de "fora" e inadequadas às condições reais de produção existentes em nossos países. Elas tomam decisões de dentro das estruturas de acumulação, de proteção econômica e de poder internas a cada nação e se adaptam, de várias maneiras, à situação prevalecente. Mas, ao mesmo tempo, as modificam, na medida dos seus objetivos, simples e "racionais", de expansão oligopólica: aumentar as margens diferenciais de lucros e expandir a sua participação relativa no mercado. Também nos países subdesenvolvidos as empresas estrangeiras são "máquinas de crescimento" e eficiência em termos de uso microeconômico de recursos.[4] O problema está nas evidências acumuladas sobre o "mau uso" macroeconômico de recursos e seus efeitos "perversos" sobre a estrutura de consumo e a distribuição da renda.

Como Celso Furtado adverte em seu último livro, a associação ou controle do capital pelo Estado não resolve necessariamente o problema de mudar a estrutura do consumo, nem orientar a estrutura produtiva no sentido de uma melhor alocação macroeconômica de recursos, isto é, do ponto de vista do interesse social da nação.

Como veremos mais adiante, o raio de manobra dos Estados para alterar o comportamento das grandes empresas, estrangeiras ou nacionais, nessas matérias estratégicas, é tanto mais limitado quanto sua própria estrutura de investimento se encontra acoplada à dinâmica de expansão dessas empresas de ponta.

Os ciclos de expansão em três estruturas oligopólicas industriais

Voltemos agora à discussão da assimetria em termos de poder de acumulação das empresas oligopólicas e dos efeitos que isso produz nos ciclos de expansão industrial de nossas economias.

Vamos identificar, para fins analíticos, três estruturas oligopólicas que se articulam de forma diferente em cada etapa da industrialização. Convém advertir que se trata de uma primeira aproximação ao problema, em que se

---

4. Um trabalho sobre empresas multinacionais no México, com a participação do eng. Fernando Fajnzylber para o Conacyt, demonstra efetivamente que as filiais estrangeiras são mais eficientes que as nacionais, do ponto de vista dos coeficientes técnicos de produção, da rentabilidade privada e inclusive da absorção de emprego para uma mesma taxa de acumulação.

132 Maria da Conceição Tavares: **vida, ideias, teorias e políticas**

cruzam de forma não rigorosa uma tipologia "setorial" com outra de "organização industrial", com o único objetivo de pôr em evidência certos problemas conhecidos, mas articulados de forma dinâmica, e relativamente mais significativos para uma visão do "ciclo de expansão".

A primeira estrutura se aproximaria de um símile do oligopólio competitivo, em que a demanda global para o conjunto de empresas de um setor está dada pelo crescimento do mercado urbano, com uma baixa elasticidade média de consumo global em relação à renda. A divisão de mercado entre as empresas, com distintos tamanhos, se faz por diferenciais de custo e possibilidades de diferenciação de produto que afetam as margens de lucro diferenciais; mas o grau de concentração econômica não é suficiente para controlar o mercado de um ramo de produção. Assim, as formas de concorrência podem ser tanto em preço, em certos ramos industriais mais competitivos e de produção mais homogênea, como por formas de concorrência monopolística mais acentuada, em produtos diferenciáveis.

Em geral, porém, não existem fortes barreiras *internas* à entrada, salvo nos setores em que o monopólio de marca ou tecnologia é decisivo, e que são em geral dominados por empresas estrangeiras, as quais exercem, então, liderança de preços e maior controle de mercado.

A segunda estrutura oligopólica se aproxima mais do conceito de oligopólio diferenciado concentrado (Labini) e representa uma "máquina de crescimento" no sentido schumpeteriano. Abarca os ramos metal-mecânicos que mais têm crescido à escala mundial, em particular o automotriz e o de material elétrico, sendo que estes são os que configuram o padrão de industrialização recente dos países latino-americanos de maior dimensão absoluta de mercado. Afetam de forma decisiva a taxa de crescimento industrial, diferenciação da estrutura industrial e também a estrutura de consumo urbano e a distribuição da renda. O controle horizontal e vertical do mercado está em geral entregue a filiais estrangeiras.

A terceira estrutura corresponde ao oligopólio puro concentrado, de insumos básicos homogêneos e de equipamentos pesados estandardizados, em que são decisivas as barreiras à entrada por economias internas de escala, descontinuidade tecnológica e volume de capital. Esta estrutura não afeta a demanda final, via distribuição da renda pessoal corrente, se bem que possa alterar a relação macroeconômica lucros/salários, aumentando-a na medida em que se expanda mais rapidamente este tipo de produção, intensiva em capital e com baixo coeficiente de mão de obra por unidade de produto.

Examinemos, pois, com mais detalhe a dinâmica de expansão dessas três estruturas oligopólicas.

Oligopólio competitivo

A primeira estrutura oligopólica corresponderia aproximadamente às indústrias tradicionais de bens de consumo não duráveis, compostas em proporções variáveis de pequenas e grandes empresas nacionais e de algumas grandes empresas estrangeiras relativamente antigas. Apesar de poder haver diferenciação de produto, este não é o traço essencial para explicar o processo de acumulação e expansão do setor.

Como no caso da competição monopolística tradicional, uma diferenciação de produto não aumenta as margens de lucro global do setor, já que tanto o esforço de vendas como a possível queda dos preços relativos, por força da concorrência, tendem a anular as vantagens globais da diferenciação. Assim, a margem bruta de lucro global da indústria depende muito da estrutura de proteção econômica, tarifária e cambial existente em nossos países, que corresponde a uma espécie de "barreira externa à entrada". O ritmo de expansão e acumulação global dessa estrutura é relativamente baixo e depende da taxa de crescimento geral da economia e, mais particularmente, da taxa de crescimento do emprego e dos salários urbanos.

Como tendência de longo prazo, a taxa interna de acumulação dessas indústrias, passando um patamar crítico de urbanização, tende a baixar, dada a estrutura de consumo e distribuição de renda prevalecente em nossos países e um aumento progressivo na agressividade da concorrência, assim como do esforço de vendas.

As margens de lucro diferenciais tendem a ser maiores nas empresas estrangeiras em certas etapas de expansão, sobretudo porque elas se instalam protegidas pela estrutura produtiva já existente, que, por sua vez, subsiste graças à proteção externa. No entanto, as estrangeiras não tendem necessariamente a expulsar as nacionais em etapas de expansão normal do mercado, porque isto corresponderia a forçar uma competição em preços, que rebaixaria as suas próprias margens de lucro.

A desnacionalização é, pois, um fenômeno que só tende a ocorrer, em termos *absolutos*, em períodos de crise, por quebra ou compra de empresas na-

134   Maria da Conceição Tavares: vida, ideias, teorias e políticas

cionais. Em geral, a compra é preferida para evitar uma rebaixa violenta das margens de lucro, que poderia significar uma perda de capital maior que a que corresponde ao valor, extremamente depreciado, das instalações já existentes.[5] Pode ocorrer igualmente desnacionalização relativa, em etapas de mais rápida expansão ou de modernização acelerada. Então, além da concentração relativa em favor das empresas estrangeiras, por seu maior poder de acumulação interna, estas recorrem à entrada de novos capitais para assegurar um salto tecnológico (exemplo: têxtil sintética), ou economias de integração horizontal e vertical de mercado importantes (vários ramos de química, farmacêutica e cosméticos).

Finalmente, em etapas mais recentes, por problemas de expansão e modernização em seus países de origem, tem-se verificado a entrada crescente de filiais estrangeiras em setores tradicionais, como o de alimentos, procedendo-se a um tipo de oligopólio diferenciado por modificação acelerada dos hábitos de consumo e com associação de capital em cadeias de distribuição nos principais mercados urbanos.

Cada vez que ocorre um salto tecnológico, ou que as empresas nacionais se modernizam para suportar melhor a concorrência, produz-se em geral uma intensificação de capital, com baixa na taxa de emprego do setor. Uma competição mais acirrada em esforço de vendas e em preços leva, posteriormente, à queda de preços relativos e das margens brutas de lucro, mesmo que se mantenham constante a taxa de salário médio e a taxa de emprego.

As margens de lucro a longo prazo tendem, pois, a estabilizar-se ou a baixar, e os diferenciais de eficiência, de lucro e de intensidade de capital se produzem antes entre pequenas e grandes empresas do que pelo corte nacional--estrangeiro. Este último corte é particularmente relevante entre as grandes empresas nas etapas de mudança do ciclo já assinaladas. Para as pequenas e médias empresas nacionais o problema é menos o da política de preços e diferenciação das grandes, que lhes é favorável na expansão, do que as condições de financiamento e de acesso a novos equipamentos em períodos de modernização generalizada.

---

5. Esta e outras observações sobre comportamento das filiais estrangeiras devo-as ao eng. F. Fajnzylber, que, com sua experiência de pesquisa sobre empresas internacionais na América Latina, me ajudou muito na elaboração deste capítulo.

O oligopólio diferenciado concentrado

A segunda estrutura identificável em países semi-industrializados mais avançados é a do oligopólio diferenciado concentrado no fato de que as filiais estrangeiras modernas são as empresas dominantes, particularmente nos setores de material elétrico e de transportes. A ela está acoplada uma subestrutura metal-mecânica de bens de produção, constituída por um conjunto diversificado de pequenas e médias empresas nacionais e algumas filiais estrangeiras especializadas, que funcionam articuladas verticalmente, através da demanda intersetorial, comandada pelas empresas terminais.

A expansão acelerada das empresas de ponta, em geral estrangeiras, conduz a um "alargamento de capital" da estrutura intermediária de produção, particularmente da pequena e média empresa metal-mecânica. Esta pode compensar, em termos de emprego e de demanda intersetorial, o possível *capital deepening* que se produza por razões de maior intensidade de capital, por unidade de emprego e de produto, das grandes empresas terminais. Assim, os coeficientes técnicos médios do setor em seu conjunto podem resultar inferiores aos de certas indústrias tradicionais, maquinizadas, como as de tabacos, bebidas e algumas têxteis e alimentares. Outro problema distinto, mas complementar à expansão diferenciada deste tipo de estrutura oligopólica, é o maior ritmo de crescimento da demanda final e da taxa de acumulação, que leva evidentemente a uma maior taxa de crescimento do emprego e dos salários nas próprias empresas terminais.

O potencial de acumulação desta estrutura diferenciada, porém, não está determinado apenas pela taxa *exógena* de crescimento da demanda global, nem somente pela taxa interna de lucro. É indispensável levar em conta, para entender o movimento de expansão das grandes empresas, que elas crescem na frente da demanda, isto é, possuem capacidade ociosa planejada, por razões diferentes do oligopólio puro, que o faz basicamente para dar conta das descontinuidades técnicas e das barreiras à entrada.

Cremos que uma explicação básica da relação entre capacidade ociosa planejada e diferenciação de produtos pode ser dada – para o oligopólio diferenciado – nos termos da argumentação que se segue.

A entrada de novas filiais estrangeiras no mercado pode estar regulada, nos países latino-americanos, por autorizações governamentais, com ou sem quotas de produção. Com exceção do México e do Peru, as quotas de mercado são

136 Maria da Conceição Tavares: vida, ideias, teorias e políticas

em geral deixadas à competição livre entre as empresas.[6] Elas recorrem, pois, a uma diferenciação permanente de produtos e, portanto, a um grau de obsolescência acelerada de modelos e a um esforço de vendas para garantir sua participação relativa no mercado. Isso provoca um consumismo à *outrance* que vai modificando permanentemente os padrões de consumo urbano. As formas de incorporar novos consumidores passam em geral pelo endividamento progressivo dos grupos médios urbanos e, portanto, criam demanda de uma maneira diferente dos simples efeitos de encadeamento interindustrial.

Além disso, nesta, como em outras estruturas oligopólicas, não se podem assegurar barreiras à entrada pelas economias de escala, porque qualquer filial estrangeira tem uma escala que é sempre mínima em relação à matriz, apesar de poder ser facilmente excessiva em relação à capacidade de acumulação das empresas nacionais preexistentes. Assim, o controle sobre a expansão do mercado mediante diferenciação de produto e margens consideráveis de capacidade subutilizada é a única possibilidade de assegurar barreiras à entrada. Esta forma de controle, ao não ser exercida pela política governamental, mas pelos próprios mecanismos de expansão das empresas, dá lugar a fortes flutuações no ritmo de crescimento do setor. Passado o período de crescimento inicial "por substituição de importações", alcança-se em geral um período de mais baixa taxa de crescimento da demanda, que não dá incentivos a novas ampliações de capacidade.

Nesse período, podem mesmo verificar-se tendências à concentração absoluta entre as empresas concorrentes, com seus efeitos em cadeia sobre as empresas fornecedoras, verificando-se ou não uma tendência à simplificação dos modelos e as economias estáticas de escala, vale dizer, a um aumento dos rendimentos da capacidade já instalada.

Em um período de expansão acelerada, com ampliação da capacidade produtiva instalada, qualquer nova filial pode entrar e concorrer violentamente, e a concentração relativa do mercado é o máximo que a estratégia de crescimento das grandes empresas pode alcançar. Para isso passam a utilizar todas as formas, já indicadas, de diferenciação de produto e de esforço de vendas, até alcançar a competição em preços, sempre que as margens brutas de lucro global não sejam afetadas. A partir daí, deixam, em geral, de competir em preços e têm que competir em progresso técnico redutor de

---

6. Para mecanismos de regulação da entrada de filiais estrangeiras, ver Jenkins (1973) e Vaitsos (1973).

custos, já que não podem expulsar empresas de ponta, filiais estrangeiras, com igual poder de resistência.

Neste período de expansão acelerada, as margens de lucro por unidade de produto podem baixar, caindo os preços relativos dos bens duráveis de consumo, mas os montantes absolutos de lucro e a rentabilidade global do capital tendem a subir. Neste caso, não só a taxa interna de reinvestimento de lucros aumenta, como o risco de entrada de novos capitais diminui e o endividamento externo passa a ser favorável como mecanismo de expansão adicional. Se a taxa de lucro retido, depois de descontadas as remessas de lucros obrigatórias para a matriz, é insuficiente, as filiais podem sempre endividar-se em maior medida e melhores condições que as nacionais.

Além do recurso a fontes financeiras internas de financiamento, as filiais podem recorrer não só ao crédito internacional em melhores condições, como utilizar o circuito matriz-filial para obter recursos que não implicam maiores riscos para a empresa internacional. Tanto os mecanismos de preços de transferência como de dívidas interempresas proporcionam recursos adicionais, não contabilizados como capital próprio nem sujeitos à tributação e às leis de remessa de lucro.[7]

Em termos econômicos, não opera, pois, o princípio do risco crescente, tanto porque as margens de lucro globais podem estar subindo mais do que a taxa de juro, quanto porque o endividamento é interno à estrutura da empresa internacional. Mesmo quando é de fato externo, ou seja, quando recorrem ao sistema financeiro nacional ou internacional (fora de um possível conglomerado), as filiais estão em muito melhor posição de risco e de poder econômico para obter os recursos externos de que necessitam.

Tudo isso não significa que não haja "limites" à expansão; já veremos, quando analisarmos o caso brasileiro, no qual os padrões de diferenciação e acumulação foram levados a fundo, que há limites em termos de tendência a longo prazo e mesmo certas "barreiras estruturais" que têm de ser superadas nos distintos "ciclos curtos" de expansão.

Do ponto de vista analítico parece, porém, mais relevante discutir os aspectos intrínsecos ao próprio ciclo de expansão do que voltar aos argumentos

---

7. Sobre o problema de preços de transferência e/ou esquema de financiamento oculto existe uma vasta literatura. Para um resumo dos problemas e uma lista bibliográfica, ver o informe das Nações Unidas (1973), particularmente o capítulo *Política de beneficios y del regimen de propiedad* (p. 32).

bastante debatidos das tendências a longo prazo. Estas, além disso, só podem ser devidamente realizadas se levarem em conta o próprio "movimento" de acumulação e expansão dessas indústrias, até hoje as mais "dinâmicas" da industrialização recente latino-americana.

O oligopólio puro ou concentrado

Finalmente, a terceira estrutura oligopólica de que vamos tratar é similar à do oligopólio concentrado (Labini), ou puro (Steindl). São as que correspondem a produtos homogêneos do setor de bens de produção, como cimento, papel, metalurgia pesada, química básica e alguns equipamentos estandardizados. Nessas estruturas são relevantes as economias de escala, as descontinuidades tecnológicas e as barreiras à entrada.

Em geral, nos países subdesenvolvidos de maior dimensão relativa de mercado e mais avançados em seu processo de industrialização, esses setores estão divididos entre as grandes empresas nacionais, estrangeiras e estatais. Só em países de menor poder de acumulação e industrialização tardia se verifica a presença exclusiva de filiais estrangeiras e empresas estatais.

A concorrência entre empresas nacionais e estrangeiras é em geral forte numa primeira etapa de instalação e em etapas subsequentes de ampliação da capacidade ou de multiplantas. Se a concorrência fosse deixada entregue ao poder tecnológico e financeiro das empresas estrangeiras, terminaria quase inexoravelmente por provocar a desaparição das nacionais. Em geral, porém, estas são suficientemente poderosas, ou influentes politicamente, para se aguentar nos ramos de tecnologia de uso difundido, ainda que recorrente ao financiamento ou a subsídios públicos. No caso em que os Estados Nacionais não possam, ou não se interessem por mantê-las, tendem, em geral, a chamar para si a responsabilidade da instalação de novas plantas, ainda que com apoio tecnológico e em associação com capital estrangeiro, ou mediante investimento público direto com financiamento internacional.

A concorrência nesses setores não se faz em preços, que são administrados seja pela própria empresa, seja pela política de preços governamental. O decisivo para a divisão do mercado reside no controle de recursos naturais, tecnologia e financiamento. Nenhuma empresa privada nacional seria, pois, capaz de manter sua participação, ainda que apenas em termos absolutos, sem alguma posição monopólica explícita ou implícita que signifique uma barreira à entrada e que requer em geral a proteção, explícita ou tácita, do setor público.

Nos períodos de expansão, a taxa de autofinanciamento deve aumentar, pela atualização das economias de escala, mesmo quando esta seja freada por uma política de preços fixados administrativamente. Para as empresas públicas o autofinanciamento não é regra, particularmente quando sua produção se destina a fornecer economias externas ao setor privado, como supridoras de insumos baratos. Em regra, as empresas públicas tendem ao desfinanciamento periódico, a menos que passem a adotar critérios de acumulação interna e de expansão de tipo capitalista. Neste caso, como veremos, as empresas passam a trabalhar com alto grau de eficiência microeconômica, mas podem ser desviadas dos "interesses macroeconômicos" de uma alocação alternativa, e socialmente mais desejável, de recursos escassos. Conhecem-se vários casos de empresas públicas que se tornaram grandes conglomerados produtivos, com economias de escala e economias técnicas de aglomeração industrial. Mas não se conhece nenhum caso em que uma empresa pública com excesso de recursos financeiros tenha transferido seus excedentes a outra empresa pública deficitária. Vale dizer, a técnica de aglomeração financeira das empresas multinacionais não está ainda adaptada a critérios sociais do investimento público.[8]

Na etapa de instalação e de ampliação das escalas de produção, o financiamento externo é a regra, seja pela entrada de capitais (filiais estrangeiras), por financiamento de agências internacionais (empresas públicas), ou por créditos e financiamento dos equipamentos importados. Como todas podem recorrer, em maior ou menor grau, a este último tipo de financiamento, as empresas nacionais têm menos possibilidades de manter o seu ritmo de crescimento e de participação relativa no mercado, a menos que alguma agência governamental lhes dê suporte financeiro, ou se associem com capital estrangeiro privado.

Por todas essas razões, trata-se de uma estrutura oligopólica em que periodicamente se requer uma negociação estratégica e um compromisso, nem sempre fáceis de manter, entre capital nacional e estrangeiro, o que tende a dar lugar a periódicas flutuações no papel do Estado e no caráter nacionalista de suas políticas. Mesmo economias mais integradas com a expansão internacional do sistema têm problemas periódicos com a complementação de interesses, dentro de uma estrutura concentrada, nos setores de indústria pesada.

---

8. Ver Empresas... (1971).

140 Maria da Conceição Tavares: vida, ideias, teorias e políticas

É particularmente delicado e complexo levar em conta a estratégia de crescimento da grande empresa internacional, que está longe de ser explícita. Esta, mesmo quando já possui um peso relativamente alto no mercado interno de um país, nem sempre está disposta a realizar os investimentos necessários para a expansão global do setor, requerida pela taxa esperada de crescimento da economia. Seja porque considera baixa a taxa de rentabilidade *vis-à-vis* o risco, seja porque não avalia como satisfatória a estrutura de preços ou subsídios em vigência. Finalmente, porque não dispõe de concorrentes internos que a ameacem, ou, ao contrário, dadas as margens de lucro esperadas dos novos investimentos, relativamente baixas, por não existirem empresas nacionais que lhe possam servir de proteção no ciclo.

As perspectivas de exportação de recursos primários escassos, ou com boa posição competitiva no mercado internacional, mudam evidentemente os padrões de comportamento, tradicionalmente rígidos, das grandes empresas estrangeiras. Neste caso, estão mais dispostas a flexibilizar seu comportamento e discutir condições financeiras, tecnológicas e de participação de capital, mais adequada aos interesses dos Estados Nacionais.

Essas condições econômicas, mais do que o nacionalismo dos governos, explicam as tendências recentes a uma maior participação do Estado em quase todos os países latino-americanos nesse tipo de oligopólio concentrado e, em particular, na indústria pesada. Explicam também as *joint ventures* entre capital estrangeiro e nacional, privado e público, em certos setores, nos quais seus interesses de expansão são solidários.[9]

Mesmo quando a participação do capital privado nacional é minoritária, esta parece ser a única maneira eficiente que tem de penetrar ou manter-se em setores nos quais as economias de escala, a estrutura de capital, de tecnologia e de risco são superiores às suas forças internas de acumulação. Mas é onde, ao mesmo tempo, uma vez conseguindo manter-se, tem assegurada uma posição de sócio menor, com margens de lucro garantidas e volume de capital em expansão.

A esta situação, de integração e complementaridade, parece mais conveniente, analiticamente, chamar internacionalização do capital do que desnacionalização. Este último conceito deveria restringir-se aos casos de compra ou quebra das empresas nacionais, que corresponderiam às fases do ciclo de

---

9. Ver Fajnzylber (1970b).

expansão em que o predomínio do capital estrangeiro se faz em competição aberta com o nacional. O primeiro corresponderia não só à etapa recente, como a outras etapas históricas anteriores (por exemplo, da economia exportadora primária), em que os interesses dos empresários nacionais são solidários com os da expansão do capitalismo internacional.

O investimento público como possível estabilizador do ciclo de expansão

Nossas considerações neste ponto limitar-se-ão ao papel do investimento público na etapa de expansão industrial oligopólica. Vale dizer, trata-se sobretudo de esclarecer o chamado "caráter autônomo" do investimento do governo e sua capacidade de estabilizar um ciclo de expansão comandado pelo crescimento acelerado das demandas setoriais das grandes empresas oligopólicas, especialmente as estrangeiras.

A hipótese central destes comentários é a de que vem sendo crescente a participação do investimento público requerida para manter ou acelerar a taxa de crescimento global nas economias latino-americanas semi-industrializadas. Em contrapartida, sua própria dinâmica, subordinada ao ciclo de expansão industrial, se constitui num mecanismo desestabilizador adicional.

As características desestabilizadoras se manifestam tanto pelo lado da capacidade produtiva, como pelo lado do financiamento do gasto global e, finalmente, pelos efeitos induzidos do investimento público sobre a demanda ao setor de bens de capital.

Assim, por exemplo, numa etapa de expansão econômica acelerada, o investimento público está obrigado a aumentar mais que proporcionalmente seus gastos em infraestrutura e na indústria pesada de insumos básicos, para romper estrangulamentos existentes, que se agravam com a expansão, e para evitar bloqueios futuros ao crescimento.

Isso explica não só as dificuldades de manter o peso relativo do investimento do governo sem criar pressões inflacionárias fortes, como também os frequentes erros de previsão, a longo prazo, para uma série de setores estratégicos, que deveriam crescer na frente da demanda.

Pelo lado da oferta, se se pretende garantir uma taxa alta de expansão, e ao mesmo tempo evitar bloqueios sérios ao crescimento, significa que os investimentos públicos têm que estar centrados crescentemente em setores estratégicos, como energia, comunicações, transportes, urbanização e outros

142   Maria da Conceição Tavares: vida, ideias, teorias e políticas

(não menos importantes) gastos em capital social básico, que são responsáveis pelas "economias externas" ao setor industrial.

Essa situação traz consigo consequências graves do ponto de vista da locação de recursos do setor público, no sentido de reforçar os setores com maior potencial de acumulação, acentuando, assim, o caráter desequilibrado do padrão global de crescimento.

Além disso, porém, engendra problemas para a estabilidade da própria taxa de crescimento global, sobre os quais nos deteremos na análise subsequente. De um lado, os problemas que se colocam do ponto de vista da mobilização dos recursos reais, e sobretudo do financiamento, são marcadamente difíceis de resolver e tendem a criar pressões inflacionárias incontidas, à medida que se acelera o crescimento.

De outro lado, ao iniciar-se cada nova etapa de expansão, o investimento público joga de fato como um "acelerador" do crescimento, senão por isso extremamente difícil estabilizá-lo através da política fiscal.

Na verdade, nem o déficit nem o superávit público funcionam como mecanismos compensatórios de política anticíclica como poderiam fazer em economias maduras. Um déficit crescente em termos reais deveria ser reservado justamente para as etapas de desaceleração do investimento privado. Porém, é particularmente difícil mantê-lo ou aumentar seu peso absoluto em termos reais, por causa dos mecanismos de propagação inflacionária, que ao mesmo tempo diminuem o déficit realizado e aumentam o déficit previsto em termos monetários.

Na etapa declinante do ciclo de expansão manifesta-se, pois, de forma aguda, a contradição principal entre o lado real do gasto e os seus aspectos de financiamento.

Com um pouco de imaginação fiscal e uma boa administração financeira é possível tornar as receitas fiscais elásticas em relação à taxa de crescimento do produto. Isto é particularmente verdadeiro quando a estrutura fiscal se apoia sobre o gasto corrente de certas faixas de consumidores cuja renda disponível cresce acima do nível médio da renda nacional *per capita*, como é em geral o caso das cargas fiscais que se apoiam crescentemente na expansão diferenciada da renda urbana.

Como, entretanto, os impostos são, em geral, inelásticos às margens brutas de lucro e ao crescimento do patrimônio, a capacidade de um movimento compensatório na carga fiscal global, quando se desacelera a expansão da demanda corrente, é extremamente limitada. Isso se deve não só ao tipo de estrutura fiscal predominante em nossos países, com base em impostos indiretos, como também no que se refere aos impostos diretos e ao fato de que as próprias margens de lucro tributável ficam ocultas na estrutura oligopólica do setor de empresas privadas.

Essa situação se agrava quando se utiliza, para forçar ou acelerar a expansão, uma série de incentivos fiscais à acumulação de capital privado. Se forem retirados quando esta é freada, agregam um desestabilizador automático, desta vez pelo lado das rendas de capital. Se forem mantidos, diminuirão ainda mais a receita fiscal, sem provocar estímulos adicionais à demanda global.

Pelo lado do financiamento externo ocorre algo similar. A capacidade de endividamento público aumenta na etapa expansiva e diminui drasticamente na etapa declinante do ciclo. A tendência à desaceleração interna do ritmo de expansão das filiais e seus capitais associados provoca uma diminuição líquida na entrada de capitais e aumenta a pressão sobre o balanço de pagamentos, à qual se agrega a carga financeira externa de dívida pública e privada acumulada.

Todos esses mecanismos tendem a criar pressões inflacionárias difíceis de conter, que defasam a capacidade de gasto, em termos reais, do setor público *vis-à-vis* a alta dos preços correntes e que perturbam a execução financeira do gasto público, mesmo quando este se encontra aparentemente equilibrado em termos fiscais.

Por outro lado, a dificuldade de subir os níveis absolutos do gasto em termos reais, uma vez passado o auge da expansão, com pressões inflacionárias abertas, faz com que o aumento da participação relativa do investimento público, já elevada, torne-se praticamente inviável como mecanismo compensatório na etapa declinante do ciclo. Em termos de "demanda autônoma" do governo, ela passa a funcionar apenas como um limite de segurança que impede, ou pelo menos pode evitar, uma estagnação prolongada e ajuda a manter uma taxa de crescimento mínima, mesmo em períodos de depressão.

Até aqui discutimos o gasto público como mecanismo acelerado da expansão e o seu papel de limite inferior da taxa de crescimento. Resta, pois, ver em que medida o gasto público joga um papel desacelerador próprio, agravado pela aplicação de medidas ortodoxas de contenção do gasto na etapa do aumento das pressões inflacionárias e de reversão do ciclo de investimento privado. O problema maior, deste ponto de vista, não reside apenas na contração do gasto autônomo do governo e de seu efeito multiplicador direto no

144   Maria da Conceição Tavares: vida, ideias, teorias e políticas

emprego e na renda. Trata-se, sobretudo, do efeito induzido pelas flutuações do investimento público sobre as margens de capacidade ociosa das empresas privadas dos setores de bens de produção e em particular de bens de capital.

Assim, na etapa de expansão, a demanda de bens de capital do governo representa um superacelerador que se traduz em uma violenta pressão tanto sobre o balanço de pagamento, quanto sobre a demanda interna de bens de capital. Isto pode dar lugar a expectativas de margens de lucro que levem a aumentar o grau de capacidade ociosa planejada das grandes empresas, tanto privadas como, inclusive, públicas. Quando se produz uma estabilização ou mesmo diminuição do volume absoluto da demanda pública, em termos reais, os efeitos desaceleradores sobre a estrutura de crescimento desses setores e empresas podem ser violentos. Particularmente se houver redução no nível das encomendas, as margens de capacidade ociosa involuntária e as margens de lucro rígidas – dada a política de preços administrados – tendem não só a propagar em cadeia os efeitos desaceleradores, como a diminuir as taxas de acumulação e de crescimento do emprego e da produção das próprias estruturas oligopólicas concentradas.

Essas flutuações bruscas no ritmo de atividade econômica, no balanço de pagamentos e na capacidade fiscal do próprio governo são mais temerosas, do ponto de vista econômico e social, do que as tendências à estagnação relativa ou de uma taxa menor de crescimento.

As características apontadas, sobre estrutura fiscal, administração financeira e instabilidade no crescimento são bastante gerais na América Latina, com a possível exceção, até agora, do México e da Venezuela. No México, porque a capacidade de gasto no setor público tem repousado mais na elasticidade do seu sistema financeiro e na paridade cambial com o dólar do que no sistema fiscal, o que lhe vem criando recentemente sérios problemas, ante a aceleração inflacionária. Na Venezuela, pela razão óbvia de possuir um setor fundamental de receita de exportação – o petróleo – que vem sendo extraordinariamente elástico em termos de preços e de produção e que produz receitas fiscais crescentes, além de resolver os problemas de balanço de pagamentos.

Poucos são os países, porém, que têm, pelo lado do efeito desacelerador do gasto público, tanta vulnerabilidade como a economia brasileira. Isto se deve não só ao fato de que, em geral, os ritmos de crescimento recentes, das economias latino-americanas e do gasto público são menores, ou seja, é menor o efeito acelerador, como também ao fato de que em nenhum país da América Latina existe um setor de bens de capital do porte do brasileiro, cuja demanda, em termos nacionais, esteja tão intimamente relacionada com o investimento do governo.

No México, apesar de se tratar de um país com dimensões de mercado semelhantes às do Brasil e também um alto peso relativo na oferta e na capacidade produtiva dos setores de insumos básicos, o problema, pelo lado da demanda, não se coloca da mesma forma. Não existe um setor de bens de capital, nacional ou estrangeiro, com peso e grau de articulação semelhantes ao do tripé brasileiro: empresas estatais, grande empresa estrangeira e grande e média empresas nacionais. É verdade que isso decorre de que as patas do tripé são curtas, ou seja, é mais baixo o desenvolvimento relativo das forças produtivas no setor de bens de capital e, portanto, maiores as dificuldades de expandir a capacidade produtiva na frente da demanda. Mas em compensação são mais equilibradas as forças, do ponto de vista dos agentes da acumulação. Além disso, o setor público mexicano tem ainda um recurso, o de aumentar a sua carga fiscal – que é uma das mais baixas da América Latina – *pari passu* com o aumento da participação do investimento global. De igual modo, pode tentar uma associação mais equilibrada entre capital privado nacional e estrangeiro também na expansão dos setores de bens de capital. Com o que o papel de árbitro e de regulador do setor público pode ser, a longo prazo, igualmente eficaz, além de mais estável.

É costume pensar que uma maior diversificação no setor de bens de capital e um aumento da participação do governo no controle do capital das empresas privadas freariam o efeito desacelerador. Na verdade, porém, a resultante global dessa maior participação do setor público no setor de bens de produção não impediria o ciclo. Apenas seria mais alta a taxa de crescimento mínima que corresponde à "estagnação relativa", e elevar-se-ia o potencial de crescimento a longo prazo.

É verdade que o investimento público, com maior diversificação de capacidade produtiva e com uma demanda de bens de capital programada no tempo, tenderia a regular internamente a taxa de crescimento e o coeficiente importado do setor. Mas o problema do acelerador, em termos de dinâmica macroeconômica, reside no fato de que a própria expansão mais que proporcional do setor de bens de capital em conjunto é que determina as flutuações do ritmo de crescimento da demanda corrente. Como diria Kalecki, mesmo na hipótese de plena capacidade, a questão do investimento é de que ele cria seus próprios problemas de realização dinâmica ao criar capacidade produtiva adicional.

146 Maria da Conceição Tavares: vida, ideias, teorias e políticas

Isto nos levaria de volta ao problema do crescimento desproporcionado dos três setores fundamentais da economia: o de bens de consumo-salário, o de bens de consumo capitalista e o de bens de produção. Evidentemente, mesmo que o setor público programasse adequadamente sua demanda de bens de capital no tempo, não poderia resolver os problemas da distribuição global da renda em termos dinâmicos, de modo a compatibilizar as relações intersetoriais em "um modelo de crescimento desequilibrado".

Por outro lado, a taxa de investimento do setor público não pode crescer indefinidamente e tampouco resulta fácil impedir as flutuações na demanda induzida do setor privado, particularmente no que se refere às suas decisões de investimento, quando se desacelera a taxa de acumulação global da economia.

A crítica específica que se pode fazer aos setores públicos latino-americanos não reside, pois, na sua falta de capacidade de controlar a taxa de crescimento global. A crítica cabível seria que concerne à estrutura dos investimentos e do gasto público, que, ao se submeter à dinâmica induzida pelo crescimento das grandes empresas estrangeiras de ponta, perde "autonomia relativa" no que se refere à alocação de recursos.

Vale dizer que o comprometimento crescente de gasto público com investimentos complementares e subordinados à dinâmica das grandes empresas internacionais, particularmente as do oligopólio diferenciado de bens de consumo duráveis, faz com que a capacidade de expansão das indústrias básicas se oriente, em última instância, pela demanda final de consumo diferenciado que aquela estrutura de crescimento estimula.

Como a produção das empresas públicas não é de bens finais, mas sim intermediários, as próprias margens de lucro e de acumulação do setor paraestatal da economia ficam comprometidas com a taxa rápida de expansão do oligopólio diferenciado estrangeiro.

Tudo isso determina um "circuito fechado" de acumulação que durante as etapas de expansão acelerada não "permite" retirar "excedentes" para investimentos alternativos em setores de produção ou consumo socialmente mais desejáveis. A única possibilidade de expandir esses gastos é pela via fiscal, com uma carga tributária que se bem é elástica em relação ao crescimento do consumo e das vendas é inelástica ao crescimento dos lucros e do capital cuja acumulação se quer favorecer.

Naturalmente, quando se desacelera o crescimento da estrutura oligopólica diferenciada, diminuem tanto os excedentes investíveis do setor paraes-

Hildete Pereira de Melo (Org.)   147

tatal, como a receita fiscal ou parafiscal que se apoia no ritmo de expansão das vendas. Assim, se bem sobrem recursos reais e capacidade produtiva no setor de insumos e eventualmente no de bens de capital, o problema central reside em saber por que mecanismos de financiamento e de alocação podem ser convertidos em fontes compensatórias de renda e de emprego.

Fica, desde logo, descartada a possibilidade de redistribuir diretamente a renda, quando as margens de lucro das empresas deixam de ser elásticas para cima e passam, ao contrário, a ser rígidas em ambas as direções. Com seu poder de *mark-up* sobre os custos diretos de produção, qualquer tentativa de elevar os salários ou os preços dos insumos fornecidos pelo setor público é respondida com uma elevação de preços que desemboca na conhecida espiral inflacionária.

Assim, a menos que possa o governo contar com mecanismos severos de controle de preços e com instrumentos fiscais e financeiros capazes de cortar a especulação patrimonial e reorientar os investimentos, o mais provável é que enfrente uma inflação aberta, com depressão nos níveis de atividade econômica. A saída dessa situação de crise pelo tratamento convencional conduz, uma vez mais, à reconcentração da renda e do capital, isto é, contra os salários de base e as pequenas e médias empresas. Passado o período de crise e da suposta "destruição criadora", sempre poderá recomeçar-se um novo ciclo de expansão com características semelhantes. Não se podem desconsiderar, no entanto, as possibilidades abertas ao próprio setor público de aproveitar os períodos de crise para mudar substancialmente o estilo da política econômica, no sentido de reorientar os recursos produtivos, distribuir mais equitativamente a carga fiscal e encontrar alternativas distintas para o gasto público e seus mecanismos de financiamento que conduzam a uma melhor distribuição social da renda.

A discussão das possibilidades práticas de realizar historicamente tal opção está fora dos alcances desta tese, dado que requereria uma análise das estruturas de poder e do papel do Estado, que nem de longe são redutíveis a simples problemas de políticas de gastos do setor público.

Alguns problemas da abertura externa nas tendências recentes de crescimento de países semi-industrializados

O problema permanente com que deparam as economias subdesenvolvidas, em termos de balanço de pagamentos, é de que uma parte do excedente

148 Maria da Conceição Tavares: vida, ideias, teorias e políticas

se filtra para o exterior, pela remessa de lucros e demais serviços de capital das próprias filiais estrangeiras. Esse problema não parece ter solução e verifica-se, como tendência de longo prazo, que as filiais estrangeiras remetem em média certa da metade dos lucros, com flutuações acentuadas para menos, nos períodos de reinvestimento acelerado, e para mais nos períodos de desaceleração do investimento estrangeiro.[10]

Do ponto de vista da entrada líquida de recursos externos globais (incluindo créditos e financiamentos), a situação de longo prazo apresenta-se, pois, com uma tendência permanente contra os balanços de pagamentos dos países subdesenvolvidos, agravada por força dos pagamentos dos serviços acumulados da dívida global, voluntária ou compulsória.[11]

A curto prazo, entretanto, pode-se verificar um aumento do ritmo de investimento direto e de endividamento das empresas ou do próprio governo, em que a entrada bruta de capitais supere as saídas nas rubricas de amortização e serviços, e possam mesmo aumentar as reservas internacionais dos países devedores. As tendências recentes do mercado financeiro internacional facilitaram muito as possibilidades do endividamento externo para vários países latino-americanos, com aumento simultâneo e desproporcional da dívida, da remessa de lucros e das reservas.[12]

O problema central que se coloca para a política econômica dos governos, a curto prazo, é, pois, o chamado de "administração da dívida", em que as características de prazos de amortização, taxas de juros renegociáveis em cada prazo de pagamento e condições das novas entradas são decisivas para manter uma estabilidade mínima num processo cumulativo de dívida externa.

Para resolver o problema do balanço de pagamentos a mais longo prazo, vários países latino-americanos têm dedicado esforços a pensar e pôr em prática uma estratégia de diversificação e expansão das exportações.

A diversificação das exportações de produtos primários, particularmente os não tradicionais, tem a vantagem substantiva de evitar flutuações acentuadas no conhecido ciclo de produtos primários, sempre que se consiga evitar superposição de picos de demanda internacional. Convém recordar, porém, que à aceleração das exportações de produtos primários responderá, defasada, a subida dos preços internacionais e internos. Seguir-se-ão

---

10. Ver Fajnzylber (1970b).
11. Ver *Financiamiento Externo em America Latina* (Cepal, 1964) e Unctad (1972).
12. Para o caso do Brasil, ver Wells (1973).

inexoravelmente uma queda acentuada nos preços externos e no poder de compra das exportações e, o que não é menos grave, um ciclo interno com reflexos sobre a acumulação produtiva do setor primário. A única exceção que se vislumbra nas tendências atuais do mercado mundial de produtos primários é a dos recursos minerais escassos, por sua condição de reservas estratégicas e de não reprodutividade.

Quando a expansão acelerada das exportações se faz em termos de produtos agrícolas de consumo interno, as complicações adicionais podem ser significativas, não só para a acumulação no setor agrícola, mas também para as condições de funcionamento do setor urbano. Uma estratégia de diversificação agrícola que se apoie fundamentalmente numa indexação dos preços internos aos preços mundiais, com o objetivo de estimular as exportações, parece ser uma estratégia de fôlego curto e de consequências graves, tanto para a estabilidade externa como interna da economia.

Na etapa do *boom* dos preços internacionais, os preços no mercado interno tendem a acompanhá-los inexoravelmente, a menos que se pratique uma política cambial ou fiscal discriminatória. Isso repercute não só no poder de compra urbano dos salários, como no custo das matérias-primas para a indústria, conduzindo, além disso, a uma alocação de recursos, de terra e de capital em favor dos produtos de maior rentabilidade aos novos preços esperados internacionais, independentemente da estrutura do consumo interno.

O esforço de regularizar preços ao produtor é insuficiente e teria de complementar-se, necessariamente, para evitar prejuízos acentuados em fases distintas do ciclo, tanto aos agricultores como aos consumidores. Requerer-se-iam pelo menos vários sistemas de quotas de produção e estoques de regularização de oferta e de procura diferenciados, para estabilizar minimamente a taxa de crescimento e de acumulação. Quando inexistem esses esquemas, ou seu funcionamento é ineficiente, estabelecem-se automaticamente monopsônios de compra e comercialização ligados a grande capital exportador, que regulam o ciclo às avessas: jogam na baixa junto ao produtor e na alta junto ao consumidor.

Essa situação tende, pois, a desestabilizar a relação de preços internos/externos, com pressões inflacionárias fortes, além de provocar flutuações intensas no programa de cultivos e de expansão da agricultura. Esta sofre períodos de especulação intensa de terras e de outros recursos, que encarecem os custos gerais de produção e desarticulam a estrutura da pequena e

150 Maria da Conceição Tavares: vida, ideias, teorias e políticas

média propriedade agrícola. Aqui, como no setor urbano, mas com efeitos mais graves, verifica-se uma tendência à concentração acelerada da propriedade, da renda, à desnacionalização e a flutuações violentas na taxa de emprego assalariado rural.

Todas essas características se assemelham a uma caricatura da destruição criadora de Schumpeter, porque os movimentos especulativos e a destruição de recursos superam, de longe, a disciplina da "máquina de crescimento" de uma estrutura oligopólica industrial, ainda que de propriedade estrangeira.

Esta, pelo menos, procede a uma destruição ordenada, sem quebras dramáticas do aparelho produtivo, mediante uma submissão progressiva das estruturas de consumo, de produção e de comércio aos seus desígnios de longo prazo. Os seus objetivos de crescimento podem ser indesejáveis do ponto de vista social global, mas são pelo menos relativamente previsíveis, negociáveis e, em teoria, corrigíveis. Não deixam atrás de si uma política de terra arrasada, deixam apenas uma história difícil de refazer.

Passemos agora a examinar brevemente a segunda linha da estratégia de abertura externa, que se refere especificamente a países semi-industrializados. Trata-se da exportação de manufaturas como mecanismo de longo prazo de correção dos problemas do balanço de pagamentos, que inclui políticas de estímulo e de pressão para que as próprias filiais estrangeiras exportem.[13]

Orientar a estrutura interna de investimentos estrangeiros para uma diversificação das exportações requer, a longo prazo, entregar-lhes o controle da produção interna interdependente, vale dizer, de um conjunto de setores com maior grau de integração horizontal e vertical. Evidentemente, as tendências à diversificação multissetorial interna das filiais estrangeiras não chegaram ainda, com raríssimas exceções, a situações de conglomeração real e financeira que possam se comparar remotamente com a estratégia de crescimento global das matrizes.

Ainda que certas filiais já sejam responsáveis por boa parte do volume global de vendas da empresa internacional na América Latina – como parece estar ocorrendo em duas ou três grandes filiais europeias da indústria automobilística e de alguns setores da química –, suas estratégias de diversificação e exportação não podem se sobrepor às condições globais de operação destas empresas no mercado mundial.

---

13. Ver Fajnzylber (1971).

Isso não significa que em alguns setores as filiais estrangeiras não possam expandir aceleradamente suas exportações com vista a uma divisão regional de mercados. De fato, o fazem, sobretudo porque elas vieram para ficar e não podem desinvestir os vastos recursos reais acumulados internamente.[14] Outra coisa completamente distinta, porém, é esperar que o volume global de suas exportações possa crescer o suficiente para pagar todos os serviços do capital estrangeiro, sobretudo quando as filiais internacionais têm de fato um maior ritmo de expansão interna e de crescimento dos lucros. Assim, esse tipo de abertura enfrenta duas alternativas: ou a desnacionalização (e não necessariamente a internacionalização) progressiva dos recursos e do capital nacional, ou uma pressão crescente e de longo prazo sobre o balanço de pagamentos, através de um fluxo de remessas de lucros e de serviços do capital que acompanha, pelo menos, a mais alta taxa interna de acumulação e de expansão das filiais estrangeiras.

Outro preço da recente abertura é a tendência permanente à sobrevalorização interna das moedas locais ou à subvalorização da taxa de câmbio em termos de moedas estrangeiras.[15] Este aspecto particular da abertura externa se reflete na economia de duas maneiras. De um lado, aumenta a propensão a importar e favorece a entrada bruta de capital estrangeiro e a sua acumulação interna; de outro lado, prejudica o esforço dos exportadores nacionais e barateia o custo da remessa de lucros. As filiais internacionais não se veem afetadas porque exportam numa relação matriz-filial que permite utilizar o super e o subfaturamento e os preços de transferência para corrigir as margens de lucro aparentes.

Do ponto de vista dos salários, uma estratégia de exportações agressiva nos setores produtores de bens de consumo generalizado e em particular de bens-salário condena-os, praticamente, a um congelamento em termos reais, já que não podem acompanhar os acréscimos de produtividade sem que a competitividade da indústria exportadora se veja em jogo. Isso não significa que os níveis de salários das filiais não sejam os mais altos em termos internos; efetivamente o são. Significa apenas que a diferenciação de salário dessas empresas se faz muito abaixo das suas margens diferenciais de lucros. Com isso, o salário da mão de obra direta industrial mantém-se amarrado ao nível básico do custo de subsistência dos trabalhadores urbanos. Este, por

---

14. Para o montante de investimento estrangeiro acumulado nos diversos países da América Latina, ver Cepal, *As empresas multinacionais.*
15. Ver Kucjiuski (1974).

sua vez, está submetido às flutuações de preços internos e internacionais dos alimentos e das matérias-primas.

A diferenciação das cúpulas de ordenados do pessoal especializado se faz, em compensação, mais próxima aos níveis relativos de eficiência das empresas estrangeiras. Esta forma de diferenciação da estrutura de salários se apresenta dentro das grandes empresas como um *overhead* crescente, que oculta as margens brutas de lucro tributável e distorce, ainda mais, a distribuição das rendas pessoais urbanas. Tudo isto se articula com a diferenciação crescente dos padrões de consumo e com uma alocação de recursos em favor de setores interdependentes, do mesmo padrão de acumulação internacionalizante.

Como resultado da "estratégia de abertura", as exportações industriais se fazem a custo marginal, o que permite regular as margens de ocupação da capacidade e de lucro das empresas estrangeiras que dominam os setores respectivos. As exportações de manufaturas das filiais têm mais este caráter *regulador das margens de lucro em cada mercado* do que propriamente o caráter de competir e deslocar outras filiais dos mercados internacionais.

Resta finalmente abordar o tão discutido problema da deterioração das relações de troca à luz desse processo de expansão oligopólica das filiais estrangeiras. Sobre o problema das "relações de intercâmbio" o aspecto mais discutido na América Latina tem sido o que corresponde à primeira tese de Prebisch sobre a divisão internacional do trabalho entre países produtores de bens primários (periferia) e países produtores de manufaturas (centro). Contra ela e suas teses de industrialização por substituição de importações se concentraram todos os fogos da ortodoxia, da teoria do comércio internacional.

Cabe, porém, enfatizar que tanto a Cepal, por meio de seus principais economistas, quanto a própria situação concreta dos países latino-americanos provaram à sociedade que nem todo padrão de industrialização resolveria o problema. Agregaríamos, à luz da experiência recente, que exportar manufaturas tampouco parece resolver o problema.

Do ponto de vista teórico convém recordar a segunda tese de Prebisch, a que se refere à transferência a partir da periferia dos ganhos de produtividade da sua força de trabalho. Essa tese, que tem sido esquecida por muitos e teoricamente mal-interpretada por outros, continua na raiz da explicação básica da tendência à deterioração das relações de troca contra os países da periferia e vai além da simples especialização em produtos primários.

Que a divisão internacional do trabalho mude de cara e se oriente mais no sentido da diversificação geográfica da estrutura produtiva, por meio das empresas multinacionais, nos termos já apontados, não resolve o problema de fundo. Os diferenciais básicos entre salários e produtividade, ao contrário, agravam-se na periferia quando se introduzem, no padrão de intercâmbio, as manufaturas exportadas pelas filiais estrangeiras, sempre que se pretenda que elas sejam "competitivas".

Isso não significa, como alguns "terceiro-mundistas" o têm apresentado, que os assalariados dos centros "explorem" os da periferia. Significa apenas que a redistribuição dos lucros se faz à escala internacional, num circuito ampliado de reprodução do capital, com "desigualização" das taxas de lucro e acumulação, nos mercados locais e nacionais, e tendências à igualação nos circuitos internos de reprodução e de circulação de capital das grandes empresas multinacionais.[16]

Resumindo, os problemas de abertura externa que parecem se colocar na atual etapa de internacionalização do capital, apesar de não apresentarem uma tendência tão acentuada às flutuações como na etapa histórica que se convencionou chamar "Economia Primário-Exportadora", apresentam, no entanto, problemas de médio e longo prazo cuja tendência e possível solução têm aspectos contraditórios que tornam difícil visualizar sua solução histórico-concreta.

O grande problema atual não é só, como já vimos, o de que excedentes crescentes tendem a ser exportados dos países periféricos. Esse não é um problema novo; tampouco é novo o fato de que o capital estrangeiro, ao expandir-se internamente num país da periferia, gera mais excedentes do que é capaz de exportar na atual etapa. Isso significa tanto uma submissão de massas crescentes de trabalho ao circuito de acumulação internacional do capital, quanto a transferência intercapitalista de lucros em favor de setores de propriedade estrangeira.

A pergunta relevante é: o que se passa com a reprodução ampliada do capital? O que significa internacionalização crescente do capital "nacional"?

Evidentemente, as filiais estrangeiras não podem exportar os lucros acumulados num período de produção se nesse mesmo período não se produzir seja um desinvestimento, seja um aumento proporcional do poder de compra das exportações, num ritmo superior ao da própria taxa de acumulação interna do capital estrangeiro.

---

16. Ver Hymer (s.d.).

154 Maria da Conceição Tavares: vida, ideias, teorias e políticas

Ambas as soluções parecem, porém, inviáveis a longo prazo. A primeira, a do desinvestimento, não corresponde aos objetivos estratégicos das filiais produtoras de manufaturas, que vieram para ficar e não apenas para se assegurar uma reserva mínima de mercado.

A segunda significaria um aumento acelerado do grau de abertura de nossas economias, pouco compatível com as tendências e perspectivas de curto e médio prazo do mercado mundial, sobretudo se levarmos em conta que, apesar do caráter marginal de nossa posição exportadora, existem dezenas de países com estratégias de exportação semelhantes. Cair-se-ia, pois, na "falácia de composição" tão mencionada ultimamente, devido à fúria exportadora de todos os países industrializados ou semi-industrializados.

Desse modo, e paradoxalmente "extrair mais excedentes da periferia" parece significar, a longo prazo, incorporá-los crescentemente ao circuito multinacional do capital. Isso implicaria deixar acumular os excedentes gerados internamente nos próprios mercados periféricos, sob as formas mais variadas de apropriação e de alocação dos recursos, e não necessariamente exportá-los. Para alguns países periféricos de maior grau de industrialização, como o Brasil, o México, a Argentina e a África do Sul, esse esquema pode funcionar razoavelmente por certo período, sem implicar uma mudança violenta do esquema da divisão internacional do trabalho. Parece ser suficiente o já apontado anteriormente para mostrar que esse tipo de esquema diferenciado de acumulação e de apropriação de recursos vem-se adequando melhor aos interesses das grandes empresas multinacionais, em sua estratégia de expansão em escala mundial.

Por outro lado, a atual crise do sistema internacional deixa todas essas questões em aberto e sem solução lógico-histórica inteligível. Não deixaria de ser irônico que alguns países periféricos, como os apontados, passassem, através da sua própria condição de fronteira internacional de expansão do capitalismo, a ver-se submetidos ao inesperado problema de reencontrar-se ou redefinir-se em sua vocação, enquanto economias nacionais.

Um possível aumento de autonomia, ou de raio de manobra dos Estados Nacionais nas decisões de investimento, tecnologia e alocação de recursos teria necessariamente de recolocar os problemas do desenvolvimento nacional em termos bem distintos dos que Furtado denominou de "Mito do Desenvolvimento Econômico". Mesmo quando os objetivos sociais da nova etapa histórica que se avizinha possam vir a ser tão vagos ou ambivalentes como o foram em sucessivas etapas da longa história do subdesenvolvimento, é de esperar, no entanto, que os problemas da "abertura externa" se coloquem em forma radicalmente diferente.

Problemas de inflação e de balanço de pagamentos no ciclo de expansão

Abordar os problemas de inflação, juntamente com uma interpretação de um "ciclo de expansão", significa deslocar o ponto de vista da análise das teorias da origem da inflação (estruturalistas ou monetaristas), para colocar o foco central nos problemas de seu movimento, agravando ou não as tendências cíclicas de acumulação de capital. Deste ponto de vista, a inflação surge como um mecanismo contraditório de expansão que, ao mesmo tempo, amplia a etapa expansiva do ciclo e precipita, por sua própria dinâmica, uma etapa depressiva "saneadora".

Analisemos primeiro a etapa de expansão. Na medida em que a inflação não só aumenta as margens brutais de lucro monetário em uma estrutura oligopólica, mas também diminui a taxa real de juros dos empréstimos, o princípio do risco crescente deixa de funcionar como regulador das decisões de investir. Formam-se, então, taxas de lucro até certo ponto ilusórias, que sustentam o potencial interno de acumulação e a taxa de endividamento das empresas por cima da capacidade de absorção da demanda efetiva em termos reais. Isso dá lugar a uma tendência ao superinvestimento nos setores de mais alta taxa de rentabilidade aparente, que vai produzindo margens crescentes de capacidade ociosa e termina por deprimir a taxa de lucro esperada diante de uma dada taxa de inflação. Tanto por esse fato como porque as empresas oligopólicas têm possibilidades reais de *mark-up* sobre seus custos diretos de produção, tendem a acelerar a taxa de inflação.

A dinâmica desse processo de acumulação inflacionária tende, pois, a aumentar as taxas de inflação e de endividamento que são requeridas para manter uma dada taxa de crescimento e de acumulação real. Por outro lado, à medida que ocorre uma aceleração do ritmo inflacionário, vai-se esterilizando, progressivamente, a sua capacidade redistributiva, em termos de setores, empresas e estratos sociais. Assim, aos problemas de setores com excesso de capacidade produtiva e de renda se contrapõem problemas adicionais de financiamento e de renda corrente dos setores mais débeis. As possibilidades de autofinanciamento de um conjunto de setores, mediante elevações autônomas de preços, se veem diminuídas, na medida em que as reações dos outros preços se tornam mais aceleradas.

Ao longo desse processo, os setores produtores de insumos básicos, os assalariados e o gasto público tendem, particularmente, a perder sua posição relativa e a reagir, tentando recuperá-la. Desse modo, ampliam-se os mecanismos clássicos de propagação inflacionária, da espiral preços-salários e dos déficits públicos crescentes.

Nem o poder de compra dos salários, nem o déficit público em termos reais se mantêm, porém, como componentes da demanda real de bens e serviços. Tende-se, pois, a produzir uma "insuficiência de demanda efetiva" em termos dinâmicos, com suas manifestações simultâneas de aumento na capacidade ociosa indesejada e no endividamento crescente dos setores mais débeis, bem como uma elevação dos custos e uma queda na taxa de lucro aparente. Isso acaba por atingir os próprios setores oligopólicos, não necessariamente nas suas margens de lucro corrente, mas sim em suas expectativas e decisões de investimento.

Na aparência, a economia inteira se apresenta como se existisse um excesso de demanda efetiva movendo a espiral inflacionária. Na realidade, essa demanda e a própria renda nacional se encontram com tendências a um declínio, por força de uma redistribuição setorial dos lucros e das rendas correntes, em favor de setores supercapitalizados, cujas expectativas de investimento são desfavoráveis.

Pelo lado do balanço de pagamentos, agravam-se os problemas durante a etapa de aceleração inflacionária, já que as desvalorizações cambiais, apesar de funcionarem como mecanismo de propagação interna de alta de preços importados, tendem em geral a manter ou agravar a subvalorização da taxa de câmbio em termos de moeda nacional ou a sobrevalorização em relação às moedas internacionais. Assim, diminui o coeficiente marginal exportado por unidade de produto não tradicional e aumenta o coeficiente importado de insumos e de bens de capital, para uma mesma taxa de crescimento. Aos problemas de funcionamento interno e externo das empresas juntam-se agora os problemas globais de financiamento internacional.

Em muitas explicações sobre a crise, os problemas de balanço de pagamento são muitas vezes apresentados como o determinante principal.[17] Do nosso ponto de vista, eles são apenas um elo na cadeia da superacumulação

---

17. Ver Leff (1968b), particularmente o capítulo 10, e Important... (1967).

inflacionária e, uma vez freados por uma crise de estabilização, tendem não só a diminuir, como eventualmente desaparecer do ponto de vista real; basta ver o que ocorreu com os superávits de balanço de pagamentos em conta corrente no período de 1964-1967.[18]

Evidentemente, permanecem os problemas financeiros de pagamento da dívida acumulada, isto é, do balanço na conta de capitais. A experiência brasileira, como a de outros países latino-americanos, é de que, adotada uma política econômica de estabilização com prévia aprovação dos organismos internacionais, o financiamento compensatório da dívida pública sempre se pode negociar, independentemente do comportamento real da economia.

Já o comportamento da entrada de capitais estrangeiros privados de risco, ou de financiamento bancário internacional, é inteiramente distinto. Assim, por exemplo, a partir de 1959 até a Instrução 204 de fins de 1961, o Brasil continua a atrair capital estrangeiro privado de risco e chegou mesmo a praticar *swaps* bancários de curto prazo. Tudo isso em péssimas condições de balanço de pagamentos e apesar da ruptura com o FMI, pela não aceitação do plano de estabilização de 1958. No entanto, desde fins de 1961 em diante, e com distintos governos, o capital privado de risco só voltou a entrar de forma maciça e crescente depois que a economia se recuperou firmemente, isto é, a partir de 1968.[19]

Evidentemente, uma coisa é a credibilidade e a seriedade da política financeira de um governo, e outra coisa, dentro de certos limites, distinta, é o interesse dos capitalistas estrangeiros no mercado de um país. Não basta adotar uma política economicamente aceitável; é necessário expandir-se e, portanto, garantir taxas diferenciais de lucro crescentes para os setores oligopólicos. Neste caso, as margens de tolerância se tornam mais elásticas para uma política econômica "mal" conduzida.

Discutamos agora a etapa depressiva e as condições de recuperação. Numa etapa depressiva de um ciclo de expansão, comandado pelos setores oligopólicos já descritos, a inflação não tende a desaparecer e tampouco se verifica uma reversão prolongada do ciclo, como em economias abertas competitivas.

Por outro lado, o coeficiente de abertura da economia se modifica menos em termos do montante final do déficit de balanço de pagamentos do que de sua estrutura em ambas as contas. Os déficits na balança comercial e de pagamentos correntes tendem a diminuir, pelo aumento dos excedentes ex-

---

18. Ver *Diagnóstico Preliminar de Comércio Internacional* (Ipea, 1967).
19. Ver *Diagnóstico Preliminar de Comércio Internacional* (Ipea, 1967).

158   Maria da Conceição Tavares: vida, ideias, teorias e políticas

portáveis, a um dado nível de renda, e pela diminuição do coeficiente de importações de equipamentos e matérias-primas. Aumenta, em compensação, o déficit na conta de capital, por uma saída mais que proporcional de capitais privados e de pagamentos acumulados de dívidas anteriores.

Neste último ponto é que podem funcionar a confiança das instituições financeiras internacionais, para a renegociação da dívida externa, e a entrada compensatória de capitais, em favor das autoridades monetárias, como efetivamente ocorreu no caso brasileiro de 1965 em diante.

Por outro lado, a presença importante do investimento estatal e a impossibilidade de desinvestimento real das grandes empresas oligopólicas mantêm certa componente "autônoma" da demanda global e impedem a destruição maciça de capitais. Esta se dá apenas nos setores tradicionais da economia, fortemente competitivos, e em empresas de menor poder financeiro.

Uma vez mantida a inflação sob controle, as margens de capacidade ociosa começam a ser reabsorvidas e o processo de recuperação segue uma trajetória mais ou menos normal, sempre que a política de estabilização se faça por um aumento dos controles sucessivos sobre a política fiscal, salarial e cambial, sem produzir redistribuições bruscas de renda e dos excedentes em termos setoriais. Quando essas políticas se realizam por impactos bruscos na carga fiscal, nos salários de base e na desvalorização cambial, tendem a produzir-se crises de estabilização sucessivas, que se assemelham a um movimento de *stop andgo*, tão característico do período de 1964-1966.[20]

O que se convencionou chamar "políticas gradualistas" de ataque à inflação teve de fato duas etapas, nenhuma delas digna desse nome. A primeira, que vai até 1967, foi de ataques frontais, embora periódicos, aos mecanismos de propagação inflacionária. A segunda, em compensação, uma vez alcançado certo patamar de taxa de inflação, caracterizou-se por uma política monetária e financeira bastante solta, que aumentou consideravelmente a liquidez.[21]

O "gradualismo" dessa segunda etapa só residiu mesmo no controle restrito e diferenciado de preços e salários e da taxa de câmbio. A política de desvalorizações curtas e de periodicidade imprevisível é indiscutivelmente melhor do que a de saltos bruscos, que afeta de forma sensível os mecanismos de propagação inflacionária. Conduzida, porém, com uma tendência crescente à subvalorização dos preços das moedas estrangeiras, em particular as euro-

---

20. Ver *Estudo Econômico*, Rio de Janeiro: Cepal/BNDE, 1966.
21. Ver *Natureza e contradições do desenvolvimento financeiro recente* (Tavares, 1972).

moedas, favorece extremamente o endividamento externo das filiais estrangeiras e a entrada acelerada de capitais financeiros especulativos.[22]

Uma vez alcançada uma estabilidade razoável na taxa de inflação e nos seus mecanismos de propagação, criam-se condições para permitir uma redistribuição paulatina em favor do setor público e dos setores privados de mais altas rendas, sem despertar reações tão fortes nos setores prejudicados pelas políticas de estabilização. A demanda urbana de um conjunto de bens e serviços de alta elasticidade de renda torna-se novamente dinâmica, dando lugar a um aumento da taxa de lucro e de acumulação, em termos diferenciados, que favorece os setores oligopólicos. O processo de diferenciação de lucros e de transferências intersetoriais de excedente, a partir de modificações nos preços relativos, já foi descrito razoavelmente.

O setor público também aumenta sua participação no gasto na medida em que sua estrutura fiscal de rendas se apoia numa carga fiscal elástica ao crescimento da demanda privada em expansão. Convém, porém, assinalar algumas condições adicionais, que são necessárias para assegurar que o novo ciclo de acumulação não volte a desestabilizar a taxa de inflação.

A primeira condição é de que não haja reação por parte dos setores assalariados e empresariais, que ficaram prejudicados com a política de estabilização. Isso requer, pois, algum mecanismo de controle social de preços e salários que seja razoavelmente eficaz para conter as respostas e pressões desses setores, cuja participação relativa tende a declinar. Ao mesmo tempo se requer algum mecanismo capaz de manter a longo prazo o poder de compra dos salários de base e o valor dos ativos financeiros, que tendem a uma permanente desvalorização. Para isso se adotou no Brasil o conhecido mecanismo da correção monetária.[23]

A *neutralidade* desse mecanismo para a distribuição da renda e do valor relativo dos distintos tipos de ativos, reais e financeiros, é extremamente discutível. Além disso, tende a projetar a inflação e a reacelerá-la sempre que os preços de alguns itens estratégicos – como alimentos, certas matérias-primas e em particular a própria taxa de câmbio – tenham afastamentos divergentes da taxa média de incremento dos demais preços.

Se, além disso, a taxa de desconto ou de cálculo antecipado dos empréstimos para a dívida acumulada e a rentabilidade esperada aumentarem brusca-

---

22. Ver Pereira (1974).
23. Ver *Diagnóstico do mercado de capitais* (Ipea, 1968).

160 Maria da Conceição Tavares: **vida, ideias, teorias e políticas**

mente, ou de forma continuada, produz-se um novo desajuste entre a taxa de acumulação de curto prazo e a taxa de inflação necessária para torná-la viável a longo prazo. Essa situação pode provocar novamente desequilíbrios graves na estrutura de crescimento, na estabilidade financeira interna e no balanço de pagamentos. Todos esses problemas estão aparecendo, novamente, de forma visível, na atual conjuntura da expansão da economia brasileira.

Evidentemente, não se pode buscar nos mecanismos de propagação tradicionais – o déficit público, as desvalorizações cambiais e as pressões salariais – as causas da persistência da inflação brasileira e de sua aceleração recente. Não são difíceis de encontrar, no entanto, uma explicação "estruturalista" e outra "monetarista" igualmente convincentes.

A primeira apontaria naturalmente os seguintes fatores: distorção na estrutura do crescimento, com pressão sobre recursos reais depois que se ocuparam as margens de capacidade produtiva ociosa em setores estratégicos; mudança dos preços relativos contra o poder de compra dos salários, isto é, subida dos preços relativos dos alimentos e dos serviços essenciais e queda dos preços relativos dos bens de consumo não essenciais; finalmente, a pressão sobre o balanço de pagamento de um padrão de crescimento que acelera em simultâneo o consumo capitalista, o investimento privado e o investimento público.

A segunda explicação correria pelo lado da política monetária, fortemente expansionista, dada a acumulação de reservas provocada pela violenta entrada de capitais de curto prazo. Invocaria também a subida das taxas de juros bancários, nacionais e internacionais, provocando um endividamento financeiro crescente, para repagamento do mesmo volume real de dívidas. E, finalmente, outras explicações, menos ortodoxas, que enfatizam a expansão caótica e a especulação do sistema financeiro privado, que se arruína a si mesmo ao redistribuir as margens de lucro globais para acumulação financeira, incrementando a dívida das famílias e das empresas e diminuindo a capacidade real de acumulação privada a longo prazo do setor empresarial.

Ambos os tipos de explicação seriam corretos, no meu modo de entender, e permitiriam, se devidamente trabalhados de forma analítica, uma integração adequada entre a órbita real e a órbita financeira da expansão, que vai além das explicações tradicionais sobre excesso de demanda efetiva ou sobre excesso de liquidez.

É evidente que o cerne da retomada do desenvolvimento do período 1968-1973 reside nas reformas financeiras da gestão Bulhões-Campos. Foram elas que permitiram o autofinanciamento das empresas públicas que passaram a operar com relativa autonomia financeira e de mercado. Os estímulos à capitalização financeira foram de inúmeras naturezas, mas o mais importante foi sem dúvida o da generalização da cláusula de correção monetária dos ativos e passivos do setor privado.

A entrada de capital estrangeiro novo também foi estimulada de todas as maneiras, mas só se verificou para valer a partir de 1968, já em pleno período de expansão. A forma preferencial da entrada de capitais, além do reinvestimento de lucros, foi o endividamento externo, isto é, a entrada de capital financeiro sob a forma de empréstimos em moeda.

Essas reformas financeiras permitiram que o novo ciclo de expansão voltasse a dar-se com o predomínio das empresas internacionais e com o financiamento da presença do Estado na economia, que se haviam interrompido de forma dramática em 1963-1964.

O ritmo espetacular de recuperação, a partir de 1968, encontra suas raízes na severidade da depressão industrial do período intermédio, que dura quase cinco anos, entre a primeira e a segunda etapa de expansão. O caráter cíclico desse padrão básico de acumulação é, no entanto, *inerente* à forma de expansão que tentamos tipificar no capítulo sobre estruturas oligopólicas diferenciadas e sua forma de articulação com as demais. A crise de 1963-1964 apenas acentuou as flutuações econômicas e forçou uma mudança *radical* nos esquemas de financiamento público e privado.

De novo, a recente etapa de expansão acelerada contém, em si mesma, contradições inerentes a um padrão de crescimento desequilibrado e tende visivelmente a esgotar-se e produzir um novo ciclo.

As possibilidades de vislumbrar mudanças na estrutura de produção, de distribuição da renda e nas formas de acumulação de capital e de financiamento, em 1974, do mesmo modo que em 1963 (quando escrevemos nosso primeiro trabalho sobre industrialização), só podem ser visualizadas teoricamente como combinações "abstratas" de soluções parciais.

Os problemas centrais da estratégia de crescimento resultam igualmente de uma necessidade de rearticular toda a estrutura de crescimento da economia, apesar de que, como sempre, os sintomas aparecem inicialmente do lado do financiamento interno e externo.

Por mais que se seja crítico em relação aos resultados da recente política de administração financeira, não cabe tomar os sintomas por causas e cair,

162　　Maria da Conceição Tavares: vida, ideias, teorias e políticas

uma vez mais, no equívoco de atacá-los em forma drástica, sem levar em consideração a necessidade de mudanças acentuadas a longo prazo na estrutura do gasto público e privado e na alocação setorial e social de recursos.

O poder de decisão de um "Estado ideal", por mais forte que seja, é insuficiente para modificar apreciavelmente as tendências em curso, durante o período de expansão acelerada, já que sua ação tende a ser solidária com os próprios mecanismos de acumulação e nos próprios termos do "modelo" proposto anteriormente. O que se pode pedir à política econômica, nos termos de referência de uma dada sociedade, é que não agrave essas tendências e se proponha, inclusive, a corrigi-las, mediante uma série de contrapesos deliberados. Na medida do possível, devia-se tentar evitar uma desaceleração brusca da economia, modificando ao mesmo tempo, em forma compensatória, a estrutura da receita e do gasto público e dos mecanismos de financiamento e alocação de recursos do setor privado.

Na impossibilidade de evitar crises periódicas "de estabilização", estas deveriam ser aproveitadas não para manter o *status quo*, em nome de restabelecer um possível dinamismo de curto prazo, mas sim para aumentar a estabilidade global, mediante um padrão de crescimento mais equilibrado e de longo prazo.

Referências

BACHA, Edmar. "Um modelo de comércio entre centro y periferia em la tradición de Prebisch". *El Trimestre Econômico,* n. 162, 1974.

BAER, W. *Industrialization and economic development in Brazil.* Ed. Irwin, 1965. (Tradução para o português da FGV)

_____. A recente experiência de desenvolvimento – Uma interpretação. *Revista Ipea,* v. 3, n. 2, jun. 1973.

BAIN, J. S. *Barriers to new competition,* Cambridge, Mass.: Harvard Univ. Press, 1956.

BANAS. *O capital estrangeiro no Brasil.* São Paulo: Banas, 1961.

BERGSMAN, J. *Brazil – Industrialization and trade policies.* OECD, Ed. Oxford Univ. Press, 1970.

BHAGWATI, Jagdish (Ed.). *Economics and world order,* s. d.

BÖHM-BAWERK, Eugen von. *Teoria positiva del capital.* Barcelona: Ed. Aguilar, s. d.

BRASIL, Ministério do Planejamento. *Diagnóstico sobre indústria mecânica e elétrica* – Plano Decenal, tomo 5, v. 2, 1967.

BULHÕES, Octávio G. *Economia e política econômica*. Rio de Janeiro: Ed. Agir, 1960.

CANDAL, Artur. *A industrialização brasileira*. Rio de Janeiro: Ipea, 1958.

CARDOSO, F. H. *Empresário industrial e desenvolvimento econômico*. São Paulo: Difusão Europeia do Livro, 1964.

_____; FALETTO, E. *Dependência e desenvolvimento na América Latina*. Rio de Janeiro: Zahar Ed., 1970.

CARDOSO DE MELLO, J. M. *O capitalismo tardio*. São Paulo: Brasiliense, 1982.

DELFIM NETTO, A. *O problema do café no Brasil*. São Paulo: USP, 1959.

DOBB, M. *Political economy and capitalism* (Tradução espanhola pelo Fondo de Cultura Económica, México, 1949)

_____. *Studies in the development of capitalism*. London: Routledge, 1967.

DUNNING, John (Ed.). *International investment*. London: Penguin Modern Economic Readings, 1972.

ELLIS, H. S. (Ed.) *The economy of Brazil*. Univ. Calif. Press, 1969.

EMPRESAS públicas; su significación actual potencial en el proceso de desarrollo. Santiago: Cepal, 1971. (E/CN12/872).

FAJNZYLBER, F. *Estratégia industrial e empresas internacionais*. Cepal/Ipea, 1970a.

_____. La expansión de las empresas internacionales y sugra vitación en el desarrollo latino-americano. *Estudio Económico de América Latina,* Santiago, 1970b.

_____. *Sistema industrial e exportação de manufaturas* – Análise da experiência brasileira. Cepal/Ipea, 1971.

_____. *As empresas multinacionais e o comércio mundial*. México: Conacyt, 1974. (Mimeo.)

_____. *Las empresas internacionales y la industrialización de América Latina*. Ed. José Serra. México: Fondo de Cultura, 1974.

FISHLOW, A. Origens e consequências da substituição de importações no Brasil. *Estudos Econômicos,* São Paulo, n. 6, 1972.

FURTADO, C. *Desenvolvimento e subdesenvolvimento*. Rio de Janeiro: Fundo de Cultura, 1961.

_____. *Formação econômica do Brasil*. Rio de Janeiro: Fundo de Cultura, 1961.

_____. *Análise do "modelo" brasileiro*. Rio de Janeiro: Civilização Brasileira, 1972.

_____. *O mito do desenvolvimento econômico*. Rio de Janeiro: Paz e Terra, 1974.

GALBRAITH, J. K. *The new industrial state*. Boston: Ed. HMCO, 1962.

164 Maria da Conceição Tavares: **vida, ideias, teorias e políticas**

_____. *A sociedade da abundância.* Lisboa: Ed. Sã da Costa, 1963.

GERSCHENKRON, Alexander. *Economic backwardness in historical perspective.* Cambridge: Mass.: Harvard University Press, 1962.

GILPIN, Robert. The politics of transnational economic relations. *International Organization,* v. 25, n. 3, 1971.

HAHN and MATHEWS. The theory of economic growth: a survey. *Economic Journal,* v. 74, 1964. (Reprinted in Penguin Modern Economic Readings, 1971).

HARCOURT G. C.; LAING, N. F. (Ed.). Capital and growth. *Penguin Modern Economic Readings,* 1971.

HARROD, R. F. *Towards a dynamic economics.* London: McMillan, 1957.

HICKS, J. R. *Value and capital.* London: Oxford Univ. Press, 1957.

HILFERDING, R. *El capital financiero.* Barcelona: Tecnos, 1973.

HIRSCHMAN, A. The political economy of import – Substituting industrialization in Latin America. *Quarterly Journal of Economics,* Feb. 1968. (Tradução espanhola do *El Trimestre Económico, México).*

HOBSON, J. A. *The evolution of modern capitalism.* New York: Ed. Walter Scott Publishing Co. Ltd., 1926. (Reprinted by Allen & Unwin, 1965).

HOROWITZ, D. (Ed.). Marx and modern economics. New York: *Monthly Review Press,* 1968.

_____. (Ed.). *Marx e a economia moderna.* Rio de Janeiro: Ed. Zahar, s.d.

HUNT, E. K., SCHWARTZ, J. G. (Ed.). *A critique of economic theory.* Harmondsworth: Penguin, 1972.

HYMER, S. *International operations of national firms* – a study of direct foreign investment. MIT, 1960. (Thesis, Ph. D)

_____. The efficiency (contradictions) of multinational corporation. *American Economic Review,* v. 60, n. 2, May 1970.

_____. The multinational corporation and the law of uneven development. *In:* BHAGWATI, Jagdish (Ed.). *Economics and world order.* s. d.

IMPORT constraint on the recent decline of Brazilian economic growth. *Review of Economics and Statistics,* nov. 1967.

JENKINS, R. O. *The dynamics of dependent industrialization in the Latin American motor industry* – Argentina, Chile and Mexico. University of Sussex, 1973. (Tese, Doutorado).

KALDOR, N. Capital accumulation and economic growth. *In:* LUTZ, F. A., HAGUE, D. C. (Ed.). *The theory of capital.* Mcmillan, 1969.

_____. Alternative theories of distribution. *In:* READINGS of economic growth. Penguin, 1971.

_____. MIRRLEES. A new model of economic growth. *Review of Economic Studies,* v. 29, 1961. (Reprinted in Penguin Modern Economic Readings, 1971).

KALECKI, M. As equações marxistas de reprodução e a economia moderna. *Social Science Information,* v. 7, n. 6, 1968.

_____. *Selected essays on the dynamics of the capitalist economy. 1933-1970.* Cambridge: Cambridge Univ. Press, 1971a.

KALECKI, M. "Os problemas de realização em Rosa Luxemburgo e Tugan – Baranowski". *In:* _____. *Selected essays on the dynamics of the capitalist economy.* Cambridge University Press, 1971b.

_____. "Political aspects of full employment". *In:* _____. *Selected essays on the dynamics of the capitalist economy.* Cambridge University Press, 1971c.

_____. *Teoría de la dinámica económica.* México: Fondo de Cultura Económica, 1973.

KEYNES, J. M. *Teoría general de la ocupación, el interés y el dinero.* México: Fondo de Cultura Económica, 1965.

KUCJIUSKI, Michael. *Peripheral countries and international finance;* notes on recent years. Cambridge: Pembroke College, 1974.

LEFF, N. *The Brazilian capital goods industry,* 1928-1964. Cambridge, Mass.: Harvard Univ. Press, 1968a.

_____. *Economic policy making and development in Brazil, 1947-1967.* New York: Wiley, 1968b.

LESSA, C. F. T. M. R. Quinze anos de política econômica. *Boletin Económico de la Cepal,* Nov. 1964.

MARSHALL, A. *Principles of economics.* 9. London: Ed. McMillan, 1961.

MARTINS, L. *Formation du patronat industriel au Brésil en Amérique Latine –* crise et dépendance. Paris: Ed. Antrophos.

_____. *Politique et development economique;* structures de pouvoir et système de décisions au Brésil. Paris: Université de Paris V, 1973. (Thèse, Doctorat d' Etat).

_____. A política das corporações multinacionais dos Estados Unidos na América Latina. *In:* SERRA, J. (Ed.). *Desarrollo latino-americano –* Ensayos críticos. México: Fondo de Cultura, 1974.

MARX, K. *El capital.* México: Fondo de Cultura Económica, 1968.

MATA, M., BACHA, E. Emprego e salário na Indústria de Transformação. *Revista do Ipea,* v. 3, jun. 1973.

MEEK, R. *Economia e ideologia.* Rio de Janeiro: Ed. Zahar, 1971.

_____. *Economia y ideologia.* Barcelona: Ed. Ariel, 1972.

166   Maria da Conceição Tavares: vida, ideias, teorias e políticas

MERHAV, M. *Technological dependence, monopoly and growth.* Oxford: Pergamon Press, 1969. (Tradução em português Ed. Zahar)

MODIGLIANI, F. New developments on the oligopoly front. *I. Polit. Econ.,* v. 66, 1958.

MORLEY, S., SMITH, G. Import substitution and foreign investment in Brazil. *Oxford Economic Papers,* Mar. 1971.

NAÇÕES UNIDAS. *Las corporaciones multinacionales en el desarrollo mundial.* New York, 1973. (ST/ECA/190)

OLIVEIRA, F. A economia brasileira; crítica à razão dualista. *Estudos Cebrap,* São Paulo, n. 2, out. 1972.

PASINETTI, L. A. Rate of profit and income distribution in relation to the rate of economic growth. *Review of Economic Studies,* v. 26, 1961-1962.

_____. *Multi-sector model of economic growth.* Cambridge: King's College, jul. 1963.

PENROSE, E. T. *The theory of the growth of the firm.* New York: Wiley & Sons, 1959.

PEREIRA, J. E. C. Relacionamento financeiro do Brasil com o exterior. *Revista do Ipea,* v. 4, n. 2, 1974.

PINTO, A. Concentración del progreso técnico y de sus fructos en el desarrollo latinoamericano. México: *El Trimestre Económico,* n. 125, 1965.

_____. Naturaleza e implicaciones de la "heterogeneidad estructural" de América Latina. México: *El Trimestre Econômico,* n. 145, 1970.

_____. El modelo de desarrollo reciente en América Latina. México: *El Trimestre Económico,* n. 150, 1971.

_____; DI FILIPPO, A. Notas sobre la estrategia de la distribución y la redistribución del ingreso en América Latina. México: *El Trimestre Económico,* n. 162, 1974.

PREBISCH, R. *El desarrollo económico de América Latina y sus principales problemas.* Santiago: Cepal/Naciones Unidas, 1949; New York, 1950.

_____. Commercial policy in the underdeveloped countries. *American Economic Review;* Papers and Proceedings, May 1959.

RAPID economic growth in post-war Japan. *Developing Economies,* v. 5, n. 2, Jun. 1967.

RICARDO, D. Princípios de economia politica y tributación. México: Fondo de Cultura Económica, 1959.

ROBINSON, J. *The economics of imperfect competition.* London: McMillan, 1957. (Tradução espanhola pela Ed. Martinez Roca)

_____. *Acumulación de capital.* México: Fondo de Cultura Económica, 1960.

Hildete Pereira de Melo (Org.)   **167**

_____. *Essays in the theory of economic growth.* London: McMillan, 1962. (Tradução espanhola por Fondo de Cultura Económica).

_____. EATWELL, J. *Introduction to modern economics.* New York: McGraw Hill; 1973.

SCHUMPETER, J. A. *Capitalism, socialism, and democracy.* London: Allen & Unwin, 1957. (Tradução espanhola pela Ed. Aguilar).

_____. *Business cycles* (abridged). New York: McGraw Hill, 1964.

SEN, A. (Ed.) *Growth economics.* London: Penguin Modern Economic Readings, 1971.

SERRA, J. (Ed.). *Desarrollo latinoamericano* – Ensayos críticos. México: Fondo de Cultura, 1974.

SIMONSEN, M. H. Inflation and the Money and capital markets in Brazil. *In:* ELLIS, H. S. (Ed.). *The economy of Brazil.* Berkeley: University of California, 1969.

SINGER, P. O milagre brasileiro; causas e consequências. *Cadernos do Cebrap,* São Paulo, n. 6, 1972.

SRAFFA, P. *Production of commodities by means of commodities.* Cambridge Univ. Pres., 1960.

STEINDL, J. *Maturity and stagnation in American capitalism.* Oxford: Blackwell, 1952.

SUNKEL, O. Capitalismo transnacional y desintegración nacional. México: *El Trimestre Económico,* n. 150, 1971.

SWEEZY, P. M. *The theory of capitalist development.* New York: Oxford Univ. Press, 1942. (Tradução em português pela Zahar Ed.).

SYLOS-LABINI, P. *Oligopólio y progreso técnico.* Barcelona: OIKOS, 1956.

TAVARES, M. C. *Da substituição de importações ao capitalismo financeiro.* Rio de Janeiro: Zahar Ed., 1972.

TAVARES, J. *et al. O setor de bens de capital.* Rio de Janeiro: Finep, 1973.

TOKMAN, V. Distribución del ingreso, tecnología y empleo. Un análisis del sector industrial del Ecuador, el Peru y Venezuela. México: *El Trimestre Económico,* n. 164, 1975.

UNCTAD. *Las inversiones extranjeras en su relación con el desarrollo.* 1972. (TD, 134).

VAITSOS, C. The changing policies of Latin American governments toward economic development and foreign investment. *Journal of World Trace Law,* 1973.

_____. El cambio de políticas de los gobiernos latinoamericanos com relación al desarrollo económico y la inversión extranjera directa. México: *El Trimestre Económico,* n. 161, 1974.

VERNON, R. International investment and international trade in the product cycle. Oxford: *Quarterly Journal of Economics,* v. 80, 1966.

VILLELA, A. As empresas do Governo Federal e sua importância na economia nacio-

168 Maria da Conceição Tavares: vida, ideias, teorias e políticas

nal, 1956-60. São Paulo: *Revista Brasileira de Economia,* 1962.

_____. SUZIGAN, W. *Política de governo e crescimento da economia brasileira, 1889-1945.* Rio de Janeiro: Ipea, 1973.

VON DOELLINGER, C.; DUPAS G. *Exportação de manufaturados.* Rio de Janeiro: Ipea, 1972. (Monografia, 4)

VUSKOVIC, P. Distribución del ingreso y opciones de desarrollo. *Ceren – Univ. Católica de Chile,* n. 5, 1970.

WARREN Dean. *São Paulo's industrial elite, 1890-1960.* (Tradução do português pela Difusão Europeia do Livro – Difel).

WELLS, J. *Distribution of earnings, growth and structure of demand in Brasil, 1959-1971.* Cambridge, 1972.

_____. *Euro-dollars, foreign debt and the Brazilian boom Center of Latin American Studies.* Cambridge, 1973.

WICKSELL, K. *Lectures on political economy.* London: Ed. Routledge, 1956.

YAMEY, B. S. (Ed.). *Economics of industrial structure.* London: Penguin Modern Economic Readings, 1973.

América Latina e Brasil
Instituições oficiais

Cepal/ONU
Boletin Económico para América Latina (1964 a 1974).
Estudio Económico Anual (1949, 1968, 1970, 1971, 1974).
Análisis y Proyecciones del Desarrollo Económico o II – El Desarrollo Económico del Brasil. Cepal-BNDE (1956, E/CN12/364).
La indústria de máquinas herramientas del Brasil. Cepal (1963).
El financiamiento externo en América Latina (1964, E/CN12/649).
El desarrollo industrial en América Latina (1969, E/CN12/830).
La política industrial de América Latina (1971, E/CN12/877).
La distribución del ingreso en América Latina (1970,E/CN12/863)
La movilización de recursos internos (1969, E/CN12/827).
Las empresas publicas: su significación actual y potencial en el proceso de desarrollo (1971, E/CN12/872).
La Intermediación Financiera en América Latina (1971, E/CN12/876).

Ipea
Pesquisa e Planejamento Econômico, v. 1, 2, 3 e 4.
Relatório de Pesquisa: n. 2, 4, 5, 7 e 9.

Fundação Getulio Vargas
A indústria de alimentos do Brasil, 1966.
Estrutura do comércio exterior do Brasil, 1920-1964-1969.
Revista Brasileira de Economia.
Conjuntura Econômica.

Ministério do Planejamento do Brasil
Plano Trienal de Desenvolvimento, 1962; PAEG, 1965.
Plano Decenal, 1967.
Diagnósticos Preliminares (1965 a 1968).
Plano Nacional de Desenvolvimento (I e II).

Dinâmica cíclica da industrialização recente no Brasil[1]

Maria da Conceição Tavares

Os setores líderes da industrialização pesada foram, a partir do chamado Plano de Metas, os setores produtores de bens duráveis de consumo e de bens de capital. Mais especificamente, esta liderança corresponde à montagem das indústrias de material de transporte e de material elétrico e a seu posterior desdobramento produtivo. Se tomarmos a divisão por categorias de uso da produção industrial, essa expansão tem sido sistematicamente favorável à produção de bens de consumo durável, mas tem permitido o desenvolvimento acoplado da indústria metal-mecânica que complementa internamente a sua própria produção de bens de capital.

Por que esses setores que até hoje não têm um peso significativo na produção corrente industrial podem ser considerados líderes? A resposta é simples: porque são eles que comandam o processo de acumulação de capital do setor privado industrial. Assim, entre 1955 e 1959 o investimento industrial cresce 22% ao ano, sendo arrastado pelos investimentos das indústrias de material de transporte (que estavam em fase de montagem) e de material elétrico e mecânico, que crescem em média no período 80%, 38% e 43%, respectivamente, elevando sua participação conjunta no investimento total da indústria de 12% para 38%.[2] Essa *performance* volta a repetir-se com ritmos equivalentes no período auge de 1970-1973, como veremos mais adiante ao estudar o ciclo recente de expansão.

Mas o conceito de liderança é ainda mais profundo do que expresso pela taxa de crescimento do investimento e da produção corrente. Na verdade, desde que

---

1. Livro TAVARES, Maria da Conceição. *Ciclo e crise e o movimento recente da industrialização brasileira*. Campinas: Editora da Unicamp, IE, 1998 (30 Anos da Unicamp).
2. Ver Suzigan *et al.* (1974).

172 Maria da Conceição Tavares: vida, ideias, teorias e políticas

teve lugar a montagem da indústria de material de transporte e de material elétrico sob o comando do grande capital internacional, passou a ocorrer uma lógica convergente de expansão industrial que conduziu a um padrão de acumulação de capital em que o investimento público é complementar ao investimento privado estrangeiro e arrastam em conjunto o investimento privado nacional.

Assim, o investimento estatal em estradas, energia, combustíveis líquidos e siderurgia passa a servir de apoio à expansão da indústria automobilística e de material elétrico pesado, e, em conjunto, tornam-se elementos de expansão recíproca com fortes efeitos de encadeamento sobre metalurgia, mecânica e materiais de construção.

Os efeitos multiplicadores da renda e do emprego corrente, embora significativos, através dos efeitos de dispersão intersetorial, são bem menos importantes do que o efeito acelerador sobre a própria expansão da capacidade industrial. Ou seja, em termos de "liderança" o que interessa não são os efeitos estáticos que se podem medir numa matriz de insumo produto,[3] mas sim os efeitos dinâmicos que os grandes investimentos – realizados num conjunto reduzido de setores – podem ter em termos de realimentação da própria taxa de expansão intrassetorial da indústria e da ampliação de sua base produtiva.

O problema central da dinâmica cíclica está justamente nestes efeitos, já que o investimento não se pode manter acelerado indefinidamente. Assim, terminados os efeitos de difusão, de um conjunto de *investimentos complementares* sobre o crescimento da capacidade produtiva do complexo metal--mecânico, a *demanda corrente* interindustrial é insuficiente para manter os ritmos de crescimento do conjunto da indústria.

A expansão da capacidade processa-se por saltos, sobretudo no caso das "montadoras" de material de transporte e de material elétrico, bem como na indústria pesada de insumos, acabando por produzir um excesso de capacidade planejada que se torna "indesejado" diante das possibilidades de crescimento da demanda final.

Ao lado deste conjunto de setores novos continua a expansão mais lenta das indústrias de bens de consumo não duráveis, que também investem e se modernizam consideravelmente no auge do ciclo de acumulação, que envolve toda a economia urbana. Apesar de seu peso relativo ter diminuído ao longo de

---

3. Ver o exercício de simulação, a partir da matriz de insumo-produto de 1970 por: Bonelli & Werneck (1978).

todo o processo de industrialização, sua participação na produção corrente da indústria de transformação ainda era superior a 45% em 1973, se levarmos em conta os insumos que se destinam ao consumo final.

Ao contrário do complexo metal-mecânico, essas indústrias não produzem para si mesmas e dependem de mercados *fora da indústria de transformação*. O crescimento de sua demanda depende fundamentalmente da taxa de crescimento do emprego e dos salários urbanos. Estes, por sua vez, seguem o movimento global de acumulação da economia e em particular a urbana. Quando termina um período de expansão da construção residencial e se deprime o volume de negócios nos setores comercial e financeiro, ligados à expansão industrial, as indústrias de bens de consumo-salário são as primeiras a acusar a reversão do ciclo. Embora não tenham problemas de expansão a longo prazo, se a taxa de urbanização metropolitana for elevada, acompanham o movimento cíclico da indústria, mas *não podem liderá-la*.

A dinâmica inter e intrassetorial da indústria

O caráter acentuadamente cíclico do crescimento industrial brasileiro, a partir da segunda metade da década de 1950, deve-se, sobretudo, à estrutura setorialmente desequilibrada de crescimento da própria indústria. Quando se compara a dimensão relativamente reduzida da base produtiva dos setores líderes com a expansão rápida de sua demanda final, fica em evidência o caráter do desequilíbrio dinâmico. Os ritmos de crescimento do investimento e da produção corrente de bens duráveis de consumo e de capital podem acelerar-se periodicamente, mas não são capazes de autossustentar-se por muito tempo. Neste sentido dependem, para a ampliação rápida de sua capacidade produtiva, de decisões "autônomas" de investimento nas quais o Estado, em associação com o grande capital internacional, joga um papel decisivo.

Uma industrialização pesada em condições de subdesenvolvimento quanto mais rápida mais tende a flutuações acentuadas, já que sua base de apoio intrassetorial é insuficiente para realimentar a própria demanda, devido ao limitado peso relativo de seus setores líderes na produção industrial global. Assim, uma vez terminados os efeitos de realimentação intra e intersetoriais de cada nova onda de investimentos industriais, reaparece a sua debilidade "estrutural" como componentes de sustentação da demanda final, e a reversão do ciclo tende a produzir-se em forma acentuada. A sustentação da demanda final nos períodos recessivos da indústria passa então a repousar fundamentalmente no

174 Maria da Conceição Tavares: vida, ideias, teorias e políticas

investimento público, em particular na construção civil, e no crescimento "vegetativo" do emprego nos setores de serviços público e privado, particularmente aqueles que se expandem naturalmente com a taxa de urbanização.

Vistas rapidamente as razões principais da dinâmica cíclica da indústria, convém agora analisar um pouco mais a lógica da expansão de cada uma das principais grandes categorias da produção industrial para entender melhor o seu movimento.

Para maior clareza do argumento, tomaremos as categorias de *uso final:* bens de capital, bens de consumo durável e bens de consumo não durável, supondo que os insumos estão integrados e têm uma lógica de expansão articulada com a da demanda final de cada uma das categorias. Isto exclui naturalmente os insumos de uso generalizado do tipo combustíveis, energia e siderurgia pesada, cujo crescimento está determinado pela expansão da produção global da indústria e cujo investimento tem necessariamente uma dinâmica "autônoma" em relação à demanda corrente. Não é por acaso que estas três indústrias são estatais na maior parte dos países de industrialização tardia, como os latino-americanos, e mesmo em alguns países capitalistas mais avançados, como a França e a Itália. Dada a sua alta intensidade de capital, que corresponde a um grau de mobilização patrimonial considerável e ao elevado prazo de maturação dos projetos de investimento, a capacidade produtiva destas indústrias tende a crescer em forma descontínua que nem sempre guarda proporção com o crescimento da demanda.

Sua rentabilidade corrente é muito baixa, dado que seus preços administrados têm de levar em conta o caráter "de uso geral de sua produção".[4] O autofinanciamento de seus programas de expansão é, pois, em geral, problemático, o que frequentemente atrasa a execução dos projetos e os faz depender de negociações complexas. Sua importância para a sustentação industrial será mais bem-avaliada adiante, quando tratarmos do papel do Setor Público no ciclo.

Em todo caso pode-se adiantar que seu peso na formação bruta de capital na industrialização brasileira recente é absolutamente desproporcional ao peso de sua produção corrente, o que significa um enorme efeito acelerador sobre a taxa de acumulação de capital que se manifesta particularmente no auge do ciclo.

---

4. Ressalta-se o caso do petróleo e derivados, pela situação de controle da comercialização exercida pela Petrobras, em múltiplas fases.

Comecemos a análise intrassetorial pelo setor de bens de capital

É composto pela mecânica, equipamento elétrico (30% do ramo em 1970) e equipamento de transporte (20% do ramo), e por um conjunto de insumos destinados basicamente à formação de capital – cerca de 20% da metalurgia e os materiais de construção. Em conjunto, a sua produção representava cerca de 20% do valor da transformação industrial em 1970.

O seu ritmo de crescimento corrente está determinado pelo ritmo de acumulação geral da economia, enquanto existe capacidade ociosa instalada nas indústrias metal-mecânicas; quando esta se aproxima da plena capacidade, a taxa de acumulação começa a mover-se principalmente pelo ritmo de expansão da capacidade da própria indústria de bens de capital e de insumos pesados. A lógica da concorrência capitalista das grandes empresas internacionais do complexo metal-mecânico pode levá-las a crescer na frente da demanda. Para isso, precisam contar com a capacidade do setor público de promover os investimentos complementares, tanto na órbita das grandes empresas públicas industriais, quanto na esfera dos investimentos públicos convencionais em transporte e energia. Esta lógica corresponde a um mesmo padrão básico de acumulação de capital desde o Plano de Metas. Apenas o ciclo recente de expansão aumenta o peso absoluto e a autonomia financeira das empresas estatais e das grandes empresas internacionais nos determinantes do investimento.

O setor nacional de mecânica pesada e os setores internacionalizados de equipamentos elétricos e de equipamentos de transporte e movimento de terras vão arrastados por este movimento conjunto de acumulação de capital. Seu mercado é garantido pelas encomendas que lhe são feitas pelas empresas estatais, pelas grandes construtoras e firmas de engenharia nacionais, e pelas próprias empresas internacionais, ao ampliar a sua capacidade produtiva. Entre as empresas internacionais, clientes do setor de bens de capital, se incluem as produtoras de bens de consumo durável localizadas nos mesmos ramos industriais e, por vezes, dentro do mesmo cartel (ex., material elétrico). Neste sentido, o grande desenvolvimento do setor de bens de capital, verificado na última década, tem se dado através da própria dinâmica *intra-departamental*, pela expansão mais que proporcional do subsetor de bens de capital-capital. O subsetor de bens de capital-consumo é um setor mais antigo e tecnologicamente atrasado, que recebeu poucos estímulos intersetoriais, do ponto de vista da lógica de acumulação industrial recente. A modernização

176 Maria da Conceição Tavares: vida, ideias, teorias e políticas

e a ampliação de capacidade produtiva das principais indústrias de bens de consumo não durável (têxtil e alimentar) se deram por saltos, nos períodos de aceleração da taxa de acumulação global da economia. Ou seja, a demanda corrente aos setores produtores de bens de consumo acelera-se no auge do ciclo, não tendo, porém, efeitos realimentadores importantes sobre o investimento e a modernização do parque de bens de capital-consumo preexistente.

A demanda de ampliação e modernização da capacidade produtiva dos setores produtores de bens de consumo de massas rebate sobretudo para o exterior, sob a forma de importação de equipamentos mais modernos, refletindo nos padrões de concorrência capitalista interna – os padrões tecnológicos derivados da concorrência internacional dos produtos de equipamentos para indústrias específicas.[5] A capacidade ociosa existente no setor de equipamentos específicos, juntamente com a forte modernização e concorrência dos equipamentos importados, faz com que uma boa parte do chamado efeito "multiplicador-acelerador" (ou seja, o impacto do crescimento da renda e do consumo urbano sobre a indústria de bens de capital) não tenha a mesma vigência na industrialização recente que teve na etapa dominada pela expansão da indústria de bens-salário (1933-1945), quando ocorreram fortes restrições absolutas à capacidade para importar.

Paradoxalmente, o inverso ocorre com a demanda derivada de bens de capital das grandes montadoras de material de transporte e material elétrico, cujos efeitos para trás permitiram a "nacionalização" da oferta de alguns equipamentos universais seriados e sob encomenda, bem como a expansão acelerada da indústria de partes que realimentam o ciclo industrial na etapa de expansão, conduzindo-o ao auge.

Assim, torna-se frágil uma hipótese de subconsumo de massas para explicar o ciclo industrial dos setores de bens de produção. Reafirmamos uma vez mais que o caráter cíclico do investimento só pode ser buscado na forma que toma a concorrência oligopolista dos setores líderes e do desempenho do Estado como produtor e investidor pesado. Mais que isso: em condições de uma industrialização "atrasada", por mais moderna e internacionalizada que seja, o baixo peso absoluto e relativo do setor de bens de capital (e não o fato de ser tecnologicamente "dependente") impede um crescimento autossusten-

---

5. Os picos de modernização das indústrias têxtil e alimentar ocorreram em 1951-1952; 1960-1962 e 1968-1973. Em todos esses períodos a demanda por importações de equipamentos específicos para estas indústrias cresceu muito mais do que a produção interna correspondente.

Hildete Pereira de Melo (Org.)

tado *à la* Tugan-Baranovsky, ou seja, impede que o "milagre brasileiro" tenha qualquer semelhança com os chamados "milagres" japonês e alemão.[6]

Os setores produtores de bens de consumo duráveis

São os setores por excelência da dinâmica da industrialização recente. Não apenas são os que comandam a recuperação do crescimento industrial, em termos correntes, mas também são os que permitem a aceleração da taxa de acumulação no auge. Embora seu peso relativo na produção corrente da indústria seja pouco expressivo, isto é, não "explique" quantitativamente a taxa de crescimento global da indústria (tabela 1), sua inserção peculiar na estrutura industrial determina uma elasticidade cíclica extremamente acentuada de seus efeitos de encadeamento para trás e para a frente. Seu desempenho tem um efeito *super acelerador* nas etapas de expansão, e assimétrico na fase de desaceleração. Isto porque alcançado, em cada etapa de expansão, certo patamar de produção e consumo, este tende a ser defendido pela solidariedade existente entre as condições de oferta da indústria, os mecanismos de financiamento especializados e os interesses de seu núcleo de consumidores privilegiados.

Tabela 1. Participação dos setores selecionados nos acréscimos de produtos real do agregado agricultura-indústria: 1965/73 e 1973/77 (em %)

Setores	1965/73	1973/77	Média 1965/77
Agropecuária	2,5	6,4	3,9
Indústria	97,5	93,6	96,1
Transformação	80,2	61,3	73,2
Consumo durável	18,1	9,5	14,9
Capital	13,5	13,2	13,4
Consumo não-durável	33,2	21,8	29,0
Intermediário	15,4	16,8	15,9
Construção civil	17,3	32,3	22,9
Total	100,0	100,0	100,0

Fonte: Dados básicos das simulações realizadas na pesquisa de Bonelli & Werneck (1978)

---

6. Em 1970, o peso do setor de bens de capital (mecânica, parte de material elétrico e parte de material de transporte) equivalia a apenas 10% do valor da transformação industrial e os insumos para construção a cerca de 8% do VTI. Esta baixa participação deve-se não apenas ao caráter "pouco desenvolvido" da indústria de bens de capital, mas também à tendência de longo prazo à queda nos seus preços relativos internos, para enfrentar a concorrência externa que conta com taxa de câmbio subsidiada e condições de financiamento mais favoráveis. Isso é que explica que a medida de sua participação na produção seja completamente distinta conforme o ano-base censal que se tome. Se tomado como base 1950, em vez de 1970, a sua participação atual seria bem maior. Esta tendência é extremamente favorável à taxa de acumulação do resto dos setores industriais que se beneficiam de uma menor relação capital-produto, o que favorece a taxa de lucro média e estimula a modernização.

178 Maria da Conceição Tavares: vida, ideias, teorias e políticas

Isto significa que esta indústria, contrariamente ao setor de bens de capital, não requer uma demanda "autônoma" de investimento, mas dispõe ela mesma de mecanismos capazes de adequar suas condições de produção às de realização no longo prazo. O que não quer dizer que lhe seja possível evitar o ciclo pelo qual é justamente uma das principais responsáveis, sobretudo na etapa de aceleração quando conduz a um salto de capacidade. No auge, é o setor que mais se beneficia da queda de preços relativos dos seus componentes mecânicos e dos bens de capital. Isto lhe permite, em simultâneo, uma expansão acelerada da capacidade produtiva com baixa relação capital-produto e uma política favorável de vendas com preços relativos cadentes. Nas fases declinantes, seu comportamento é próprio de um oligopólio diferenciado concentrado, com grande poder de controle sobre as suas margens de lucros. Estas podem elevar-se através de uma política oligopsônica de compras (para trás) e de diferenciação de produto e financiamento (para a frente).

O setor de bens de consumo durável, embora consiga manter, a longo prazo, um nível de ocupação médio de capacidade desejada satisfatório – correspondente a cada patamar de produção e consumo –, dá lugar, em cada novo ciclo de expansão, ao surgimento de capacidade ociosa *crescente*, cada vez que retorna ou acelera a sua taxa história de acumulação. Vale dizer, as tendências à superacumulação não apenas são recorrentes, como tendem a se ampliar levando a períodos de estancamento relativo na acumulação, cada vez mais longos. Além disso, não conseguem, na etapa recessiva do ciclo, evitar flutuação acentuada em sua demanda corrente, que decorre de uma demanda de reposição extremamente concentrada no tempo. Esta concentração se deve ao fato de que o aumento do estoque de bens duráveis se faz aos saltos, pela ampliação espasmódica do mercado consumidor, em cada período de expansão. Tudo isto significa que, passada a etapa de montagem, esta indústria perde periodicamente a capacidade de liderar o crescimento industrial global, tanto em termos de acumulação de capital, como em termos de produção corrente.

Os setores de bens de consumo não duráveis

Se levarmos em conta os insumos que lhes são correspondentes, continuavam representando mais de 40% do valor da produção industrial em 1973, o que significa uma ponderação considerável na "explicação" de qualquer taxa de crescimento. No entanto, do ponto de vista da dinâmica de expansão industrial, não podem ser considerados setores líderes. Isto porque seus efeitos de encadeamento interindustrial são particularmente baixos sobre os setores de bens de produção, assim como sua capacidade de gerar o próprio mercado – através do emprego direto e dos efeitos intrassetoriais – é desprezível. Seus efeitos para trás rebatem principalmente sobre a agricultura (alimentos e matérias-primas), de cujo dinamismo da produção são de fato componente importante.[7]

Contrariamente à indústria de bens duráveis, que tem uma base de mercado restrita, mas de expansão periodicamente acelerada e garantida por uma concentrada distribuição pessoal da renda, estes setores têm uma ampla base de mercado de massas, porém de baixo poder de compra unitário. Seu crescimento depende, portanto, do ritmo de emprego e da elevação da taxa de salário, que só apresentam dinamismo acentuado no auge da acumulação de capital. É exatamente este fato que não permite a esta indústria liberar o crescimento da economia senão, ao contrário, ser arrastada por ele. Isto não significa, no entanto, que seu crescimento de *longo prazo* esteja comprometido, dadas as rápidas taxas de urbanização e dado o fato de que a "generalização" do consumo de massas de bens industriais é compatível com qualquer tipo de mercado de trabalho. Assim, não importa quão segmentado ou "informal" seja este mercado de trabalho e quão pequena seja sua faixa diretamente produtiva, porquanto, apesar do baixo poder de compra, a massa de consumidores de produtos industriais da grande empresa capitalista aumenta inexoravelmente. Este é o caso, por nós já referido, na introdução teórica, de uma população urbana que mesmo tendendo a ser transformada em "improdutiva" e vivendo miseravelmente, se torna forçadamente consumidora de produtos industriais, já que não dispõe de condições de reverter "a produção e consumo de subsistência".

Muito mais que do movimento do capital industrial, a expansão a longo prazo dos mercados de grande indústria de "bens-salário" depende, pois, de maneira crescente, do movimento de acumulação, expansão e diferenciação do capital mercantil urbano e da proliferação dos serviços.[8]

O grande capital mercantil tem um movimento de acumulação até certo ponto "autônomo", uma vez que seu poder de sustentação está ligado à sua capacidade de articulação com o Estado e sobretudo em nível local ou regional. Já o pequeno capital mercantil surge nas brechas dos grandes mercados urbanos e – através de uma pequena produção subordinada à grande em-

---

7. Ver novamente exercício de simulação realizado por Bonelli & Werneck (1978).
8. Na verdade, a compra de serviços pessoais funciona como uma espécie de "distribuição" interpessoal, que facilita a "circulação mercantil" da renda disponível urbana.

180 Maria da Conceição Tavares: vida, ideias, teorias e políticas

presa ou "intersticial" – multiplica as "relações informais" de trabalho. Neste sentido, urbanização e industrialização não parecem corresponder ao mesmo movimento de concentração e dispersão de capitais, mas sim a movimentos paralelos, que se tornam divergentes na crise.[9] A relativa autonomia do grande capital mercantil urbano e o seu poder de resistência na crise contrastam com a debilidade relativa do capital local industrial mesmo quando se encontra associado ao capital estrangeiro.[10]

A lógica da industrialização recente é determinada pela "industrialização pesada" que só pode gerar seus próprios mercados no auge do ciclo, na dependência do ritmo de acumulação global. A sua lógica de expansão, sendo basicamente "intraindustrial", depende sobretudo do grau de articulação dos blocos privados nacionais com o grande capital industrial internacional e com o Estado. O crescimento do mercado de consumo final é praticamente independente do que se passa com os níveis relativos de consumo das massas, já que a expansão metropolitana garante de qualquer modo a "ampliação de massas". Assim a "expansão do mercado interno" é compatível com uma piora considerável na distribuição pessoal das rendas, como a que ocorreu nas últimas décadas. Este é o sentido profundo da fratura existente entre as condições de vida das massas urbanas e rurais; entre seu papel como produtores e como consumidores, para um mercado capitalista, num país subdesenvolvido. Neste sentido, resolver o problema do atraso industrial num "capitalismo tardio" não equivale a solucionar os problemas do subdesenvolvimento e da pobreza.

As etapas do ciclo recente de expansão industrial

A etapa de recuperação (1967 a 1970)

Os fatores de recuperação da indústria brasileira a partir de 1967 são sobejamente conhecidos e podem ser resumidos sinteticamente.

A Reforma Fiscal e Financeira de 1966 melhora as condições de financiamento do gasto público corrente e de investimentos tradicionais ligados à construção civil, que recomeçam firmemente a partir desse ano.[11]

---

9. Para o exame dos investimentos divergentes da indústria e da construção civil no ciclo, ver tabela I.

10. Que a urbanização está mais ligada ao capital mercantil do que ao movimento da indústria, é um velho debate latino-americano que não convém retomar, mas que tem grande importância para as chamadas teorias da "marginalidade urbana" e da "dependência".

11. Ver Bonelli & Werneck (1978, quadros 5, 6).

A verdade tarifária, isto é, a elevação e a reestruturação dos preços dos serviços de utilidade pública e a negociação externa deslancham o programa de energia elétrica, reanimando o setor de material elétrico, garantindo demanda firme aos grandes construtores e às firmas de engenharia. A produção corrente de serviços de utilidade pública acompanha sem desfalecimento a taxa média de crescimento industrial a partir de 1968.[12]

A operação do sistema institucional de crédito ao consumidor, acoplado ao instrumento da correção monetária, com desconto antecipado dos títulos, proporcionou uma considerável ampliação das bases de crédito. Isto permitiu reanimar a demanda da indústria automobilística e de outros bens duráveis de consumo mais difundido, que apresentam elevadas taxas de crescimento já em 1966-1967. O Sistema Financeiro de Habitação, por sua vez, reanima e ativa a construção civil residencial.

Os incentivos à exportação permitem subsídios à produção de têxteis, calçados e maquinaria, auxiliando a recuperação até 1969. Os subsídios são tão consideráveis e a expansão do comércio internacional tão favorável, que as exportações de bens industriais ainda contribuem, no auge do ciclo, para explicar cerca de 18% do incremento de demanda e final de bens de consumo não durável.[13]

A política de salários e a política de financiamento favorecem a concentração da renda pessoal, a que realimenta o consumo diferenciado das classes médias-altas, bem como a proliferação dos serviços pessoais.

Todos estes programas têm grande impacto no emprego e no crescimento da renda urbana, realimentando a demanda corrente. Assim, a retomada da acumulação de capital, em particular o crescimento do investimento produtivo, deve-se a fatores "exógenos" ao funcionamento corrente do sistema industrial, que retoma um crescimento rápido muito antes que a capacidade gerada pelo investimento do período anterior tivesse sido ocupada.[14]

Só depois que sobem os níveis de consumo de duráveis, investimento público e da construção (entre 1965-1967) começa o encadeamento das relações interindustriais que reativa a demanda interna dos demais setores da indústria de transformação a partir de 1967. Esta passa a liderar o crescimento global do PIB e alcança níveis de ocupação de capacidade que induzem uma aceleração do nível de investimento a partir de 1970 (ver tabela 2).

---

12. Ver Tavares; Façanha; Possas (1978).
13. Ver Bonelli; Werneck.
14. Os sintomas de plena ocupação da capacidade prévia só se tornam manifestos a partir de 1970-1971, como mostra o gráfico 1. No entanto, as importações de bens de capital para modernização da indústria começam a crescer fortemente a partir de 1968.

Tabela 2. Crescimento da indústria de transformação (%)

Indústria	1965/67	1967/70		1971/73	1974/77
I. Bens de consumo	4,8	11,6		12,3	4,5
I. Durável	13,4	21,9	(21,2) [I]	25,5	5,5
I.1 Transporte	13,1	23,9		24,5	-1,0
1.2. Elétricos	13,9	17,4		28,0	16,0
2. Não-durável	3,6	9,7	(13,3) [I]	9,1	4,2
II. Bens de produção	9,1	13,7		15,7	8,6
I. Capital	4,5	13,7	(39,0) [I]	22,5	8,4
2. Intermediários	10,8	13,7	(17,0) [I]	13,2	8,7
Total	6,8	12,6	(17,5) [I]	14,0	6,6

[I] Tavares, Façanha & Possas (1978).
Fonte: Bonelli & Werneck (1978).

A aceleração do crescimento da indústria de construção civil, de material de transporte e mecânica permite, através dos seus efeitos encadeados, expandir a taxa de emprego e a massa global de salários urbanos (mesmo sem se elevar a taxa média de salário que se manteve com flutuações até 1970). Estes setores, juntamente com o crescimento correlato do terciário funcional e a reativação do crédito comercial, são os responsáveis pela recuperação do mercado interno das indústrias de bens de consumo não duráveis, em particular a têxtil, vestuário e calçado, que até 1967-1968, mesmo com os incentivos à exportação, ainda não haviam recuperado os níveis de atividades pré-crise.

Gráfico 1. Evolução da produção e do estoque do capital da indústria de transformação - Índice real 1970 - 100

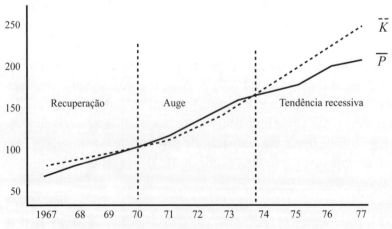

Fonte: Bonelli & Werneck (1978). FINEP (1978)

Também é sensível a repercussão para trás sobre o crescimento da produção industrial de insumos de uso difundido e materiais de construção, bem como alguns segmentos importantes de bens de capital, cujas taxas de crescimento foram extremamente instáveis entre 1965 e 1967. Estes subsetores se recuperam definitivamente a partir daí, crescendo firmemente embora a um ritmo inferior ao da indústria de bens de consumo durável até 1971.

O auge do ciclo (1970-1973)

O período de retomada do crescimento acelerado de produção corrente industrial acaba tendo como resultado uma forte elevação da taxa de acumulação de capital na própria indústria de transformação. Na verdade, a partir de 1970-1971 pode-se considerar como esgotada a capacidade ociosa da indústria herdada da etapa anterior e utilizada no período de recuperação. A partir de 1970-1971 a produção de bens de capital se acelera e sua taxa de crescimento ultrapassa a de bens duráveis, que por sua vez se mantém altíssima. Também se acelera a produção de insumos e de bens de consumo não durável, como resposta ao crescimento industrial e à elevação da taxa global de investimento da economia (que passa de 18% para 27% do PIB).

O papel das exportações industriais, que se incrementam fortemente no auge, é marginal do ponto de vista da aceleração do crescimento. Só tem alguma significação para os bens de consumo durável, de cujo incremento da demanda é responsável por apenas 15%, vale dizer 1,5% dos 10% que cresceu esta produção no período.

A pesquisa realizada na Finep[15] indica uma aceleração da taxa de acumulação de capital fixo industrial em todos os ramos de 1970 para 1973, que se traduz por rápidas taxas de crescimento do setor de bens de capital acompanhada a um ritmo ligeiramente inferior pela importação de equipamentos. Mas a taxa de crescimento real da produção média do período supera ligeiramente a taxa global de acumulação de nova capacidade produtiva. Vale dizer, produz-se um equilíbrio dinâmico intraindustrial que só se desfaz em 1973, com a aceleração ainda maior da taxa de investimento industrial.

Para o conjunto da produção industrial, incluindo os setores produtores de bens de capital, não ocorrem elevações importantes do coeficiente importado do investimento entre 1969 e 1973.[16] Ao contrário, ocorre uma ligeira

---

15. Ver Tavares, Façanha & Possas (1978).
16. Ver Bonelli & Werneck (1978, quadro 8).

"substituição de importações" global que é particularmente forte nos bens de capital para a indústria pesada.

No período 1970-1973, os setores produtores de bens de capital atingem, em conjunto, uma extraordinária taxa média de crescimento da produção corrente, da ordem de 39% ao ano, o que evidentemente torna insubsistente a tese de que o aumento da importação de equipamentos no auge tenha significado um "desvio de demanda" para o exterior. Na verdade, a demanda por importações é sobretudo complementar à oferta interna. A elevação de ambas se deve, antes de mais nada, à fortíssima taxa de acumulação industrial no auge. No fim do período, ela se acelera ainda mais devido à ampliação da indústria automobilística (70% do incremento do capital fixo em 1973) e com a aceleração dos programas de investimento estatais em siderurgia, telecomunicações, combustíveis e petroquímica. Também contribuem de forma importante para as importações, a modernização e a expansão de algumas indústrias de bens de consumo não durável (sobretudo a têxtil, a editorial e a gráfica e químico-farmacêutica) bem como a aceleração da taxa de acumulação de capital dos setores de equipamentos pesados, liderados pelas grandes empresas internacionais.

Os aumentos dos coeficientes de importação sobre a oferta global industrial, e mais particularmente de alguns itens importantes de bens de capital, não devem ser interpretados como "dessubstituições de importações" como alguns analistas indevidamente têm dado a entender.[17]

Ao examinar o assim chamado "processo de substituição de importações", tanto eu própria (1964) quanto posteriormente Fishlow (1973) advertimos que a elasticidade de demanda de importações de bens de capital é cíclica, sendo sempre superior à unidade no que tange ao produto industrial corrente. Na verdade, ela acompanha de perto o comportamento da "função de investimento". Quando este se acelera ou desacelera, as importações de bens de capital e de insumos para a indústria pesada seguem, com elasticidade quase unitária, a taxa de acumulação de capital. O que ocorreu no último ciclo de crescimento foi, pois, um violento aumento da taxa de investimento industrial (e da economia em conjunto) que produz, portanto, uma fortíssima aceleração simultânea da produção de bens de capital e das importações, com ligeiras decolagens. Como vimos, a única dessubstituição verificada é sobretudo nos setores produtores de bens de capital-consumo, que, por serem os mais antigos e não estarem integrados nem conectados internamente às

---

17. Ver Oliveira & Mazzucchelli (1978).

indústrias produtoras de bens finais mais importantes (têxteis, alimentares, vestuários, calçados e bebidas), aproveitam os subsídios às importações para se modernizar através de importações de máquinas específicas tecnologicamente mais avançadas e aparentemente sem similar nacional.[18]

A estrutura e a dinâmica dos principais mercados industriais no auge serão estudadas na próxima seção; no entanto, desde já se pode adiantar que a realimentação derivada da concorrência intercapitalista levou alguns setores industriais a expandir sua capacidade à frente do próprio ritmo de expansão da demanda na ânsia de garantir para as empresas líderes fatias do mercado em rápida ampliação. Este é particularmente o caso da indústria automobilística, de material elétrico e da têxtil. Isto, evidentemente, tem consequências na reversão do ciclo, já que a demanda não pode manter-se ao ritmo acelerado do auge e a superacumulação termina por gerar capacidade ociosa indesejada passado o período de aceleração.

Tabela 3. Investimento fixo – Projetos aprovados no CDI Cr$ de 1970 (1.000,00)

	1971	1972	1973	1974	1975
Bens de capital	104.684,35	632.483,21	699.091,77	1.317.264,36	1.546.963,24
Equipamento mecânico	34.249,57	211.445,80	381.000,00	633.627,23	758.046,32
Equip. elétrico e eletrônico	60.110,43	279.451,15	252.737,97	505.303,96	441.243,75
Construção naval	110.430,43	140.822,90	65.353,80	178.249,01	347.673,16
Indústrias básicas	1.473.473,91	5.121.898,47	4.178.768,99	5.409.427,23	2.119.494,49
Siderurgia e metalúrgica	704.684,35	3.695.580,15	2.588.780,38	3.158.255,94	796.248,16
Química e petroquímica	768.267,83	662.959,54	1.589.988,61	3.251.171,29	1.323.246,32
Bens intermediários	1.065.380,00	1.263.880,15	1.906.876,58	4.011.316,83	1.339.911,03
Metálicos	94.731,30	267.222,14	511.526,58	435.594,06	360.822,79
Não-metálicos	970.648,70	999.658,02	1.395.350,00	3.575.722,77	979.088,24
Indústrias automob. e autopeças	441.965,22	1.353.970,23	4.247.289,87	1.229.563,86	1.442.181,99

---

18. O montante de incentivos concedidos pelo CDI reflete-se no elevado montante de projetos aprovados para novos investimentos, sobretudo nos anos 1972, 1973 e 1974. Ver tabela 3.

Bens de consumo	630.438,26	1.488.119,08	2.894.639,24	2.557.039,60	1.268.459,93
Gráfica e editorial	5.246,09	496.609,92	781.438,61	963.163,37	875.184,19
Produtos alimentares					
Têxteis e couros	625.192,17	991.509,16	2.113.200,63	1.593.876,24	393.305,15
Total	3.715.976,52	9.829.816,79	13.926.666,46	15.504.809,90	7.717.010,66

Fonte: Pesquisa FINEP, com base em dados CDI

A desaceleração de 1974 a 1977

O esforço de investimento que eleva fortemente a taxa de acumulação de capital, entre 1970 e 1973, teria fatalmente de conduzir à reversão do ciclo.

Entre 1970 e 1973, a relação capital-produto média da indústria está constante, o que indica uma aceleração do crescimento da produção compatível com o ritmo de expansão do estoque de capital. Para a manutenção do equilíbrio dinâmico, ambas as taxas teriam de manter a aceleração do ritmo de crescimento. A taxa de acumulação já havia, porém, alcançado para o conjunto da indústria cerca de 35% em 1973, o que implicaria, para manter o mesmo ritmo, dobrar a capacidade da indústria de transformação em seu conjunto em três anos. Não podendo isto ocorrer, mas se mantendo elevada a expansão de capacidade produtiva no período de 1974-1977, cria-se uma tendência à sobre acumulação que gera um *gap* dinâmico entre a capacidade produtiva e a demanda efetiva da indústria.

Já em 1974, isto se torna manifesto quando, mantido o ritmo global de acumulação de capital, por força de investimentos maciços na indústria de bens de capital e insumos estratégicos, a produção corrente industrial se desacelera, sobretudo a de bens de consumo, que é a que mais pesa; começa então a produzir-se uma tendência recessiva, com problemas de realização dinâmica crescentes. O gráfico I anexo mostra o *gap* da superacumulação, bem como as tendências recessivas dos anos de 1975 e 1977.

As tendências recessivas dos setores de bens de consumo não duráveis são as que aparecem primeiro, dado que a *massa de salários* que vem crescendo muito menos do que a da produção, quando o ritmo desta se desacelera, entra a declinar por várias razões. Em primeiro lugar, o ritmo de crescimento do emprego urbano não se mantém, já que depende muito pouco da taxa de acumulação da indústria pesada. Em segundo lugar, a indústria de construção residencial entra também a flutuar a partir de 1974 e não consegue manter o ritmo de expansão e de absorção da mão de obra observado até 1973. Finalmente, a taxa média de salário não só não acompanhava o crescimento da produtividade da força de trabalho industrial como tende a declinar em termos reais com a aceleração inflacionária que sobrevêm já em 1973. Como os salários de base são corrigidos muito abaixo da inflação real, pelo menos até novembro de 1974, o poder de compra dos salários cai acentuadamente.

Estas tendências atingem sobretudo o setor de não duráveis, que possui uma dimensão relativa ainda muito grande na produção industrial. Uma queda acentuada no seu ritmo de crescimento – que se reduziu para 1,7% no biênio 1974-1975 – contribuiu para diminuir a taxa de crescimento global da indústria de transformação (ver tabela 4).

O problema da demanda efetiva é extremamente difícil de resolver para as indústrias "líderes" por razões completamente diferentes. Evidentemente não é possível que a produção corrente dos setores de consumo durável – que lideram o crescimento industrial de boa parte do complexo metal-mecânico – possa manter-se no mesmo ritmo do período de expansão. A aceleração da produção de bens de consumo durável foi de tal ordem que os estoques de bens à disposição dos consumidores mais do que quadruplicaram num período de seis anos, não se podendo, portanto, esperar que sua demanda se mantivesse estável. Assim o crescimento deste ramo de bens passa por períodos de flutuação acentuada a partir de 1974, com um resultado médio negativo para a indústria automobilística entre 1974 e 1977 que seria inexorável independentemente da crise do petróleo. Esta, quando muito, pode ter agravado as tendências recessivas já em curso, mas não impediu que os consumidores preferenciais, sem racionamento, deixassem de renovar seus modelos. O problema está em que a demanda de reposição é insuficiente para manter o *dinamismo* do setor.

Tabela 4. Participação do investimento "e na produção real" e taxas de crescimento segundo gêneros. Indústrias selecionadas 1973/77 (%)

Gêneros	Participação do investimento (I)					Participação no valor bruto da produção (VBP)					Taxas de crescimento									
											1973/74		1974/75		1975/76		1976/77		1973/77	
	1973	1974	1975	1976	1977	1973	1974	1975	1976	1977	I	VBP	I	VBP	I	VBP	I	VBP	I	VBP
Bens de produção	85,1	86,1	86,0	83,8	86,7	60,1	61,5	62,4	63,3	63,5	32,4	9,9	6,3	5,9	-14,1	13,9	7,9	2,5	30,6	35,9
Minerais não-metálicos	4,5	3,9	4,4	4,7	4,9	4,2	4,5	4,7	4,8	5,0	15,0	14,8	17,7	9,0	-4,3	12,0	8,6	8,3	40,6	51,8
Metalúrgica	29,4	38,8	38,6	38,4	42,2	15,0	14,7	15,4	15,5	16,3	72,5	5,2	6,2	9,2	-12,5	13,5	14,8	7,2	84,1	39,8
Mecânica	3,9	4,5	6,3	6,4	5,4	8,9	9,3	10,2	10,4	9,5	48,6	11,7	49,5	15,1	-9,5	14,8	-11,9	-6,5	77,1	38,0
Material elétrico de comunicações	8,6	6,3	5,7	5,5	5,5	6,1	6,2	6,0	6,3	6,3	-3,9	10,3	-4,8	0,5	-15,1	18,4	5,4	1,4	-18,2	33,1
Material de Transporte	21,5	17,5	17,7	16,7	15,1	11,0	12,2	11,7	11,2	10,7	6,5	18,9	8,2	0,5	-17,1	7,3	-6,1	-2,6	-10,2	24,9
Química	17,2	15,1	13,3	12,1	13,6	14,9	14,6	14,4	15,1	15,7	15,1	5,4	-6,4	2,5	-19,5	17,8	16,8	6,5	1,3	35,5
Bens de consumo	14,9	13,9	14,0	16,2	13,3	39,9	38,5	37,4	36,7	36,5	21,8	3,0	8,1	1,6	1,8	10,2	-14,6	1,7	14,4	17,3
Farmacêutica	0,8	0,9	1,6	2,7	2,5	2,4	2,5	2,5	2,7	2,3	39,8	11,5	97,4	5,1	46,3	19,1	-6,3	-13,8	278,3	20,3
Têxtil	5,7	5,1	5,9	5,3	3,3	11,2	10,1	9,9	9,3	9,2	18,2	-3,5	23,8	2,3	-20,9	6,2	-34,6	0,5	-24,2	5,4
Vestuário e Calçado	1,2	1,3	1,2	1,6	1,1	4,2	4,1	4,3	4,0	3,7	38,2	2,1	0,6	7,2	11,7	8,3	-28,8	-5,1	10,6	12,5
Produtos Alimentares	7,2	6,6	5,3	6,6	6,4	22,1	21,8	20,9	20,7	21,3	19,7	5,5	-14,8	-0,1	11,2	11,3	1,4	5,6	14,9	23,9
Total	100,00	100,00	100,00	100,00	100,00	100,00	100,00	100,00	100,00	100,00	30,8	7,1	6,6	4,3	-11,8	12,5	4,3	2,2	28,2	28,5

Fontes: *Conjuntura Econômica* (out. 1975 e dez. 1977); FIBGE. *Pesquisa Industrial* (1973) e Quadro I. Reproduzido de Bonelli & Werneck (1978).

Vejamos agora o que se passou com a indústria de bens de capital. Sua capacidade produtiva não estava crescendo tanto quanto a demanda porque possuía reservas de capacidade ociosa mesmo no auge do ciclo. Assim, no ano de 1973 ainda possuía capacidade subutilizada, uma vez que sua relação capital-produto era declinante no período de 1970-1973. A demanda corrente de bens de capital, proveniente das encomendas da própria indústria e das empresas públicas, estava, porém, subindo violentamente, como demonstram as respostas aceleradas da produção interna e das importações de bens de capital no período 1970-1973. As perspectivas eram, pois, favoráveis para que o setor acelerasse sua própria taxa de acumulação, sobretudo o setor nacional da mecânica pesada, que havia se atrasado relativamente ao setor internacionalizado na resposta ao auge do ciclo. A partir de 1974 este setor conta, além disso, para reforçar os "empresários nacionais", com subsídios crescentes ao investimento com o objetivo explícito de "substituição de importações". Os projetos governamentais de dimensões gigantescas do II PND e as filas de encomendas acumuladas no auge parecem que lhe garantiriam a demanda por um longo período. A resposta não se faz esperar e o setor privado da mecânica pesada nacional resolve recuperar o tempo perdido. Praticamente dobra a sua capacidade produtiva em três anos, já depois de passado o auge do ciclo industrial, isto é, entre 1973 e 1975. Já o setor de material de transporte e o de material elétrico, que haviam superinvestido em capacidade nova, no auge, apresentam logo em 1974 uma quebra no ritmo de investimento (ver tabela 4).

Apesar do forte crescimento da taxa de acumulação de capital nos setores de indústrias básicas, garantido em boa parte pelo setor público, a dimensão relativa do setor de bens de capital é insuficiente para que gere "demanda autônoma" capaz de realimentar a sua própria demanda e a demanda conjunta de bens de produção. Assim não pode gerar uma expansão da renda e do emprego capaz de assegurar um ritmo global de crescimento da produção industrial e da capacidade produtiva que se mantenha em equilíbrio dinâmico. Não é, portanto, por acaso que quanto mais se força o investimento produtivo na indústria pesada, mais se gera capacidade ociosa generalizada, isto é, um potencial produtivo muito superior às possibilidades de realização dinâmica.

Os determinantes de novos investimentos privados continuam, portanto, deprimidos.

A reversão dos altíssimos níveis de investimento privado já em 1974 deriva-se sobretudo, a nosso ver, de uma queda na taxa de consumo durável e

190 Maria da Conceição Tavares: vida, ideias, teorias e políticas

não durável em face do crescimento da capacidade ociosa geral das indústrias têxtil, de material de transporte e elétrico que tinham sobreinvestido no auge. Os dados de projetos aprovados pelo CDI demonstram que o auge da demanda de investimento fixo nos setores de bens de consumo se dá em 1973 e que ela reverte a partir daí, com exceção da indústria gráfica. A reversão mais forte é justamente nas indústrias automobilística e têxtil, antes mesmo que entrassem em vigor os cortes aos incentivos do CDI (depois de 1975). No entanto, mantém-se até 1975 a demanda de investimentos em projetos já aprovados pelo CDI para as indústrias de insumos básicos e eleva-se fortemente em 1974 e 1975 o valor de novos projetos na indústria de bens de capital (ver tabela 3).

Assim, a partir de 1974, apesar de os projetos públicos em execução serem capazes de sustentar as taxas de acumulação de setores importantes de bens de produção, não são suficientes sequer para manter o ritmo de crescimento da produção corrente da indústria pesada e, muito menos, da demanda do resto da indústria.

Concorrência capitalista e dinâmica dos mercados industriais[19]

Comecemos a análise pelos principais indicadores de desempenho econômico das empresas líderes, no auge do ciclo.

As grandes empresas líderes industriais destacam-se por sua rentabilidade e poder de mercado, sobretudo nos setores de bens de consumo, tanto durável como não durável, mas particularmente nestes últimos. Isto se deve a uma grande estabilidade na liderança dos principais setores, onde o domínio de mercado é tradicionalmente das mesmas empresas, quer sejam internacionais ou nacionais e, portanto, onde a rivalidade oligopólica chegou a uma divisão de mercado mais nítida e estável. As empresas líderes dos setores de bens de capital e as grandes empresas de bens intermediários não apresentam, apesar de seu tamanho médio superior, índices de rentabilidade comparável. Na produção de bens intermediários isso se explica pela presença dominante de empresas públicas que têm seu poder de *markup* submetido a uma política de preços controlados e uma maior intensidade de capital. No caso dos setores de bens de capital, a intensidade de capital não é comparável

---

19. Esta seção representa um resumo das conclusões da pesquisa: Estrutura industrial e empresa líderes, realizada na Finep, sob minha orientação, pelos economistas Luís Otávio Façanha e Mário Possas e terminada em julho de 1978.

à de bens intermediários, e as estruturas de mercado são mais instáveis, tendo as empresas líderes de suportar uma maior concorrência tanto em produtores internos como de supridores internacionais.

No auge do ciclo de crescimento (1970-1973), as empresas líderes não apresentaram taxas de crescimento da produção superiores à média da indústria de transformação. Ou seja, não ocorre um aumento da concentração técnica na produção. O crescimento se deu em geral, com maior força, em estabelecimentos de menor porte. A resposta em termos de expansão da capacidade produtiva foi, porém, diferenciada. No caso dos setores produtores de bens duráveis e não duráveis, em que é maior a estabilidade do grau de monopolização, é maior a possibilidade de controle diferenciado do mercado, as empresas líderes comandam a taxa de acumulação de capital fixo. Já nos setores em que a liderança é mais instável e menor o controle sobre o mercado, a expansão de capacidade produtiva se dá com maior ímpeto nos estabelecimentos de menor porte relativo. Assim, tanto nos setores de bens de capital como nos de produtos intermediários, as maiores empresas não comandam em geral a taxa de acumulação de capital. Esta, mais do que em resultado da lógica da concorrência oligopolista entre os grandes capitais do setor, decorre sobretudo do movimento interindustrial de expansão, ou seja, do movimento do capital industrial em geral.

As empresas líderes também apresentam flutuações acentuadas nas taxas de absorção do emprego em relação às empresas menores, segundo as várias estruturas de mercado. Assim, a única categoria na qual as empresas líderes apresentam um desempenho, em termos de emprego, superior ao das empresas menores é a de bens de consumo não durável. Em todas as demais categorias de produção industrial o emprego se expande mais nas empresas menores do que nas líderes. O elevado peso relativo do emprego nas indústrias ditas "tradicionais" e seu lento ritmo de expansão tendem a afetar decisivamente o índice do emprego na indústria de transformação. Assim, apesar do comportamento francamente empregador das empresas menores, sobretudo nos setores de bens de capital e de bens duráveis, a taxa média de absorção de mão de obra na indústria de transformação está próxima das líderes de bens de consumo não durável. As pequenas e médias empresas desta categoria de bens revelam tendência tecnológica à modernização e intensificação de capital que nada tem de "tradicional", sendo muito baixo o seu ritmo de absorção de mão de obra, apesar da elevada taxa de crescimento de produção. Em resumo, os maiores índices de crescimento do emprego industrial são apresentados pelas empresas menores dos setores de bens de capital, duráveis de consumo e produtos intermediários, e, no caso das grandes, pelos setores industriais de bens não duráveis de consumo, assim mesmo abaixo do crescimento médio do emprego na indústria de transformação. No entanto a maior contribuição absoluta ao incremento do emprego industrial global é dada pelas indústrias mecânicas de bens de capital e bens duráveis de consumo em seu conjunto.

As empresas líderes pagam em geral salários 50% mais elevados que a média da indústria de transformação, com exceção dos setores de bens de consumo não durável, nos quais para as grandes empresas a diferença é mínima em relação à média da indústria. A categoria na qual a diferença salarial é mais acentuada é a de produtos intermediários, em que se destacam os grandes estabelecimentos de empresas públicas, que são os que melhor pagam. Seguem-se as grandes empresas internacionais proprietárias das plantas montadoras de bens duráveis. Em conjunto, as indústrias que pagam maiores níveis médios de salários são as de bens de capital, nas quais os diferenciais entre as empresas líderes e empresas menores são de apenas 20%. Nas demais indústrias metal-mecânicas, apesar de os trabalhadores pertencerem teoricamente à mesma categoria sindical, as diferenças médias salariais entre as grandes empresas e empresas menores são bastante significativas. As indústrias de bens de consumo não durável pagam em geral salários muito mais baixos que a média da indústria de transformação, como se efetivamente fossem "tradicionais", isto é, de baixa produtividade média do trabalho, o que não é o caso em muitos setores modernos e de alta intensidade de capital. As diferenças são particularmente flagrantes nas empresas líderes, em que as demais categorias industriais tendem a aproximar os seus salários médios, enquanto as indústrias de bens de consumo não durável pagam em média 40% menos que o conjunto das grandes empresas.

Finalmente, em termos de movimento dos preços relativos e de aumento do *markup*, as indústrias de bens de consumo não duráveis são as que apresentam um desempenho mais favorável ao grande capital e mais *desfavorável* aos consumidores. Apesar de terem experimentado as mais elevadas taxas de expansão da produção de todo o período de pós-guerra, estas indústrias, e sobretudo as suas empresas líderes, apresentam preços e margens brutas de lucro crescentes, o que contrasta com o desempenho das demais indústrias.

As indústrias de produtos intermediários também apresentam preços relativos crescentes, mas há claras indicações de que isto provém mais da elevação dos custos primários que do *markup*.

Passemos agora a analisar as várias estratégias de concorrência oligopolista levando em conta a origem de propriedades das grandes empresas.

A industrialização recente continua sendo comandada pela estratégia de crescimento, padrão de produção e acumulação de capital das empresas internacionais dos setores de bens de consumo durável, particularmente a automobilística e as indústrias associadas, seguidas da eletroeletrônica. Em todos os casos, trata-se de estruturas oligopólicas concentradas diferenciadas, comandadas por filiais praticamente fechadas de empresas transnacionais de diversas procedências. A indústria eletroeletrônica corresponde a um cartel de empresas, organizado à escala mundial, com divisão clara de áreas e mercados. A indústria automobilística é composta de grandes empresas independentes, que concorrem agressivamente no mercado internacional, e para as quais o mercado brasileiro é uma excelente plataforma de expansão e diferenciação de mercados e modelos. Esta dupla forma de inserção no mercado é responsável por distintos comportamentos quanto à estratégia de acumulação e à rigidez nas margens de lucro. A indústria automobilística apresenta taxas de expansão de capacidade superiores ao crescimento da demanda e margens de lucro flexíveis à baixa. Ambas as estratégias correspondem a formas de rivalidade entre as empresas líderes e representam uma tentativa de conquistar as novas parcelas de mercado que disputam com afinco. A indústria eletroeletrônica, relativamente cartelizada, responde ao crescimento do mercado de forma menos agressiva. Suas elevadas taxas de acumulação são mais uma resposta ao crescimento rápido do próprio mercado do que uma tentativa de conquistar terrenos às suas rivais. Isto se manifesta por uma maior rigidez à baixa de suas margens de lucro e por menores taxas de acumulação quando existe capacidade ociosa. O dinamismo de mercado destas duas indústrias é em parte responsável pela grande expansão de novos setores, em particular de alguns ramos de bens de capital que se nutrem de sua demanda derivada.

As maiores empresas nacionais, que se assemelham em tamanho, patrimônio e volume de vendas às maiores internacionais, são as empresas públicas. Apesar de suas formas de organização burocrática, empresarial e salarial também serem semelhantes, seus padrões de comportamento no mercado

194 Maria da Conceição Tavares: **vida, ideias, teorias e políticas**

são, entretanto, completamente diferentes. Suas estratégias de crescimento estão submetidas a planos governamentais de expansão que sofrem por vezes defasagens graves em relação ao crescimento da demanda. E por isso é frequente haver descontinuidades mais fortes nas suas taxas de acumulação do que as simplesmente decorrentes da natureza tecnológica do seu processo de produção. A política de preços administrados pelo governo destina-se a rebaixar os preços dos insumos de uso generalizado, com o resultado de que suas margens brutas de lucro se encontram entre as menores de todas as empresas líderes, apesar de permitirem em geral o seu autofinanciamento corrente. As consequências, diante da intensidade de capital e das elevadas dimensões de escala, são conhecidas e manifestam-se através do baixo grau médio de autofinanciamento de seus programas de novos investimentos. A necessidade de recorrerem a fontes externas (governo, exterior e mercado de capitais) torna os programas de expansão das empresas públicas muito mais vulneráveis a flutuações de conjuntura econômica e financeira do que os programas de investimentos das grandes empresas privadas. Esta dependência de recursos externos e de programas de investimentos determinados "exogenamente" limita a capacidade autônoma de expansão das empresas públicas que, por razões técnicas e não de controle de mercado ou rivalidade oligopólica, deveriam estar crescendo sua capacidade sempre na frente da demanda.

Apesar de tão discutida "estatização" contraposta por alguns analistas à lógica privada do lucro e das aplicações financeiras que permitiriam às empresas públicas uma relativa "autonomia financeira" e um grande "poder de mercado", na prática seu comportamento "monopolista" encontra-se severamente limitado. Se é verdade que não têm enfrentado a concorrência de rivais estrangeiras e nacionais, isso se deve menos a práticas monopolistas de preços, tecnologia ou recursos, do que a "barreiras naturais" à entrada, impostas pela grande dimensão do investimento e pelo confronto lucro-risco de empreendimento.

Salvo no caso do monopólio legal do petróleo, recentemente modificado, não existem barreiras legais à entrada para as empresas nacionais ou transnacionais. Apenas a lógica do mercado brasileiro, tal como se estruturou historicamente, tem impedido até hoje a entrada de novas filiais estrangeiras em certos ramos de insumos estratégicos. Entre os elementos centrais dessa lógica, que não atrai as chamadas multinacionais, contam-se como dados fundamentais à estratégia de mercado da grande empresa. O primeiro é a impossibilidade de controle sobre a estrutura de mercado e demanda final desses bens intermediários, que impede as práticas monopolistas tradicionais de seleção de clientes, estruturas de vendas e diferenciação de produto. O segundo, que se vem revelando cada vez mais importante recentemente, é a impossibilidade de controle ou associação para trás, em direção aos fornecedores de equipamentos e tecnologia, prática habitual das multinacionais, que contraria frontalmente a política governamental de substituição de importações de bens de capital a favor dos empresários locais. Cremos que a estes elementos estruturais, mais do que a intenções estatizantes, se deve a expansão das empresas públicas nos setores de insumos básicos.

As empresas internacionais de presença mais antiga e estabilizada no mercado brasileiro são as que controlam os mercados de bens de consumo não durável em dois de seus segmentos. Os mercados concentrados de fumo, perfumaria e farmacêutico são tradicionalmente internacionalizados, através do controle absoluto pelas firmas dominantes da estrutura de comercialização, marcas, propaganda e distribuição. Nos mercados de produção desconcentrada, particularmente da indústria alimentar, o controle monopolista do mercado é exercido através da compra "monopsônica" de matérias-primas e/ou controle da comercialização da produção (leite, laticínios, moagem de trigo, produção e refinação de óleos vegetais, abate de animais e preparação de conservas de carne). Em todos esses ramos a internacionalização do capital e da produção se deu com presença dominante de filiais americanas, com a notória exceção de uma firma suíça.

Em geral, trata-se de simulações monopolistas estabilizadas, caracterizadas por um baixo ritmo relativo de crescimento da demanda e de expansão da capacidade produtiva. A captação progressiva dos mercados regionais leva à implantação de multiplantas em todos os casos em que o mercado urbano local justificasse a dimensão mínima de planta, mantendo-se assim o controle do mercado nacional pelos grupos dominantes.

As empresas internacionais de presença mais recente têm-se localizado nos setores de produtos intermediários e de bens de capital, ligados à estratégia de expansão industrial liderada pela automobilística e pela eletroeletrônica, particularmente condutores elétricos, matérias-primas, químicas e tintas e esmaltes. Também se localizem nos setores químicos ligados à expansão da química pesada e da petroquímica, em conexão com os investimentos pioneiros das empresas estatais. Aqui, a situação de liderança dos oligopólios

196 Maria da Conceição Tavares: **vida, ideias, teorias e políticas**

internacionais ainda é estável, e sua estratégia de mercado é derivada das estratégias de investimentos e demanda final de outras empresas públicas ou internacionais, requerendo negociações estratégicas para a entrada no mercado que, em geral, passam por alguma forma de articulação do famoso "tripé" de empresas estatais, estrangeiras e nacionais.

No caso de bens de capital, a posição relativa das filiais internacionais tem-se incrementado fortemente desde o último período de expansão 1970-1973. Durante esse período, sua participação no conjunto de estabelecimentos líderes do setor elevou-se de 69% a 75%. Esse predomínio reflete o resultado do estrito controle da oferta de equipamentos em dois dos quatro segmentos dessa indústria: no de material eletroeletrônico e pelo menos nos principais setores produtores de máquinas de movimentação e transporte de cargas, como tratores e suas partes e acessórios, e máquinas de terraplanagem. Naquele primeiro segmento, sua posição de liderança foi extraordinariamente reforçada pela garantia total de encomendas por parte do Governo que responde por quase 100% da demanda total por equipamentos produzidos pelas grandes empresas. A direta responsabilidade do Governo pela compra de equipamentos produzidos por grandes empresas também se dá nos setores de produção de maquinaria metal-mecânica pesada. Aqui, entretanto, a divisão de mercado entre filiais de grandes empresas internacionais e grandes empresas nacionais obedeceu aos rumos impostos pelo controle da tecnologia de produção.

A dominância de grande empresa nacional, no que se refere aos setores de bens de produção, limita-se a alguns mercados onde sua presença e sua liderança são tradicionais. Em geral tem cabido às empresas nacionais disputar os mercados de produtos tecnologicamente mais homogêneos, cedendo o controle dos subsetores de produção de equipamentos mecânicos especializados às filiais de grandes empresas internacionais. O único segmento desta indústria que reserva a liderança à empresa nacional é o de máquinas-ferramenta, até recentemente imune à concorrência desigual com empresas de capital externo.

No caso dos setores de bens intermediários, a dominância da grande empresa nacional se restringe basicamente aos setores de papel e celulose e aos de materiais de construção, com exceção do vidro plano que é controlado pelo grande cartel internacional. Apesar disso, já em 1970 se encontrava uma filial de grande empresa internacional na liderança de cada setor. No caso de papel e celulose, a internacionalização do setor se acentua no auge do ciclo, e já em 1973 passam a estar presentes na liderança três empresas internacionais. Uma vez mais, nestes setores a concentração técnica produtiva é inferior à concentração econômica, dadas a estrutura de multiplantas regionais e a falta de integração vertical de algumas indústrias, como a de papel e celulose, que só recentemente começa a verificar-se.

A liderança dos mercados de bens finais desconcentrados ou tipicamente competitivos, que incluem alguns setores da têxtil e da alimentar, está também entregue às empresas nacionais. O desempenho em termos de crescimento do mercado, margens de lucro e taxa de acumulação é favorável à indústria têxtil e desfavorável às indústrias nacionais de produtos alimentares, com exceção da indústria de açúcar, que é um caso de produção tecnicamente desconcentrada que corresponde a um elevado grau de monopolização, graças à segmentação de mercados e aos preços administrados ao amparo de uma política governamental protecionista.

O único caso de controle por um oligopólio estável, com descentralização técnica por multiplantas, mas elevada concentração econômica, é o de bebidas, cuja divisão de mercado entre grandes empresas nacionais e algumas internacionais no setor de refrigerantes garante a ambas elevadas margens de lucro. O crescimento para o conjunto do ramo é medíocre, tanto do ponto de vista da demanda como da capacidade produtiva. O controle de mercado pelas firmas dominantes permite, porém, uma elevação substancial dos preços relativos e sustentação de margens de lucro superiores à média da indústria, numa situação tal que o desempenho dos estabelecimentos líderes não se distingue do conjunto do ramo.

As únicas indústrias importantes de liderança dividida entre capital nacional e estrangeiro são a têxtil e a de vestuário e calçados, nas quais as oportunidades de exportação têm estimulado um desenvolvimento tecnológico desordenado e uma diferenciação de produtos com vistas à estratificação de mercados regional, nacional e internacional.

A situação de liderança ou domínio absoluto dos setores até agora não cartelizados da indústria de bens de capital, em que se verifica a disputa entre capitais de diversas procedências, incluindo capitais nacionais e capitais estrangeiros não internacionalizados, ainda está por definir-se, não ficando inclusive claro a quem beneficiaria uma possível "reserva de mercado". Esta última, a não ser que seja uma política de encomendas explicitamente diri-

198   Maria da Conceição Tavares: **vida, ideias, teorias e políticas**

gida, não parece garantir por si só a posição relativa de mercado dos grupos nacionais, mesmo os mais fortes. Em verdade, não se trata de forjar "bandeiras à entrada", ou de "substituir importações" na forma tradicional, uma vez que quase todos os fornecedores de equipamentos se encontram já presentes, de uma forma ou de outra, no mercado nacional. A concorrência oligopolista aberta dos grandes capitais estrangeiros não internacionalizados e dos capitais nacionais mais fortes não auxiliará em nada a manutenção das suas parcelas conquistadas ou "outorgadas" de mercado. A tendência mais provável é a concentração e centralização do capital nas mãos dos grandes grupos internacionais que tendem a operar a cartelização completa do mercado, dado seu maior poder de pressão interno e de financiamento internacional.

A internacionalização da indústria de transformação é relativamente antiga e vem acompanhando quase todas as etapas de industrialização desde a década de 1920; o período de expansão recente só faz confirmar as tendências que se configuram em forma definitiva desde a segunda metade da década de 1950. Na atual etapa, a internacionalização já alcançou todos os ramos industriais, mas é particularmente acentuada no que se refere às grandes empresas que lideram os principais mercados industriais.

A maioria das empresas internacionais que hoje levam indevidamente o nome de "multinacionais" não passa de filiais de corporações americanas já estabelecidas no mercado internacional e brasileiro há bastante tempo, tendo-se aprofundado o processo de transnacionalização quanto à disseminação de filiais, mas sem perda de controle pela matriz.

As empresas de capital estrangeiro (não internacional) são, em geral, de entrada mais recente no país e correspondem sobretudo à diversificação das indústrias metal-mecânica, química e de instrumentos diversos. O desenvolvimento acelerado do período recente abriu brechas no mercado, ocupadas por empresas menores, de capitais europeu e japonês, bem como permitiu a expansão igualmente rápida de pequenas e médias empresas nacionais.

De entrada mais recente ainda – correspondente ao *boom* financeiro das euromoedas e à etapa de conglomeração do capital financeiro internacional, que se verifica a partir da metade da década de 1960 – é a participação dos grupos financeiros detectados na liderança de alguns setores de menor peso industrial. Esses grupos, além de serem basicamente de origem europeia e japonesa com apenas um multinacional – no sentido estrito do termo –, encontram-se dispersos entre todos os ramos industriais, com exceção de borracha e fumo que são dominados por dois cartéis mundiais no interior dos quais se processa a disputa de mercados em cada país relevante.

A forma predominante de controle de mercado – aparentemente ainda a mais eficaz para o grande capital internacional – continua sendo a da operação de filiais fechadas que seguem as políticas tecnológicas, comercial e financeira de suas respectivas matrizes. As operações matriz-filial são as que parecem responsáveis por fenômenos tão citados na literatura, como: *transferpricing*, política atada de importações-exportações, diversificação excessiva de produtos, de tecnologia etc., dos quais o aspecto do déficit da balança comercial, que lhe é atribuível, tem sido apenas o mais visível e dramatizado.

Os capitais menos internacionalizados de origem europeia e japonesa e outros parecem ter aderido às formas mais flexíveis de controle do mercado com menor participação de capital, que nem sempre requer controle acionário. As formas de controle se exercem sobretudo através da tecnologia e do endividamento externo, porém com práticas menos restritivas de comercialização. Estas práticas têm dado lugar a uma maior concorrência intercapitalista mesmo no interior dos grandes oligopólios e desafiado a estabilidade de alguns cartéis tradicionais tanto no mercado nacional como internacional. Devem-se, porém, menos às políticas industriais seguidas pelos países receptores do capital estrangeiro do que à rivalidade oligopólica internacional. Esta rivalidade aumentou em certa medida, a partir do *boom* internacional do qual se aproveitaram todas as formas de capital estrangeiro, de todas as procedências, para uma rápida conquista de novos mercados em expansão. Naturalmente este movimento propiciou também a reprodução acelerada do capital nacional, acoplando-se espontaneamente, neste processo, o desenvolvimento da grande e da pequena empresa, sobretudo nas indústrias metal-mecânicas.

Dadas as altas taxas de expansão verificadas no período 1970-1973, essa não parece ter sido uma fase de acentuada *desnacionalização* da indústria brasileira, tendo-se verificado, porém, um acentuado aumento do grau de *internacionalização* de diversos mercados. Embora as condições fossem favoráveis ao processo de fusão e associação do capital estrangeiro com grupos nacionais, os *takeovers* parecem ter sido menos importantes do que a abertura de novos espaços econômicos, pelo menos no que diz respeito às empresas líderes. Esta situação permite que as grandes empresas nacionais não perdessem, durante o período, a liderança dos mercados onde tradicionalmente se mantêm, algumas desde as primeiras etapas de industrialização.

200 Maria da Conceição Tavares: vida, ideias, teorias e políticas

As condições parecem estar, porém, em mudança muito rápida, desde o auge deste último ciclo de crescimento. A entrada do capital externo sob a forma de investimento direto ou participação financeira tem-se mantido no período e até mesmo se acelerado no que se refere ao endividamento externo recente das grandes empresas. Assim, depois de uma convivência de proveito mútuo das rivalidades oligopólicas, que reforçou a expansão simultânea da capacidade produtiva e do mercado, parece estar-se alcançando agora um ponto álgido de não "coexistência pacífica" entre os capitais de diversas origens.

Várias tendências são previsíveis do ponto de vista de reestruturação do controle de mercado pelos vários grupos presentes na estrutura industrial brasileira. Podem ocorrer situações diversas que vão de uma nova onda de cartelização e redivisão de mercado entre as grandes empresas internacionais concorrentes, até um aumento da centralização do grande capital através de *takeovers* de capitais privados de origem nacional ou estrangeira de menor porte. Os controles financeiro e de mercado, muito mais do que a tecnologia, parecem ser as alavancas estratégicas nesta etapa de relativa estagnação internacional, em que as principais inovações tecnológicas já se encontram difundidas.[20]

Entretanto não se deve descartar a hipótese mais otimista de uma "renacionalização" parcial de algumas empresas internacionais em setores onde, premidos pela concorrência e por uma possível política econômica alternativa, encontrem condições relativas mais favoráveis para rever suas práticas rígidas de controle e tentar recolocar-se num mercado de grandes dimensões e com boas perspectivas de expansão a longo prazo.

---

20. Estamos nos referindo a "inovações" no sentido schumpeteriano de introdução de novas maneiras de produzir ou diferenciar os produtos, e controlar os mercados, isto é, novos modos de praticar a concorrência intercapitalista e não os avanços mundiais já realizados ou em processos de gestação do "progresso técnico".

A liquidez geral da economia e a crise financeira[1]

Maria da Conceição Tavares

Os mecanismos de criação de liquidez

As reformas bancária e financeira de 1966-1968 permitiram o estabelecimento de duas formas "separadas" de dinheiro. O dinheiro de curso forçado – o papel-moeda e os depósitos à vista (os meios de pagamento que se desvalorizam sem parar) – e o "dinheiro financeiro", que cumpre em forma separada as demais funções do dinheiro. Com o instrumento da "correção monetária" aplicado de forma generalizada a todos os ativos financeiros, este "dinheiro" tem uma nova unidade de conta, que chamaremos indiscriminadamente de UPC. Como o próprio nome indica, a "unidade padrão de capital" destina-se a manter o "capital-dinheiro" valorizado a partir de um padrão arbitrado pelo Estado. Esta forma de medir o dinheiro, antes reservada ao Sistema Financeiro de Habitação, se generalizou de tal modo que todos os saldos líquidos relevantes se mantêm sob esta forma corrigida. Esta forma destina-se a permitir que o dinheiro cumpra as outras funções que lhe dão substância como "capital" – a função de reserva de valor e instrumento de valorização de si mesmo.

A combinação destas duas "formas" de dinheiro permitiu pela primeira vez, desde que a inflação se tornou crônica, e até 1976, que se assegurasse a função de instrumento geral e *ampliado* de crédito. Vale dizer, permitiu que o crédito (a dívida) cresça, assim, muitíssimo mais que o produto, em termos reais, durante toda a etapa de expansão recente, jogando um papel de amplificador do ciclo e de instrumento de acumulação financeira.

Na verdade, o "crédito" era sempre tradicionalmente "escasso", crescendo lentamente, a par, ou menos que o PIB. Isto pode ser constatado pela obser-

---

1. Extraído do livro: TAVARES, Maria da Conceição. "O sistema financeiro brasileiro e o ciclo de expansão recente". In: BELLUZO, L. G. de M.; COUTINHO, Renata (orgs.). *Desenvolvimento Capitalista no Brasil – Ensaios sobre a Crise*, 4ª ed. v. 2. Campinas: Unicamp, 1998.

202 Maria da Conceição Tavares: vida, ideias, teorias e políticas

vação de qualquer série histórica do sistema bancário brasileiro deflacionada pelo índice geral de preços.[2] Com a reforma e a política financeira subsequente, o crédito tornou-se não só abundante como particularmente "ampliado" no ciclo de expansão, para só tornar-se particularmente "escasso" numa forma que não é normal em qualquer crise.

A crise de crédito normal é a que ocorre quando se contrai o ritmo de produção e do investimento produtivo e se acelera a inflação. Neste caso, a quantidade de meios de pagamentos requeridos pela geração da renda nacional, isto é, pelas transações reais, diminui, mas aumenta a preferência pela liquidez para fins especulativos e também a demanda de crédito por parte de todos os agentes econômicos, para reciclar as suas dívidas acumuladas. Ambos os fenômenos impõem uma pressão contínua pela renovação de papéis e, portanto, pela ampliação da dívida "secundária", com base no desdobramento dos títulos primários, que é sancionada pelo sistema financeiro, a taxas de juros crescentes.

Esta seria a forma que tomaria a crise de crédito brasileira, não fosse o caráter peculiar do funcionamento do nosso mercado financeiro. A crise brasileira de crédito é mais grave, já que envolve, como foi dito, a existência de dois dinheiros e a operação de dois mercados: o mercado bancário, que tem como base os depósitos à vista e a expansão dos meios de pagamento; e o mercado financeiro, que tem como base alguns títulos financeiros especiais e a circulação endógena do "dinheiro financeiro". Isso faz com que numa das órbitas do sistema, a financeira, haja "excesso" de dinheiro, que é preciso aplicar continuamente para render mais dinheiro – a valorização fictícia do capital-dinheiro – e na outra órbita, a "monetária", falte dinheiro (meios de pagamento) para liquidar e refazer permanentemente as dívidas crescentes de todos os agentes "extrabancários", que não têm o poder legal de emitir títulos financeiros negociáveis no "mercado aberto" de valores. A dívida não negociável, por exemplo, a dívida interempresas e interpessoal, também aumenta, mas seus limites estão dados pelas possibilidades de circulação da renda e da produção. O conjunto do sistema produtivo, para expandir o seu crédito em termos reais, tem de emitir *novos* títulos de dívida primária descontáveis no sistema financeiro: títulos mercantis (duplicatas, letras de câmbio), pessoais (notas promissórias), ou patrimoniais (hipotecas). Ou seja, a dívida *direta* tem como limite a garantia *real* da produção, do consumo e do patrimônio, não podendo estender-se além

---

2. A série de empréstimos ao setor privado, do sistema bancário em termos reais, se mantém com uma tendência constante desde o início da década de 1950 até 1967.

deles. Assim, não pode estender-se na crise, já que o volume das emissões de novos títulos de dívida primária das famílias e das empresas diminui para dar lugar à renovação do violento estoque de dívida contraída no auge. Já a dívida indireta, baseada em títulos financeiros com apoio na dívida pública e interfinanceira, não tem limite algum, salvo a credibilidade e o "poder" do sistema financeiro ante a si mesmo e ante às autoridades monetárias.

Esta "credibilidade" e este "poder" foram alargados de uma maneira extremamente elástica e "irresponsável" pela forma especial de operação do nosso sistema financeiro, e tornam-se problemáticos na crise.

Antes, porém, de examinar a crise financeira, vejamos como opera o "mercado aberto" de dinheiro, criando liquidez financeira. Esta adquire forma especial no Brasil, que convém explicar com algum detalhe para se entender os problemas monetários e financeiros recentes.

A liquidez financeira decorre do volume de títulos financeiros "liquidáveis" a curtíssimo prazo no mercado financeiro, que aumenta fortemente a velocidade de circulação dos títulos primários e secundários da dívida pública e privada. Depende em particular da capacidade de alguns títulos serem mais bem-aceitos no mercado por terem sua "liquidez real" garantida, em particular as Letras do Tesouro e os Certificados de Depósito Bancário. Estes são os títulos que mais têm crescido ultimamente, por essa razão.

O risco nulo, a liquidez garantida e a proteção contra a inflação (através da correção monetária) tornam os papéis emitidos pelo governo um ativo financeiro de primeira linha. Em função disso, esses títulos servem de garantia para todas as operações de curtíssimo prazo (o chamado *overnight*). Ao mesmo tempo, a taxa de remuneração implícita desses títulos (deságio mais correção monetária e juros) deveria regular a taxa mínima de rentabilidade para as aplicações financeiras em geral e, consequentemente, o custo do dinheiro. Por isso é conhecida como a taxa básica (*prime rate*) do mercado, por assimilação com o que ocorre nos mercados internacionais de dinheiro. Na verdade, esta não é a *taxa básica* do mercado por uma série de razões "institucionais" que descrevemos a seguir.

Desde a instituição da "carta de recompra", tornou-se possível converter quaisquer títulos financeiros de dívida *direta* em indireta. A passagem dos títulos das instituições emissoras para as grandes corretoras permite "picar" no mercado aberto, através de qualquer corretora menor, uma grande massa de títulos de qualquer prazo de maturação. Todos estes títulos ficam "líquidos" no mercado, de uma forma perversa, já que podem ser negociados com *desá-*

204 Maria da Conceição Tavares: vida, ideias, teorias e políticas

gios sucessivos, aumentando a circulação acelerada de papéis e subindo a taxa de desconto global de qualquer papel. É neste sentido que perde totalmente o seu significado o conceito de *prime rate*. A circulação financeira destes títulos cria um mercado de "dinheiro endógeno" ao sistema financeiro, um dinheiro propriamente financeiro, que pode especular à vontade, valorizando-se a si mesmo.[3] Essa valorização se dá nas operações sucessivas de repasse dos títulos, graças ao compromisso de recompra, mas, sobretudo, graças à confiança *em última instância nas operações de cobertura do Banco Central*. Este, por sua vez, dá respaldo às operações financeiras do *open market*, supostamente, para manter a respeitabilidade e o poder financeiro das instituições emissoras dos títulos originais. Estas "por princípio", embora não de fato (como alguns casos notórios comprovam), estariam obrigadas a honrar suas firmas em qualquer emergência que obrigasse a liquidação efetiva de seus títulos originários, sob pena de criar o caos no mercado financeiro.

Na verdade, por este mecanismo de "confiança irrestrita", tanto o sistema bancário como o banco emissor (o Banco Central) são obrigados a proceder à cobertura final de todo o movimento financeiro diário, para converter o saldo deste "novo dinheiro" no "velho dinheiro" de curso forçado – os meios de pagamento – sob pena de quebra da "credibilidade" do mercado. Desta forma, os papéis que servem de base à circulação financeira são duplamente *sem risco*.

As Letras do Tesouro, sobretudo depois que o aumento da dívida pública obrigou à emissão maciça destes títulos, para repor o serviço dos títulos lançados previamente como contrapartida da dívida externa, tornaram-se instrumento básico da especulação.

A expansão descontrolada da dívida externa tem funcionado como mecanismo de reforço e de crescimento deste circuito financeiro de curto prazo. A necessidade de conseguir novos recursos externos, para pagar os juros e amortizar o principal da dívida externa já contraída, obriga à manutenção de taxas de juros internos muito elevadas, de modo que se torne vantajoso para as empresas internacionais e bancos brasileiros tomar dinheiro em grandes volumes no exterior. O fluxo crescente de dólares, acima das necessidades imediatas, obriga o governo a desembolsar cruzeiros para cobrir o saldo das operações externas. Para evitar a emissão pura e simples de papel-moeda, o

---

3. A este respeito é de notável clareza a declaração do professor Otávio G. de Bulhões à *Gazeta Mercantil* (15 dez. 1976). A garantia de plena liquidez e rentabilidade às aplicações, através dos compromissos de recompra e a redução dos prazos de negociações, acabaram por gerar pressões inflacionárias. Os títulos se transformaram em meios de pagamento.

Banco Central coloca títulos públicos no mercado financeiro (com deságio atraente) obtendo, assim, os cruzeiros necessários para cobrir os saldos daquelas operações externas. Conjugam-se aí taxas elevadas de juros com expansão da dívida interna, cujos títulos se tornam ainda mais atraentes como refúgio para os recursos ociosos das grandes empresas e dos bancos.

Julgando "enxugar" com esta operação a liquidez "excessiva" proveniente da ampliação da chamada "base monetária externa", se está em realidade criando uma máquina especulativa montada na esquizofrenia dos dois dinheiros – os meios de pagamento e o dinheiro financeiro –, que passa a ter como "base interna" os títulos do tesouro. Converte-se a "liquidez real" em "liquidez financeira" e obriga-se todos os agentes econômicos com saldos líquidos a optar por esta forma de dinheiro monetário e de crédito corrente.

Na espiral do circuito especulativo, o próprio mercado financeiro acaba por não dispor de meios de pagamento suficientes para a liquidação periódica de papéis. A "liquidez real" torna-se insuficiente para a valorização desenfreada do "dinheiro financeiro". Pede-se de volta ao Banco Central que sancione o "valor" dos títulos da dívida pública, emitindo meios de pagamento e permitindo assim a retomada da "liquidez financeira", para que o ritual da circulação especulativa se cumpra.

A liquidez real da economia continua, porém, caindo, já que o "dinheiro velho", crescentemente desvalorizado, não pode concorrer com o poder do "dinheiro novo", que se nutre da aceleração inflacionária e a promove.

O crédito corrente é retalhado e concedido cada vez mais caro, apenas para os clientes seguros. Os meios de pagamento não conseguem correr a par com os preços, nem conseguem acompanhar a "liquidez" financeira dos títulos. Assim, a crise de crédito se torna geral e permanente.

A crise financeira e a política monetária

Esta "esquizofrenia" do dinheiro foi a forma histórica, especificamente brasileira, de resolver o problema da "unidade das funções do dinheiro" em situação inflacionária crônica.[4] Estas funções, em geral, só se "separam" na crise quando se desfaz a unidade entre as órbitas produtivas e a circulação financeira do capital.

---

4. Estamos utilizando o termo "esquizofrenia", em vez de clássica dicotomia do dinheiro, dada a característica intrinsecamente dual da qual advém o funcionamento patológico do nosso mercado de dinheiro.

206 Maria da Conceição Tavares: vida, ideias, teorias e políticas

No Brasil foi deliberadamente produzida uma nova separação *na própria órbita da circulação financeira do capital*. Criaram-se assim dois sistemas de medida para o dinheiro: uma medida elástica, que é a habitual e que permite a sua desvalorização progressiva através do movimento dos preços, e outra rígida, "arbitrária", que é a "correção monetária" que determina o "valor legal" do dinheiro. Porém, as duas medidas só estão separadas enquanto mecanismo de criação de dinheiro interno a cada órbita (a monetária e a financeira). Mas *a circulação geral do dinheiro* se dá necessariamente entre ambas. O governo precisa, pois, fazer obrigatoriamente uma "política monetária" que sancione a existência legal de ambas as medidas de dinheiro. Este é um mecanismo que sanciona a *"esquizofrenia permanente do dinheiro"* e torna a política monetária um *boomerang*.

Vamos descrever, uma vez mais, o movimento completo da especulação e o papel amplificador desempenhado pela política monetária.

O circuito financeiro anteriormente descrito tem seu primeiro movimento na emissão de títulos primários da dívida pública que se destinam a aceitar os "desequilíbrios" nas contas monetárias do Tesouro, particularmente aqueles provenientes do endividamento externo. A correlação entre o crescimento da dívida interna e a expansão do endividamento externo se mantém de 1968 até 1974. Tanto o peso quanto o incremento de ambas as dívidas revelam uma "boa" absorção financeira do crédito externo até 1974, embora à custa da manutenção de um diferencial de taxas de juros (entre o mercado financeiro e o mercado de eurodólares).

A partir de 1974, com o aprofundamento da crise de liquidez internacional e o agravamento da recessão interna, os dois movimentos se separam, havendo evasão líquida de dívidas. Inicia-se, então, um movimento "autônomo", de Letras do Tesouro, tanto frente às obrigações de resgate da dívida primária pública já emitida, quanto para compensar os desequilíbrios temporários de caixa do Tesouro, provenientes da crise de crédito geral que acompanha inexoravelmente a recessão.[5]

Este movimento autônomo das Letras do Tesouro termina por se converter numa engrenagem em que, a cada volta da política monetária, quer na direção de

---

5. As autoridades monetárias começaram a tomar sucessivas medidas *ad hoc* que vão do "refinanciamento compensatório" com juros subsidiados, para os bancos de 1975, a permissão de compensar a elevação de depósito compulsório dos bancos com maiores recolhimentos em ORTN, até a tentativa de limitar a "liquidez financeira" através da regulamentação das cartas de recompra.

"encurtamento" quer na da expansão da liquidez real, produz-se inexoravelmente um reforçamento dos mecanismos de especulação e de aceleração inflacionária.

Este circuito especulativo representa um dos mecanismos mais perversos de aceleração inflacionária. Isto porque, ao estimar a rentabilidade de qualquer aplicação financeira, os agentes calculam uma taxa de inflação futura, em geral superior à inflação corrente.

Neste sentido se produz uma diferenciação das taxas de juros nos diversos mercados, que tem como *taxa mínima* a taxa de deságio a que é colocada a emissão primária dos títulos públicos. A especulação em cadeia com esses títulos e com os demais títulos privados (em particular os CDB) faz subir a taxa de juros média do sistema financeiro, canalizando para ele o *excesso* de liquidez bancária, quaisquer que sejam os coeficientes de reservas compulsórias impostos pelo governo.[6]

Isso torna o crédito corrente mais caro, elevando a taxa média do custo do dinheiro bancário, já que, como foi dito, apesar de "separados", os dois mercados são comunicantes.

As taxas de juros bancários mais elevadas pressionam os custos das empresas, que tendem a transferir estas pressões para os preços. Desta maneira a inflação se acelera e com isso, no momento seguinte, crescem as exigências de liquidez real para manter o volume de capital de giro e, portanto, o nível da atividade produtiva. Mas, diante do recrudescimento da inflação, o governo reage tentando encurtar o crédito e, assim, ao invés de apagar o fogo, acaba botando mais lenha na fogueira. Isto porque as empresas deficitárias, obstadas em sua procura de dinheiro, são obrigadas a recorrer ao mercado financeiro, pressionando as taxas de juros, cujo patamar já é bastante elevado. Por outro lado, as empresas e demais entidades superavitárias, diante da elevação da taxa de juros, deslocam seus saldos correntes para o mercado especulativo. A tentativa do governo de conter o crédito é, portanto, anulada pelo aumento da velocidade de circulação financeira de curtíssimo prazo, realizada no sistema extrabancário.

Mas este movimento teria vida curta não fosse o fato de que o cancelamento das posições ativas e passivas dos agentes envolvidos na especulação acaba pressionando o mercado interbancário e forçando o sistema bancário,

---

6. Como um ilustre banqueiro nacional reconheceu recentemente, o aperto da liquidez bancária só faz agravar a situação, tanto de "escassez de crédito" quanto da "elevação da taxa de juros" e da especulação.

208   Maria da Conceição Tavares: vida, ideias, teorias e políticas

em seu conjunto, a exigir do Banco Central uma expansão monetária não prevista, sob pena de inadimplência *generalizada*. Neste sentido, a ideia de uma *base monetária autônoma* perde qualquer *significado*, passando a moeda endógena (dinheiro criado no interior do sistema financeiro) a regular não só o volume de liquidez como também seu preço.

Nestas circunstâncias, o "orçamento monetário", que deveria refletir a situação predominantemente deficitária ou superavitária das diversas entidades econômicas (empresas, orçamento fiscal, conta com o exterior), acaba se transformando numa "caixa-preta", onde estouram pressões de toda ordem. Explicando melhor: as empresas e o governo (interna e externamente) contraem débitos e avançam posições financeiras sem que as situações credoras e devedoras destes agentes, ao contrário do que poderiam imaginar os cultores da boa lógica, reflitam déficits ou superávits nas transações reais. De há muito o crescimento da dívida externa, da dívida pública interna e da própria dívida das empresas deixou de ser um indicador seguro da necessidade real de recursos e se tornou, ao contrário, uma pura manifestação especulativa, de natureza estritamente financeira. Assim, não se sabe mais o que representa o orçamento monetário, salvo o registro de um infernal jogo contábil que na verdade não significa nada.

O fracasso da política monetária do governo tem sua origem mais profunda na "dualidade" do dinheiro, separado arbitrariamente em suas funções clássicas. Prossegue com a tentativa de "enxugar" a liquidez oriunda da emissão de dívida externa e é impotente para frear a capacidade de autoexpansão do circuito financeiro. O movimento especulativo é agravado pela emissão crescente de novos títulos, necessários para atender ao próprio giro da dívida interna, cujos prazos de maturação se têm encurtado.[7] As emissões de novos títulos para fazer frente ao serviço da dívida interna (resgate mais juros e correção monetária) chegam a cerca de 33% do volume global acumulado e, todavia, se pretende tornar compatíveis a política monetária e a financeira!

Este modo "específico" de operação do sistema monetário financeiro acabou por se traduzir num mecanismo absolutamente distorcido, que premia a especulação, recorta arbitrariamente o crédito corrente e penaliza o investimento produtivo, já por si deprimido, cujo horizonte de cálculo econômico desaparece no nevoeiro da "preferência pela liquidez" sancionada de forma corrente pelo próprio efeito de *boomerang* da política monetária.

---

7. A circulação intrafinanceira das Letras do Tesouro alcançou uma velocidade de 14 giros num mês útil de 22 dias (junho de 1978).

O apego a "velhos rituais" da "teoria monetária convencional" (que nunca foi imaginada para lidar com tais situações-limite) continua vendo na expansão do crédito do Banco do Brasil e no gasto fiscal do governo a fonte primária da inflação! Felizmente o governo, apesar de preso numa "armadilha da liquidez" muito especial, da qual não conseguirá sair sem um reajuste profundo de todo o sistema financeiro nacional e internacional, consegue ter a lucidez suficiente para resistir a este tipo de pressões suicidas, ou de declarações "autojustificatórias" do setor financeiro. Só não consegue deixar de aplaudir o coro dos que culpam os reajustes salariais e de buscar cada vez com maior "ânsia", embora reconhecendo certa "impotência", controlar a "base monetária".[8]

Como é óbvio, nem o Banco Central nem o ministro da Fazenda, por mais iluminados que sejam, podem lidar com este "problema permanente" que se agrava com os outros dois problemas atuais: o da operação monetária das contas externas e a desaceleração econômica. Assim, quando se produz uma "crise de crédito corrente" com as características descritas, a grita aumenta inexoravelmente contra o governo e contra os banqueiros. O jogo de espelhos projeta a raiva e a impotência dos que vivem do dinheiro antigo – os prosaicos meios de pagamento – como um imenso refletor sobre os banqueiros, convertidos em "inimigo número um" da sociedade. Os empresários se convertem de sócios em inimigos dos banqueiros. Os banqueiros se defendem e culpam o governo. O ministro da Fazenda culpa os economistas de todos os matizes e tenta explicar a "armadilha do dinheiro". Pergunta a seu antigo mestre se ele quer que se coloque em "caixas separadas" o dinheiro que vem de cada procedência, no que demonstra perceber a natureza "unitária" do dinheiro. Tenta periodicamente congelar os saldos em divisas para não ser obrigado a emitir, tenta controlar a "liquidez financeira". Tenta apertar esta, para depois descobrir que a taxa de juros sobe. Desiste de controlar a taxa de juros, desiste de controlar o "crédito interbancário", desiste de controlar a "dívida externa", mas não desiste de querer controlar os "meios de pagamento" – a

---

8. Como dizia o presidente do Banco Central de um país latino-americano depois convertido em funcionário do FMI, pode-se deixar tudo para conviver com a inflação, menos o dinheiro-*meio de pagamento*. Este torna-se necessariamente "escasso" quando a inflação se acelera e a especulação campeia. Assim, esta mágica brasileira que deixou o professor Friedman maravilhado e o levou a tentar discutir sua aplicação na economia americana, foi repudiada pelos "sérios banqueiros internacionais" que nunca levam a sério o professor Friedman, salvo como seu ideólogo. Eles preferem continuar a "impor o seu padrão monetário internacional" ainda que desvalorizado, através de outras formas de hegemonia, do que legalizar esta forma de "valorização" arbitrária que esbarraria com muito maiores resistências no poder dos outros padrões monetários.

Maria da Conceição Tavares: vida, ideias, teorias e políticas

malfadada "oferta de moeda" – através do seu instrumento preferido de política monetária – as Letras do Tesouro, que são, na prática, o instrumento número um da especulação. Assim a "esquizofrenia" aumenta! Tenta controlar os meios de pagamento que são a expressão mesma da circulação e que se autolimitam na produção e no gasto de bens e serviços – e atribuir-se-lhes o excesso de "demanda efetiva" que provoca a inflação. Sanciona-se a "preferência pela liquidez" e o aumento da "demanda especulativa por dinheiro", entregando-se aos financistas o seu instrumento favorito para criar dinheiro interno. Aumenta-se os "depósitos compulsórios" dos bancos e aperta-se as faixas de crédito do Banco do Brasil, para evitar que os clientes favoritos usem o seu dinheiro legal para negociar com outro dinheiro, também legal, e que lhes rende muito mais. Busca-se através do controle da moeda "má" evitar que a "boa" se perverta, sem desconfiar que ambas estão casadas, indissoluvelmente, já que o negócio de dinheiro é um só, e é o negócio dos bancos. Todo mundo acaba se convertendo em cortesão do "dinheiro financeiro", fugindo do "mau dinheiro" como das brasas, para reencontrarem-se todos no caldeirão fervente da especulação e da desvalorização de todos os dinheiros. Nem liquidez monetária, nem liquidez financeira!

Referências

CEPAL. O desenvolvimento recente do sistema financeiro da América Latina. *In:* SERRA, J. (ed.). *América Latina;* ensaios de interpretação econômica. Rio de Janeiro: Paz e Terra, 1976.

COUTINHO, L.; BELLUZZO, L. G. M. O desenvolvimento do capitalismo avançado e reorganização da economia mundial do pós-guerra. *Estudos Cebrap*, São Paulo, n. 22, 1978.

_____. REICHSTUL, H. P. O setor produtivo estatal e o ciclo. *In:* MARTINS, C. E. (org.). *Estado e capitalismo no Brasil*. São Paulo: Hucitec, 1977.

DAIN, S. Empresa estatal e política econômica no Brasil. *In:* MARTINS, C. E. (org.). *Estado e capitalismo no Brasil*. São Paulo: Hucitec, 1977.

TAVARES, M. C. *Da substituição das importações ao capitalismo financeiro*. Rio de Janeiro: Zahar, 1972.

PARTE 3
FASE UFRJ

A retomada da hegemonia norte-americana[1,2]

Maria da Conceição Tavares

A forma insólita e pouco ortodoxa em que vem apresentada esta discussão sobre 'Hegemonia Americana' deve-se ao longo período e aos frequentes desvios com que a discussão acadêmica, política e ideológica tem tratado do assunto e à minha obsessão recorrente cada vez que o debate e a própria realidade político-econômica apresentam movimentos contraditórios. Resolvi, por isso, contribuir para a tarefa coletiva de construção deste livro juntando os cacos de minhas reflexões, desde 1984 até agora, sobre a hierarquia das relações internacionais do ponto de vista da predominância política e econômica da potência hegemônica. Dele participam duas gerações de economistas políticos que compartilham uma perspectiva histórico-estrutural acerca de nosso objetivo, companheiros de longa jornada na resistência intelectual ao pensamento dominante, mas com trajetórias próprias e diferenciadas de vida e de pensamento crítico.

---

1. Extraído do livro: TAVARES, Maria da Conceição e FIORI, José Luis (orgs.). Poder e dinheiro: uma economia política da globalização. 2ª. ed. Petrópolis: Vozes, 1997. p. 27-53.

2. *A primeira versão deste artigo saiu simultaneamente na *Revista de Economia Política* – 18, v. 5, n. 2, abril/junho de 1985 e na *Revista de la Cepal*, n.26, agosto de 1985, sendo que o debate de setembro de 1984, que lhe deu origem, foi publicado em HIRST, Monica (org.), "Brasil-Estados Unidos na Transição Democrática", Paz e Terra, 1985. Esta versão, mais aprofundada, consta dos textos para discussão, n. 77, julho de 1985, do IEI-UFRJ, mas nunca havia sido publicada. Houve acordo entre os participantes deste livro de que o debate sobre "Poder e Dinheiro" seria inaugurado a partir do presente texto. Apesar de já haver passado mais de dez anos desde sua aparição, pareceu-nos a todos que a visão originária do presente artigo – de que a capacidade da potência dominante para enquadrar parceiros e adversários com base em seu controle do poder e do dinheiro – continua sendo central para a compreensão dos movimentos recentes da economia e da política internacional. Esta perspectiva central é desenvolvida nos vários textos deste volume, a começar pela versão "revisitada" da discussão sobre hegemonia americana que se segue imediatamente ao presente texto e na qual se busca delinear uma definição atualizada dos termos em que se encontra hoje a questão.

214 Maria da Conceição Tavares: vida, ideias, teorias e políticas

Em seminários irregulares que mantivemos no Rio, nos intervalos de minha militância política, chegamos à conclusão que a minha contribuição seria mais útil se começasse pela apresentação da segunda versão da 'Retomada da Hegemonia Americana' e que nunca havia sido publicada. Segue-se uma versão 'revisitada' em que, numa discussão que mantive com Luiz Eduardo Melin durante o mês de junho de 1997, buscamos delinear uma definição atualizada dos termos em que se encontra hoje o problema.

A questão da hegemonia é muito mais complexa do que os indicadores econômicos mais evidentes são capazes de demonstrar. Convém assim advertir desde logo, para evitar mal-entendidos, que nossa hipótese de retomada da hegemonia americana não passa por sustentar que a *performance* de valorização do dólar e a taxa de crescimento interno americana se mantenham.

O fulcro do problema não reside sequer no maior poder econômico e militar da potência dominante, mas sim na sua capacidade de enquadramento econômico, financeiro e político-ideológico de seus parceiros e adversários. Este poder deve-se menos à pressão transnacional de seus bancos e corporações em espaços locais de operação, do que uma visão estratégica da elite financeira e militar americana que se reforçou com a vitória de Reagan. Em verdade, seus sócios ou rivais capitalistas são compelidos, não apenas a submeter-se, mas a racionalizar a visão dominante como sendo a "única possível". Esta racionalização vem passando em matéria de política econômica pela aceitação de um ajuste recessivo que corresponde a uma sincronização da política econômica e da ideologia conservadoras sem precedentes. Em termos estratégicos e militares, passa por uma visão de "guerra" em que se reconhecem que os interesses gerais da esperança mundial estão no substancial bem defendidos pela grande potência americana. Vale dizer, significa a aceitação da política mundial que o Presidente Reagan afinal não é um "louco", mas um "homem resoluto" que se impôs aos seus adversários e que está dando a "linha justa" para o resto do mundo capitalista.

O que este ensaio pretende demonstrar é como esta vitória "político-ideológica" foi precedida por um reenquadramento por parte do governo americano do movimento policêntrico que vinha tendo lugar a partir da transnacionalização dos capitais de origem norte-americana.[3]

A outra questão que corre paralela à da retomada da hegemonia, mas é de natureza mais profunda e cujas tendências ainda não estão claras, diz res-

---

3. Para o que considerarmos os traços essenciais desse movimento de transnacionalização, ver Gilpin (1975) e M. C.Tavares e A. Teixeira (1981).

peito à tendência a uma nova divisão internacional do trabalho em que os Estados Unidos passariam realmente a ser uma potência verdadeiramente cêntrica capaz de reordenar a economia mundial, com base num novo tipo de transnacionalização da sua própria economia nacional.

Até recentemente não era razoável supor que os Estados Unidos conseguissem reafirmar sua hegemonia sobre seus concorrentes ocidentais e muito menos tentar transitar para uma nova ordem econômica internacional e para uma nova divisão de trabalho sob seu comando. Hoje essa probabilidade é bastante alta.

Até o final da década de 1970, não era previsível que os Estados Unidos fossem capazes de enquadrar dois países que tinham uma importância estratégica na ordem capitalista: o Japão e a Alemanha. Se os Estados Unidos não tivessem conseguido submeter a economia privada japonesa ao seu jogo de interesses e se as políticas inglesa e alemã não fossem tão conservadoras, os Estados Unidos teriam enfrentado dois blocos com pretensões europeias e asiáticas de independência econômica. Deve-se salientar que, àquela altura, os interesses em jogo eram tão visivelmente contraditórios que as tendências mundiais eram policêntricas e parecia impossível aos Estados Unidos conseguir reafirmar sua hegemonia, embora continuassem a ser potência dominante.

Outras circunstâncias gerais que se tornaram manifestas na década de 1970 pareciam colaborar para esta tese. O sistema bancário privado operava totalmente fora de controle dos bancos centrais, em particular do FED. O subsistema de filiais transnacionais operava divisões regionais de trabalho intrafirma, à revelia dos interesses nacionais americanos, e conduziam a um acirramento da concorrência no interior dos demais países capitalistas que era favorável à modernização e expansão europeia e japonesa e desfavorável aos Estados Unidos. Em síntese, a existência de uma economia mundial sem polo hegemônico estava levando à desestruturação da ordem vigente no pós-guerra e à descentralização dos interesses privados e regionais.

Os desdobramentos da política econômica interna e externa dos Estados Unidos, de 1979 para cá, foram no sentido de reverter estas tendências e retomar o controle financeiro internacional através da chamada diplomacia do dólar forte. Esta, como se verá, apesar de mergulhar o mundo numa recessão generalizada deu aos Estados Unidos a capacidade de retomar a iniciativa. Assim, os destinos da economia mundial encontram-se hoje, mais do que nunca, na dependência das ações da potência hegemônica.

A diplomacia do dólar forte

O sistema monetário internacional com base no padrão dólar-ouro nunca funcionou a contento, como tão bem previra Triffin (1958). A rigor, depois da etapa de "escassez de dólares", que terminou com a criação do Mercado Comum Europeu, o sistema de Bretton Woods só se manteve em funcionamento razoável, do ponto de vista do balanço de pagamentos dos seus principais países-membros, porque o bloco europeu conseguiu compensar intrarregionalmente as posições superavitárias de um conjunto de países com as deficitárias de outros, através do mercado de euromoedas. Do ponto de vista do "Sistema Monetário Internacional", porém, o dólar só foi aceito como moeda de reservas – apesar de sua nítida tendência à "desvalorização" na década de 1960 – porque ocorreu a filialização dos bancos americanos e os bancos centrais europeus foram obrigados a absorver o excesso de liquidez proveniente do déficit de balanço de pagamentos americano, sob pena de paralisarem as suas políticas monetárias.[4] Do ponto de vista da valorização patrimonial, sobretudo enquanto durou o teto da taxa de juros americano (*Regulation Q*), todos os agentes americanos no exterior, em particular as suas filiais industriais e bancárias e os próprios bancos centrais europeus, passaram a usar o euromercado para operações de aplicação de curto prazo das suas reservas em dólar. Como contrapartida, a oferta de dólares se ampliou e permitiu que as empresas e os países deficitários, primeiro da Europa e depois do resto do mundo, pudessem usar créditos denominados em dólar muito além do que a expansão da base monetária dos respectivos países de origem permitia.

Depois de 1968, quando os Estados Unidos mudam sua política monetária e Londres corta a conversibilidade da libra em dólar, o mercado de crédito interbancário libera-se inteiramente do padrão monetário e de reservas dólar-ouro e passa a estabelecer o seu próprio circuito supranacional de crédito, com uma liquidez abundante e crescente, inteiramente fora de controle das autoridades monetárias e sem qualquer relação aparente como déficit de balanço de pagamentos americano.[5] O sistema monetário internacional tinha seus dias contados e as crises monetário-cambiais de 1971 a 1973 só fizeram proclamar oficialmente o seu falecimento. Em contrapartida, tinha-se desen-

---

4. Para uma visão descritiva da Evolução do Sistema Monetário Internacional até as crises recentes, ver Moffitt (1983).
5. Para uma crítica interessante à visão convencional de balanço de pagamentos, ver Aliber (1979), particularmente o capítulo 8 *"The Dollar and Coca-cola Are Both Brand Names"*.

volvido à sombra do padrão dólar (inicialmente através do movimento intraeuropeu de comércio, seguido pela fuga de capitais americanos para o euromercado) um florescente mercado privado de crédito que alimentou o último auge da expansão da economia mundial que se encerra entre 1973-1974.

A especulação em moedas, que se desata depois da ruptura do sistema de paridades fixas, torna inoperantes os mecanismos de ajustamento monetário do balanço de pagamentos. Esta nova situação de desequilíbrio monetário e cambial, à qual se agrega o excedente de petrodólares, permite uma expansão ainda maior do mercado interbancário. Este escapa inteiramente ao controle do núcleo constituído pelo oligopólio dos vinte maiores bancos e das duzentas maiores empresas multinacionais que tinham Londres como mercado principal. Produz-se assim uma expansão adicional do circuito interbancário à qual iriam juntar-se centenas de bancos menores das mais diversas procedências que se abrigam nos mercados *offshore* nos chamados paraísos fiscais. Os movimentos especulativos de capitais sempre denominados em dólar, que dão lugar a um *non-system*, continuam minando o dólar como moeda reserva, desestabilizam periodicamente a libra e fortalecem o marco e o iene como moedas internacionais. Assim, a ordem monetária internacional caminha rapidamente para o caos, sobretudo depois do primeiro choque de petrodólares e da política recessiva americana de 1974.

As tentativas do FMI de implementar uma nova ordem monetária internacional que lhe permitisse operar uma cesta de moedas, respaldando os Direitos Especiais de Saque (SDR) – com base em maiores contribuições dos principais países de moeda reserva –, tinham sido barradas sistematicamente pelos Estados Unidos e a Inglaterra, não tendo encontrado apoio igualmente na Alemanha e no Japão. Aos poucos, porém, o volume do crédito interbancário e da dívida final dos tomadores do Terceiro Mundo e da área socialista começou a aumentar a sensação de "risco crescente" por parte dos bancos centrais de países superavitários e deficitários. Estes haviam perdido completamente o controle de sua situação final de balanço de pagamentos, graças aos movimentos bruscos de especulação em moedas. Esta situação acabou levando a maioria dos países capitalistas, com a única exceção dos Estados Unidos e da Inglaterra, a apoiar o FMI para medidas decisivas na direção de um maior controle público do sistema financeiro internacional.

Na reunião mundial do FMI de 1979, Mr. Volcker, presidente do FED, retirou-se ostensivamente, foi para os Estados Unidos e de lá declarou ao

218 Maria da Conceição Tavares: vida, ideias, teorias e políticas

mundo que estava contra as propostas do FMI e dos demais países-membros, que tendiam a manter o dólar desvalorizado e a implementar um novo padrão monetário internacional. Volcker aduziu que o FMI poderia propor o que desejasse, mas os Estados Unidos não permitiriam que o dólar continuasse desvalorizado tal como vinha ocorrendo desde 1971 e em particular depois de 1973, com a ruptura do Smithsonian Agreement. A partir desta reviravolta, Volcker subiu violentamente a taxa de juros interna e declarou que o dólar manteria sua situação de padrão internacional e que a hegemonia da moeda americana iria ser restaurada. Esta diplomacia do dólar forte custou aos Estados Unidos mergulhar a si mesmos e a economia mundial numa recessão contínua por três anos. Quebraram inclusive várias grandes empresas e alguns bancos americanos, além de submeterem a própria economia americana a uma violenta tensão estrutural. O início da recessão americana e a violenta elevação da taxa de juros pesaram decisivamente na derrota popular de Carter. Além disso, levaram à beira da bancarrota os países devedores, e forçaram os demais países capitalistas a um ajuste recessivo, sincronizado com a política americana.

Por outro lado, ao manter uma política monetária dura e forçar uma sobrevalorização do dólar, o FED retomou na prática o controle dos seus próprios bancos e do resto do sistema bancário privado internacional, e articulou em seu proveito os interesses do rebanho disperso. De fato, esse sistema, a partir da reviravolta de Volcker, seguida da quebra da Polônia, foi obrigado em primeiro lugar a contrair o crédito quase que instantaneamente, diminuindo o ritmo das operações no mercado interbancário. Este só se manteve sem quebras mais significativas graças à substituição drástica de posições, ocupadas rapidamente pelos bancos norte-americanos.[6] A redução dos empréstimos foi ainda mais violenta, sobretudo para países da periferia, depois da crise do México, pois nesta ocasião o sistema bancário privado reagiu em pânico e refugiou-se nas grandes praças financeiras. A partir daí o sistema de crédito interbancário orientou-se decisivamente para os Estados Unidos, e o sistema bancário passou a ficar sob o controle da política monetária do FED, que dita as regras do jogo. As flutuações da taxa de juros e de câmbio ficaram novamente amarradas ao dólar, e através delas o movimento da liquidez in-

---

6. Os Bancos Americanos, que detinham em 1980 cerca de 17% dos fluxos brutos de empréstimos bancários internacionais, chegaram a quase 93% do total no 1º semestre de 1982, antes da crise mexicana (dados do BIS extraídos do IMF Survey 13/12/82) – citado em Samuel Lichtensztejn, *América Latina en la dinámica de la crisis financiera internacional*.

ternacional foi posta a serviço da política fiscal americana. A partir do início dos anos 1980, todos os grandes bancos internacionais estão em Nova York, não apenas sob a *umbrella* do FED, mas também financiando obrigatoriamente – porque não há outra alternativa – o déficit fiscal americano.

Tudo isso pode parecer estranho. Mas a verdade é que hoje presenciamos a seguinte situação: os Estados Unidos apresentam um déficit fiscal de natureza estrutural cuja incompressibilidade decorre da própria política financeira e da política armamentista, ambas agressivas e "imperiais". O componente financeiro do déficit é crescente graças à mera rolagem da dívida pública americana, que alcançou em maio de 1985 cerca de 1 trilhão e 600 bilhões de dólares, cifra correspondente à cerca de 80% da circulação monetária total no mercado interbancário internacional. Essa dívida é o único instrumento que os Estados Unidos têm para realizar uma captação forçada da liquidez internacional e para canalizar o movimento do capital bancário japonês europeu para o mercado monetário americano. Por outro lado, é um instrumento de aplicação seguro e de alta rentabilidade para o excesso de recursos financeiros dos principais rentistas à escala mundial. Assim, apesar das críticas ao déficit americano, este tornou-se na prática o único elemento de estabilização temporária do mercado monetário e de crédito internacional. O preço desta "estabilidade" tem sido a submissão dos demais países à diplomacia do dólar e o ajustamento progressivo de suas políticas econômicas ao desiderato do "equilíbrio global do sistema". Evidentemente, este ajustamento não se fez sem resistência.

Até 1981 só a política econômica da Inglaterra apoiava declaradamente a moeda americana. Os japoneses mantiveram possibilidades reais de fazer uma política monetária autônoma, com baixas taxas de juros, graças às peculiaridades do seu sistema nacional de crédito e resistiram à adoção de políticas neoconservadoras apoiadas no receituário monetarista, enquanto o seu sistema financeiro não se internacionalizou. Vários outros países, como a França, a Áustria, os do Norte da Europa e até mesmo o Brasil, tentaram, cada um à sua maneira, resistir ao alinhamento automático da política econômica ortodoxa. Todos tiveram claro, de 1979 a 1981, que não deviam alinhar-se, mas apesar disso todos foram sendo submetidos. Todos os países desenvolvidos do mundo, quaisquer que sejam seus governos – socialistas, social-democratas, conservadores etc. –, estão praticamente alinhados em termos de política cambial, política de taxa de juros, política monetária e política fiscal. O resultado deste movimento é que o espectro das taxas de crescimento, das

220 Maria da Conceição Tavares: vida, ideias, teorias e políticas

taxas de câmbio e de juros passou a ser concêntrico ao desempenho destas variáveis no âmbito da economia americana.

O "equilíbrio macroeconômico" da economia mundial, dada a "dolarização" generalizada do sistema de crédito, obriga a maioria dos países a praticar políticas monetárias e fiscais restritivas e a obter superávits comerciais crescentes para compensar a situação deficitária global da potência hegemônica. Estas políticas, por sua vez, esterilizam o potencial de crescimento endógeno das economias nacionais e convertem os déficits públicos em déficits financeiros estruturais, inúteis para uma política de reativação econômica, de corte keynesiano.

Uma experiência impressionante de alinhamento às novas circunstâncias ocorreu com o Japão. Este país foi durante todo o após-guerra o mais heterodoxo em matéria de política financeira e o mais autônomo em termos de desenvolvimento econômico. Fez investimento com crédito de curto prazo e uma política monetária solta, conglomerou o seu sistema empresarial com uma estrutura de risco aparentemente impossível, fez pouco uso do mercado de ações e da dívida pública, enfim, produziu o seu próprio modelo nacional de desenvolvimento. Tentou em 1975 um plano de ajustamento interno condizente com as restrições externas, mas foi forçado progressivamente a abrir mão de seu enorme potencial de crescimento endógeno, na medida em que o seu sistema financeiro se internacionalizou. O Japão não está hoje fazendo uma política ativa de desenvolvimento interno que corresponda ao seu potencial de acumulação. Salvo em matéria de segurança mínima de sua sociedade e de modernização tecnológica, não tem mantido uma taxa de investimento elevada, correspondente à sua taxa de poupança interna. Está com a maior parte de seu capital bancário e multinacional atado aos projetos de recuperação americana, com excedentes exportáveis gigantescos, sem possibilidade de retomar sua taxa de investimento e de crescimento históricas. Isso significa que o mercado financeiro japonês está irremediavelmente atrelado ao americano, salvo um acidente de percurso que poderá ocorrer se o sistema bancário americano entrar em turbulência e o dólar desvalorizar bruscamente. Este é aliás o único ponto que ainda pode dar lugar a uma ruptura capaz de desestabilizar temporariamente a hegemonia americana.

A diplomacia do dólar já cumpriu o seu papel, soldando os interesses do capital financeiro internacional, sob comando americano. Ainda que uma desvalorização do dólar fosse provocar uma nova crise financeira internacional, os

Estados Unidos não perderão o papel reitor na reestruturação de uma possível "nova ordem financeira internacional".

Há uma diferença crucial entre a crise financeira do começo dos anos 1980 e esta que pode se desenhar no horizonte. Uma coisa é deter, nos ativos do sistema bancário internacional, dívidas, denominadas em dólar, de empresas e governos débeis. Outra coisa, completamente distinta, é deter nos porta-fólios dos bancos montantes consideráveis de dívida do Tesouro americano.

Foi a ameaça de ruptura do sistema privado de crédito por default dos países periféricos e de algumas grandes empresas que colocou sob o controle do sistema bancário americano, e em última instância do FED, o sistema financeiro internacional. Quem bancará, porém, a dívida externa americana que é hoje superior à do conjunto da América Latina? E se ela se desvalorizar bruscamente, quem vai perder?

A retomada do crescimento e a proposta hegemônica

Há algum tempo atrás, tudo levava a crer que os Estados Unidos tinham perdido a capacidade de liderar a economia mundial de uma maneira benéfica. Isso continua a ser verdade. Mas, por outro lado, os americanos, indiscutivelmente, deram, de 1979 a 1983, uma demonstração de sua capacidade maléfica de exercer sua hegemonia e de ajustar todos os países, através da recessão, ao seu desiderato. E o fizeram, está claro, com uma arrogância e com uma violência sem precedentes.

A partir de 1982 procederam à sua própria retomada de crescimento. Esta retomada tem aspectos controvertidos, tanto quanto à sua possível duração, como sobretudo pela forma como foi financiada.

Um primeiro fato que deve ser salientado é que a recuperação da economia americana foi feita com crédito de curto prazo e com endividamento crescente. Na prática, os americanos estão aplicando a mesma técnica que o Brasil e o México aplicaram recentemente e que o Japão utilizou na década dos cinquenta. Finalmente, os Estados Unidos descobriram a técnica latino-americana e japonesa de desenvolvimento: financiamento do crescimento com base em crédito de curto prazo, endividamento externo e déficit fiscal. E como sua moeda é hegemônica e sobrevalorizada, a economia americana nem inflação tem. Aliás, este é um fato que deixa os economistas espantadíssimos, pois se valesse o que dizem os monetaristas ou os keynesianos, ou qualquer

222 Maria da Conceição Tavares: vida, ideias, teorias e políticas

livro-texto tradicional, os Estados Unidos já teriam experimentado uma inflação galopante em virtude do fantástico empuxo de demanda promovido por uma técnica heterodoxa de política econômica.

Um exemplo desta heterodoxia diz respeito à política orçamentária. Os Estados Unidos praticamente estancaram o gasto em bens e serviços de utilidade pública, aumentaram o dispêndio no setor de armamentos e cortaram compensatoriamente os gastos com o *welfare*. Em síntese, trocaram as despesas em capital social básico e bem-estar social por armas e fizeram uma redistribuição de rendas em favor dos ricos. Além disso, reduziram a carga tributária sobre a classe média e praticamente eliminaram a incidência de impostos sobre os juros pagos aos bancos para compras de consumo durável. Propiciaram também depreciações aceleradas dos ativos e refinanciamento dos passivos de certas firmas. Nestas circunstâncias, o endividamento das famílias passa a ser um excelente negócio, porque parte da carga financeira da dívida é descontada no imposto de renda. Assim, tomou-se crédito de curto prazo em larga escala para dar suporte à compra de casas e bens duráveis de consumo. Além disso, financiaram investimentos no terciário e nas indústrias de alta tecnologia, que não requerem um período de maturação muito longo e cuja taxa de rentabilidade esperada é muito superior à taxa de juros nominal, em declínio. Este declínio da taxa nominal de juros deve-se aparentemente a três motivos interligados: a absorção de liquidez internacional, a posição menos ortodoxa do FED e a queda da inflação. Esta última, por sua vez, se deve à baixa de custos internos provocada pela sobrevalorização do dólar e pela concorrência das importações, acarretando uma melhora nas relações de troca favorável ao poder de compra dos salários.

Outra questão que deve ser esclarecida diz respeito à influência da taxa de juros sobre o investimento. Muita gente afirma que o elevado patamar de taxa de juros real vai acabar, cedo ou tarde, freando o gasto em investimento. Convém advertir que os americanos não estão financiando o investimento através do mercado de capitais. Não há mercado de capitais novos; o mercado relevante hoje é o monetário ou o de crédito de curto prazo. Os americanos, vale reafirmar, estão substituindo o tradicional endividamento de longo prazo (através da emissão de debêntures, *equities* etc.) por crédito de curto prazo ou utilizando recursos próprios e de capital de risco externo. Por outro lado, está claro que esta situação coloca em más condições muitas companhias velhas ou endividadas e o valor de suas respectivas ações e debêntures. Se uma grande companhia quiser lançar, como várias tentaram fazer recentemente, alguns bilhões em papéis no mercado de debêntures, em uma semana esta mesma companhia estará obrigada a recomprá-los, pois, caso contrário, o valor das ações certamente irá cair. Vale dizer, o único risco real que os Estados Unidos estão correndo é o de sofrer uma desvalorização brutal das velhas empresas cujas ações estão cotadas a um valor distinto do efetivo. Diga-se de passagem, todos os grandes bancos que se envolveram com investimentos nos ramos produtivos "velhos" ou em energia e agricultura, isto é, setores que requerem crédito de longo prazo e/ou taxas de juros mais baixas, passaram e ainda passam por sérios problemas. A quebra técnica do Continental Illinois é um exemplo claro disto. De outra parte, todos aqueles que investiram na Califórnia, no *Silicon Valley*, nos serviços, estão em situação extremamente favorável.

Um terceiro aspecto fundamental desse processo de restauração da posição hegemônica dos Estados Unidos fica evidente quando analisamos as suas relações econômicas internacionais. Entre 1982 e 1984, os Estados Unidos conseguiram dobrar o seu déficit comercial a cada ano, o que, juntamente com o recebimento de juros, lhe permitiu absorver transferências reais de poupança do resto do mundo que só em 1983 corresponderam a 100 bilhões de dólares, e em 1984 devem ter ultrapassado 150 bilhões. Por outro lado, suas relações de troca melhoraram e os seus custos internos caíram, já que as importações que os Estados Unidos estão fazendo são as melhores e as mais baratas do mundo inteiro. Assim, sem fazer qualquer esforço intensivo de poupança e investimento, sem tocar em sua infraestrutura energética e de transportes, sem tocar na agricultura, sem tocar na velha indústria pesada, os Estados Unidos estão modernizando a sua indústria de ponta com equipamentos baratos de último tipo e capitais de empréstimo e de risco do Japão, da Alemanha, do resto da Europa e mesmo do mundo periférico.

Muitos esperavam que a partir de 1983, os Estados Unidos reverteriam a posição superavitária final do balanço de pagamentos, pois desde 1982 as rendas de capitais americanos no exterior não estão cobrindo o déficit americano em transações correntes. Mas isso não ocorreu porque as entradas de capital bancário se encarregaram de fazer amplamente esta cobertura. O investimento em capital de risco também tem-se mantido elevado desde 1981, superior em média a 17 bilhões de dólares. Somente o Japão, por exemplo,

224 Maria da Conceição Tavares: vida, ideias, teorias e políticas

investiu 10 bilhões de dólares no período de recuperação e já projetou investir 40 bilhões até o final da década. A Alemanha, por seu lado, deve ter investido algo em torno de 8 a 9 bilhões, embora não tenhamos dados precisos sobre seu montante. Em suma, toda a Europa e o Japão estão investindo nos Estados Unidos; enquanto estes últimos fizeram retornar parte dos capitais das filiais multinacionais americanas que não têm capacidade de expansão adicional no resto do mundo. Afinal, enquanto a periferia está praticamente estancada e o resto do mundo cresce a 1% ou 2%, os Estados Unidos estiveram crescendo à taxa de 6% a 8% nos últimos dois anos.

Apoiados num enorme afluxo de capitais que superou os 100 bilhões de dólares em 1984, os Estados Unidos puderam manter e ampliar uma brecha comercial cujos limites não são ainda visíveis. De 30 bilhões em 1982 passou a 60 bilhões em 1983 e saltou para mais de 120 bilhões em 1984. Em 1985 poderia continuar aumentando, não fosse pela desaceleração da economia americana, simplesmente porque há capital sobrando no mundo. E este excesso de capital e de "poupança externa" se deve a que o resto do mundo obedeceu à política conservadora, fosse qual fosse o tipo de governo. Na verdade, a sincronização das políticas ortodoxas obrigou todos os países a manter em níveis baixos suas taxas de investimento e de crescimento e a forçar as exportações. Como um reflexo do ajuste forçado, quase todos os países do mundo estão experimentando superávits no balanço comercial. Todos menos um: os Estados Unidos. Eles abrem sua economia e ao fazê-lo provocam uma maciça transferência de renda e de capitais do resto do mundo.

Um aspecto muito importante é que isso permite fechar o déficit estrutural financeiro do setor público. Tudo se passa como se cada vez que o FED joga títulos de dívida pública no mercado, ele tivesse certeza que os títulos serão colocados em todas as estruturas bancárias e junto a todos os rentistas, de países desenvolvidos ou não.[7] O fato essencial é que *todo o mundo* está financiando não apenas o Tesouro americano, especialmente seu componente financeiro, mas também os consumidores e investidores americanos. Desta vez, e ao contrário da década de 1970, ocorreu transferência de "poupança real" e não apenas de crédito, liquidez ou capital especulativo.

---

7. No segundo semestre de 1984, as compras externas líquidas de títulos do Tesouro Americano foram superiores a 20 bilhões de dólares. Ver OECD, *Economic Outlook*, June 1985, p. 60.

Nestas condições os Estados Unidos não precisam resolver internamente o seu problema de financiamento fiscal e, portanto, deixaram de pressionar a taxa de juros, que pode cair, bastando manter um ligeiro diferencial sobre as taxas do euro mercado.

Enquanto a taxa de crescimento da economia mundial for inferior à taxa de crescimento americana não há a menor possibilidade de os capitais excedentes, sobretudo os bancários e os das empresas com capacidade ociosa, resolverem investir preferencialmente nos seus países de origem.

Os países da Europa não formularam, desde o ajuste recessivo, qualquer plano para restaurar solidamente o seu crescimento econômico global. Apenas jogaram individualmente na modernização de certas indústrias e tentaram proteger-se para que o Japão não invadisse mais os seus mercados. Mas ao mesmo tempo em que a concorrência intercapitalista se acentua no resto do mundo, opera-se um fantástico aumento de eficiência das indústrias modernas no Japão e em alguns países da Europa. Como já vimos, os Estados Unidos estão aproveitando esta situação para modernizar sua estrutura produtiva, à custa do resto do mundo, inclusive da periferia latino-americana, que já transferiu nos últimos anos quase 100 bilhões de dólares a partir de superávits comerciais crescentes e de perda de suas relações de troca.

A partir de 1984 a economia mundial recuperou-se com a contribuição decisiva do crescimento das importações americanas. Estas alcançaram taxas de expansão sem precedentes e beneficiaram indiscriminadamente todas as áreas: o Japão e o Canadá, por sua posição particular no comércio americano, receberam 23% do incremento global dos últimos dois anos; a Europa, como um todo, recebeu um montante equivalente; e os países em desenvolvimento pouco mais de 26%.

Eufórica com esta situação, a "opinião bem informada" passou a considerar os Estados Unidos como a *trade locomotive* da recuperação mundial e a elite financeira americana passou a propor ao mundo uma nova divisão internacional do trabalho, na qual a economia americana desempenharia um papel dominante. Comprometer-se-ia a não baixar unilateralmente o déficit comercial, mas responderia com retaliações aos países que aplicassem restrições às exportações de mercadorias e capitais americanos.

Convém transcrever as seguintes passagens escritas por um dos membros do *Board* do Morgan pertencente à *"Comission on Industrial Competitiveness"*,

226 Maria da Conceição Tavares: vida, ideias, teorias e políticas

nomeado pelo Presidente Reagan, que a nosso juízo expressa bem a proposta hegemônica[8]:

> O déficit comercial dos EUA vem em paralelo à força do investimento na economia americana em meio a uma relativa escassez de poupança interna... Seria possível reduzir-se o déficit comercial americano caso se cortasse o investimento dos EUA, freando o seu crescimento econômico. Entretanto, esta seria uma fórmula certeira para provocar a estagnação mundial. Seria muito mais construtivo adotar uma estratégia de competitividade para os Estados Unidos que mantenha a economia americana forte, estimule a poupança interna e promova um clima de investimento mais positivo no exterior – especialmente na Europa e na América Latina...

No que se refere aos efeitos do déficit sobre o emprego e a competitividade industrial, o documento faz os seguintes comentários:

> O déficit comercial desloca empregos americanos do setor exportador e do setor que compete com os importados direcionando-os para atividades menos expostas à competição internacional, especialmente para os serviços. O efeito líquido desse deslocamento de empregos ainda não está claro e pode não ser danoso ao interesse nacional americano no longo prazo. A continuidade do déficit comercial e do dólar valorizado mantém a pressão sobre as indústrias americanas para elevar a produtividade e restringir aumentos de custos. Além do que as pressões comerciais aceleram a substituição de indústrias ultrapassadas por empreendimentos avançados...

No que se refere ao papel global da política comercial americana:

> O sistema comercial do pós-guerra foi concebido primordialmente para reger o comércio internacional dos EUA e da Europa, cujas filosofias de gerenciamento econômico tinham muito em comum... Hoje, os interesses mudaram. Os Estados Unidos não consideram apenas a Europa ao tratar de seus interesses comerciais e de segurança, mas leva também em conta o Japão, os NICs[9] asiáticos e a América Latina...

No que se refere aos países menos desenvolvidos e falando em nome dos desenvolvidos, a dureza de posições e o caráter impositivo é manifesto:

---

8. As citações que seguem foram extraídas do artigo do fundo "Strengthening U.S. Competitiveness" do *World Financial Markets*, Morgan Guaranty Trust Company. New York, Set. 1984.
9. *Newly Industrialized Countries*, ou países de industrialização recente.

> Os países industriais maduros, contudo, não aceitarão uma especialização ulterior em tecnologia de ponta, comunicações e serviços, a menos que os países menos desenvolvidos também ofereçam concessões significativas. Eles também deverão aceitar um código de conduta explícito quanto à regulação do investimento direto privado e quanto aos requisitos de conteúdo doméstico e de exportações a ela associados. Os NICs que vêm se desenvolvendo mais rapidamente, em particular, terão que abrir mão de sua atual isenção de certas obrigações junto ao GATT obtida com base na ultrapassada alegação de vicissitudes de balanço de pagamentos...

No entanto, o maior grau de abertura da economia americana às importações e ao capital estrangeiro encontra resistências sérias nos setores afetados que clamam por um maior protecionismo. A liderança da classe financeira americana é contra o protecionismo e tenta defender-se, enfatizando dois aspectos fundamentais; negociações com as suas áreas de influência e a retaliação contra o protecionismo externo:

> Negociações em direção a um acordo de livre-comércio com Israel; a sugestão de um arranjo mais limitado com o Canadá; e conversas sobre uma mais ampla abertura da Bacia do Pacífico, que inclua o Japão, os NICs asiáticos e o México, além do Canadá...
>
> No esforço de forçar a abertura de mercados estrangeiros fechados aos exportadores americanos, o mais poderoso instrumento de negociação de que dispõem os EUA é a ameaça de limitar o acesso estrangeiro ao vasto mercado americano...

Como se vê, trata-se de um conjunto de argumentações coerentes, que pretendem manter um relativo "equilíbrio macroeconômico" entre os parceiros mais importantes da economia mundial. Mas o tom racional não disfarça o *"big stick"* em relação aos países periféricos, nem ao desiderato estratégico de manter e afirmar a hegemonia americana em termos globais. A mensagem em relação à Europa é de duas naturezas.

A primeira refere-se ao comércio multilateral: "Mais cedo ou mais tarde não se poderá prescindir de negociações globais, especialmente para conseguir o envolvimento pleno da Europa".

A segunda é de recomendações para a restauração do dinamismo europeu. O diagnóstico é sumário: "Atualmente a Europa sofre de uma pesada tributação, uma regulamentação paralisante, custos trabalhistas inflexíveis e barreiras à mobilidade".

228 Maria da Conceição Tavares: vida, ideias, teorias e políticas

As recomendações seguem-se na linha do neoliberalismo americano, aparentemente muito apreciado nas últimas reuniões do *"Summit"* europeu:

> A Europa corretamente deixou de acreditar no gasto público como indutor do crescimento. Mas sua ênfase em conter os déficits fiscais não é uma fórmula suficiente para dinamizar o crescimento, dado que presume que o investimento substituirá, de forma espontânea e suficiente, o consumo privado e público... A experiência americana sugere claramente que em assuntos fiscais a necessidade prioritária da Europa é de cortar impostos visando a incentivar as empresas, que são o meio mais eficiente de estimular o investimento e o emprego...

Finalmente, para não deixar ninguém para trás, o Japão também leva a sua advertência:

> Apesar de sua produtividade e seu dinamismo tecnológico serem amplamente admirados a infraestrutura física do Japão não corresponde à sua pujança industrial. Há uma carência amplamente difundida por maiores investimentos em habitação, sistemas sanitários e preservação ambiental...

Convém agora tecer algumas considerações finais sobre a situação peculiar da economia americana e sua mudança de posição na economia internacional.

A estrutura de comércio americana foi tradicionalmente simétrica e fechada. Os Estados Unidos exportavam e importavam matérias-primas, alimentos, insumos industriais e bens de capital, enfim, todos os itens importantes do comércio internacional. As relações econômicas dos Estados Unidos com o resto do mundo não podiam ser enquadradas dentro do esquema tradicional centro-periferia. Os Estados Unidos não precisavam de uma divisão internacional de trabalho que os favorecesse em termos absolutos ou relativos. O fato surpreendente é que agora estão aparentemente querendo instaurar uma divisão internacional do trabalho na qual desempenhariam um papel cêntrico, para o que estão dispostos a abrir sua economia. O atual déficit comercial já representa 3% do PNB americano, e a partir do final de 1984 os Estados Unidos passaram a ser um país devedor líquido no mundo, isto é, reverteram a sua posição de mais de sessenta anos de portadores líquidos de capitais e tornaram-se, em apenas três anos, devedores líquidos do resto do mundo.

Após terem exportado durante várias décadas o padrão tecnológico do sistema industrial americano através das suas multinacionais, estão tentando usar o seu poder hegemônico para reenquadrá-las, fazer retornar os seus capitais sobrantes e refazer a sua posição como centro tecnológico dominante. Assim utilizam-se dos seus bancos, do comércio, das finanças e do investimento direto "estrangeiro" para fazer o seu ajustamento interno e externo.[10] Apesar de terem perdido a concorrência comercial para as demais economias avançadas e mesmo algumas semi-industrializadas, nos produtos de tecnologia de uso difundido, os Estados Unidos estão investindo fortemente no setor terciário e nas novas indústrias de tecnologia de ponta, na qual esperam ter vantagens comparativas. Os Estados Unidos não parecem interessados em sustentar sua velha estrutura produtiva-comercial. Sabem também que não têm capacidade de alcançar um enorme *boom* a partir de reformas nos setores industriais que lideraram o crescimento econômico mundial no pós-guerra. Ao contrário, os Estados Unidos estão concentrando esforços no desenvolvimento dos setores de ponta e submetendo a velha indústria à concorrência internacional dos seus parceiros. A partir dessa modernização generalizada esperam poder retomar a sua posição como centro tecnológico dominante e reordenar de novo a economia mundial.

Com os seus enormes déficits comerciais até aqui, têm garantido a solidariedade de seus principais sócios exportadores, sobretudo o Canadá, o Japão e os NICs asiáticos. Com as altas taxas de juros reais, têm garantido a solidariedade dos banqueiros. E, com as *joint ventures* dentro dos Estados Unidos, estão tentando garantir sua posição de avanço para o futuro.

A resposta europeia e japonesa tem sido até agora forçosamente de "aliança" com os Estados Unidos; mas o seu destino de longo prazo com a "periferia" do centro está por ver-se.

A arrogância com que a elite americana trata a política econômica europeia e considera como área privilegiada de interesse a "sua base ampliada no Pacífico", que inclui Canadá, México, Japão e os NICs asiáticos, deveriam estar preocupando a Europa. Esta, no entanto, continua paralisada, por razões de segurança, pelas relações estratégicas de alinhamento automático com os Estados Unidos e por razões de competição e rivalidade intraeuropeia que levam à incapacidade de fazer uma política econômica comum, a começar pela monetária. A Inglaterra e a Alemanha, cada uma à sua maneira, tiveram

---

10. Existem fundadas dúvidas sobre a natureza "estrangeira" de certos capitais que ingressam nos EUA, já que os mesmos não aparecem nos balanços de pagamentos dos demais países e a conta "Erros e omissões" no balanço americano é gigantesca.

230 Maria da Conceição Tavares: vida, ideias, teorias e políticas

um papel decisivo na derrota dos projetos da social-democracia europeia, e a França socialista sucumbiu melancolicamente no seu projeto nacional.

Na ausência de uma reação real, as racionalizações começam a aparecer e a resposta europeia tem sido a da aceitação progressiva da ideologia neoliberal e não de fazer avançar o "espírito de cooperação e planejamento" que presidiu o surgimento do Mercado Comum.

Um novo esquema centro-periferia?

A nova divisão internacional do trabalho que está em discussão passa pelo adensamento das relações econômicas entre os Estados Unidos, o Japão e os NICs asiáticos.[11] Este reforço da "Base do Pacífico" serviria de contrapartida à sua expansão do após-guerra no Atlântico e daria finalmente à grande potência americana uma configuração cêntrica. Vale dizer, o mapa do mundo mudaria finalmente sua configuração estrutural, na qual o eurocentrismo histórico desapareceria e os Estados Unidos deixariam de ser uma grande potência "excêntrica". No fim do século, a visão geográfica do mapa-múndi seria, em forma generalizada, a que já hoje é encontrável nos escritórios de algumas multinacionais. A saber, o continente americano no centro, o europeu à direita e o asiático à esquerda. A posição "asiática" ou "europeia" duvidosa seria, uma vez mais, a da União Soviética, não apenas por sua dupla condição geográfica, mas porque não está claro se manterá sua atual condição de grande potência "isolada", na dependência de suas relações com a Europa e a China e de sua estratégia de enfrentamento com os Estados Unidos.

A nova divisão internacional do trabalho numa economia mundial que hierarquize os mercados em forma distinta e reenquadre as "velhas" potências de modo diverso ao da "guerra fria", daria ao movimento de comércio e de capitais tendências completamente diferentes das verificadas no após-guerra. Para começar, um grau de abertura maior e permanente da economia americana permitiria a atrelagem da economia japonesa, que tem maior potencial de acumulação e uma tendência a um superávit estrutural de balanço de pagamentos. Se os Estados Unidos conseguirem acoplar em forma decisiva a economia japonesa a uma estratégia convergente de crescimento a longo prazo, a transnacionalização do capital passaria a estar centrada no espaço nacional americano e na sua periferia imediata. Este movimento cêntrico contrastaria com o

---

11. Ver a este respeito a interpretação de Aglietta em "*World Capitalism in the Eighties*" (1982) N. L. R.

deslocamento por ondas excêntricas ocorrido até meados da década de 1970, em que a Europa, a América Latina e a Ásia (com exceção do Japão) foram, sucessivamente, os espaços preferenciais de expansão das filiais norte-americanas. Esta reordenação mundial do comércio e do investimento permitiria que os Estados Unidos passassem a ter um destino distinto da Inglaterra na primeira grande depressão. A Inglaterra, como se recorda, foi obrigada a financiar através da exportação de capitais, no período recessivo de 1880-1890, parte da modernização do mundo capitalista e acabou ficando para trás em sua base tecnológica e produtiva, embora continuasse com a hegemonia mercantil-financeira e militar até 1914.

A base econômica americana possui na verdade algumas vantagens nítidas para este movimento de reconcentração e atração de capitais. Além de ser continental, é em si mesma mais equilibrada, pois a industrialização americana, em todos os estágios desde o século XIX, sempre foi fortemente ligada ao desenvolvimento agrícola e de serviços urbanos. A grande corporação transnacional, como bloco de capital e padrão de organização industrial, foi também uma invenção do sistema americano que revelou um grande potencial de acumulação por conter todas as caras do capital: agrário, urbano, mercantil, industrial e financeiro. Quando o mercado interno americano passou a crescer menos que o potencial de expansão das suas grandes empresas, estas foram obrigadas a expandir-se para fora.

O Japão encontra-se agora numa situação similar à dos Estados Unidos no após-guerra, sem contar, porém, com uma base interna para retomar o antigo dinamismo. O único grande mercado para o qual ele pode exportar crescentemente produtos, tecnologia e capitais é o americano. Depois de haver feito na década de 1970 a sua própria transnacionalização na Ásia, e em parte do continente europeu e latino-americano, resta-lhe agora a associação ou fusão com o capital americano no espaço de influência dominado por este. Isto não ocorrerá sem conflitos entre as duas partes, dada a assimetria das relações. Os protestos dos capitais americanos prejudicados pela fúria exportadora japonesa já começaram, mas o investimento direto tem em seu apoio a possibilidade de *joint ventures* com os capitais locais mais dinâmicos e um vasto espaço de modernização.

O grande problema para a redefinição do sistema industrial americano não é o da sua competitividade com o exterior a curto prazo, que seria inclusive nociva a um novo "equilíbrio macroeconômico", mas o destino a longo prazo da sua estrutura produtiva e comercial e, em particular, do seu próprio subsistema de filiais industriais e bancárias. O sistema bancário ao transnacionalizar-se requereu para salvar-se da crise e retornar a "porto seguro" uma diplomacia do dólar forte, que o FED providenciou. Esta política, porém, prejudicou, e segue prejudicando, a retomada da expansão do investimento das filiais industriais no mundo e a própria retomada sólida do crescimento americano a longo prazo.

Por outro lado, os problemas estruturais da reorganização industrial americana não passam apenas pela modernização tecnológica dos seus setores e empresas de ponta, como vem ocorrendo até agora, mas também pela amortização acelerada do velho capital industrial e pela reestruturação dos seus serviços de infraestrutura e utilidade pública. Tudo isto é praticamente impossível de realizar com as atuais taxas de juros e de endividamento. Sem uma desvalorização lenta da dívida interna e externa americana, que permita estabilizar os mercados de crédito a longo prazo e reestruturar o mercado de capitais internacional, não é possível visualizar um horizonte de cálculo para a retomada firme do investimento nestes setores.

O refluxo de capital bancário americano já ocorreu, a entrada de capital estrangeiro processa-se rapidamente nos setores de alta tecnologia e a reconcentração dos capitais privados aumenta a passos largos nos setores de tecnologia intermediária. A "*oligopolistic reaction*" de Knickerbocker (1973) está agora operando em sentido inverso, no sentido de reconcentração de capital na própria economia americana. Resta saber como se processará o novo "equilíbrio oligopólico" de que falavam Hymer e Rowthorn (1970). Para isso o destino do mercado comum europeu continua uma interrogante, sem resposta, enquanto a política global europeia não adquirir maior autonomia e coordenação interna.

O ciclo de crescimento schumpeteriano ainda não está à vista porque, para tanto, falta redesenhar e financiar em novas bases o reajuste do sistema de energia, transportes e comunicações, tanto nos Estados Unidos, como no resto do mundo. Isso passa na maior parte dos países por um reescalonamento da dívida externa e pública, impossível de imaginar com o atual sistema de crédito. O atual "ciclo do produto" baseado na informática não parece, por si só, ter poder indutor suficiente para alavancar uma onda de acumulação de longo prazo. Afinal nenhum *cluster* de inovações modificou a base técnica mundial sem novos mecanismos institucionais e financei-

Hildete Pereira de Melo (Org.)

ros e sem modificar radicalmente a divisão internacional do trabalho. Para concluir, o desenvolvimento futuro da economia mundial, dada a sua atual estrutura, aponta para uma arquitetura mais complexa do que uma simples agregação de "economias nacionais" ou de "subsistemas de empresas e bancos transnacionais" poderiam indicar. Até ficar claro se as avenidas da transnacionalização do capital atravessam a base continental americana e qual será a capacidade dos Estados Unidos de reequilibrar estruturalmente os mapas do Atlântico e do Pacífico, fica difícil utilizar com algum rigor a expressão "Sistema Capitalista Internacional".

Como diz Hobsbawm (1979), criticando Rostow (1978):

> Não há qualquer razão teórica para supor-se que o capitalismo será incapaz de gerar um novo período de expansão ou 'ciclo ascendente de Kondratiev', ainda que possam haver razões empíricas para duvidar-se (da visão de Rostow) que esta já haveria começado [...] é razoável supor-se que a economia capitalista mundial provavelmente sobreviverá às dificuldades globais de hoje, ainda que alguns países mais fracos possam não superar as suas.

Neste período de transição que ainda está longe de terminar ou de chegar a bom termo, é indiscutível a retomada da hegemonia americana. O que não se sabe é da viabilidade de os Estados Unidos se transformarem de forma estável numa economia cêntrica a partir da qual, com ou sem uma nova ordem institucional explícita, o mundo seria reorganizado por uma nova geografia econômica e política. O que tampouco fica claro é o destino das suas novas "Periferias", na Europa, na Ásia e na América do Sul.

Rio de Janeiro, junho de 1985.

Referências

AGLIETTA, M. World Capitalism in the Eighties. Em: *New Left Review*, n. 136, 1982.

ALIBER, R.Z. *The International Money Game*. Nova York: Basic Books, 1979.

FAJNZYLBER, E. *El debate industrial en Estados Unidos: entre el desafio japonês e el espectro de Inglaterra*. Santiago: Cepal, julio 1985.

GILPIN, R. R. *U.S. Power and the Multinational Corporations – The Political Economy of Foreign Direct Investment*. Londres: Macmillan, 1975.

HOBSBAWM, E. J. The Development of World Economy. *Cambridge Journal of Economics*, 1979.

HYMER, S.; ROWTHORN, R. Multinational Corporations and International Oligopoly – The non-american Challenge. *In*: KINDLEBERGER, C. E (ed.), *The International Corporation*. Cambridge, Mass.: M.I.T. Press, 1970.

KNICKERBOCKER, ET. *Oligopolistic reaction and multinational enterprises*. Boston: Harvard University Press, 1973.

LICHTENSZTEJN, S. América Latina en la Dinámica de la Crisis Financiera Internacional. Ponencia presentada al Seminário "Internacionalización y Industrialización dela Periferia", Cide, México, 1983.

MOFFITT, M. *The World's Money*. Nova York: Simon and Schuster, 1983.

MORGAN GUARANTY TRUST Co. Strengthening U.S. Competitiveness. *In*: *World Financial Markets*, Nova York, setembro 1984.

ROSTOW, W. W. *The World Economy: History and prospects*. Londres: Macmillan, 1978.

TAVARES, M. C.; TEIXEIRA, A. La internacionalización del capital y la transnacionales en la industria brasileña. Em: *Revista de la Cepal*, Santiago, agosto 1981.

TRIFFIN, R. *Our International Monetary System*. Yale University Press, 1968.

Pós-escrito 1997: a reafirmação da hegemonia norte-americana[1]

Maria da Conceição Tavares
Luiz Eduardo Melin

Introdução

As crises que instabilizaram a economia mundial na década de 1970 foram seguidas de dois movimentos de reafirmação da hegemonia americana no plano geoeconômico (diplomacia do dólar) e no plano geopolítico (diplomacia das armas), que modificaram profundamente o funcionamento e a hierarquia das relações internacionais a partir do começo da década de 1980. As consequências dos desajustes provocados pela política norte-americana ainda não terminaram e seus efeitos globais não podem ser ainda inteiramente avaliados, quer do ponto de vista da inauguração de uma nova divisão internacional do trabalho, quer mesmo de uma trajetória provável da economia mundial nas décadas à frente.

Do ponto de vista geoeconômico, entre os mais importantes, contam-se os seguintes fatos: a globalização financeira, estreitamente ligada à diplomacia do dólar; a aparição do Japão como potência tecnológica, financeira e comercial de primeira grandeza, que, até as crises da década de 1990, aparecia como o único desafio econômico à preponderância americana; a integração do espaço europeu com pretensões a tornar-se um bloco econômico capaz de autonomizar-se diante da hegemonia dos Estados Unidos; a própria transnacionalização do espaço econômico nacional norte-americano, que foi o motor central do movimento globalizante que conduziu, em última instância, à transnacionalização progressiva da Ásia. Finalmente, para os países periféricos fora da Ásia, registra-se um processo de crescente submissão à nova ordem global, marcado pela regressão industrial e pelo desequilíbrio financeiro estrutural pontuado por crises frequentes, em particular para os sul-americanos e os do Leste europeu – com o virtual estilhaçamento da África.

---

1. Extraído do livro TAVARES, Maria da Conceição e FIORI, José Luis (orgs.) Poder e dinheiro: uma economia política da globalização. 2ª ed. Petrópolis: Editora Vozes, 1997. p. 55-86.

236 Maria da Conceição Tavares: vida, ideias, teorias e políticas

Do ponto de vista geopolítico, a partir da derrota da ex-URSS e do desmonte da velha "ordem bipolar", criou-se uma situação de instabilidade estrutural em que a tendência a uma hierarquização do poder político internacional centralizada na potência hegemônica – apesar de não haver consolidado um domínio (*imperium*) que garantisse a supressão dos conflitos internacionais pelo exercício de uma *gendarmerie* global permanente – limita decisivamente a eficácia dos Estados Nacionais como agentes de poder soberano, comprometendo, inclusive, sua capacidade de regulação econômica e proteção social. Na periferia dos dois ex-"subsistemas" (os chamados "bloco ocidental" e "bloco socialista") ocorreram profundas mudanças políticas, que ainda estão em curso. Aos avanços havidos em direção à democracia formal – bastante díspares em grau e alcance – contrapõe-se a grave e generalizada deterioração dos padrões de vida das camadas subalternas da população – já hoje atingindo as classes médias – e a marginalização social crescente de contingentes humanos gigantescos em todos os continentes, excetuando-se o asiático. Tais efeitos perniciosos decorrem em larga medida das políticas de ajuste neoliberal e são atualmente observáveis em países dos antigos primeiro, segundo e terceiro mundos.

Claramente, então, as iniciativas da "diplomacia do dólar" de Volcker, de caráter preponderantemente econômico, destinavam-se a enquadrar os sócios e principais competidores no mundo capitalista. Por seu turno, as iniciativas da "diplomacia das armas" (notadamente a corrida armamentista e o programa "guerra nas estrelas") de Reagan, de cunho estratégico-militar, visavam a minar por dentro as forças do principal adversário geopolítico.

Conquanto ambos os movimentos hajam sido imprescindíveis ao esforço de retomada de sua posição hegemônica por parte dos Estados Unidos, o presente texto tomará por objeto, primordialmente, o plano geoeconômico, procurando explicitar a natureza das políticas de globalização, implementadas de forma sistemática mediante o apoio e a pressão da potência hegemônica em prol da crescente liberalização dos movimentos de capital. Este movimento de "globalização" financeira tem beneficiado sobretudo os Estados Unidos, que há 17 anos é o maior receptor de capitais do mundo.

Neste sentido, a concentração de poder político e financeiro existente no mundo contemporâneo não é o resultado espontâneo do aumento da competição e da eficiência dos "mercados globalizados", mas de uma política deliberada de retomada da hegemonia mundial, a partir da década de setenta, quando a potência norte-americana parecia entrar em decadência. No plano do Poder e do Dinheiro, os Estados Unidos comandam hoje um "jogo global", que tenta sobrepor os conceitos de "ordem unipolar e de economia mundial", mas cuja convergência está longe de consolidar-se e de ser benéfica e includente para a maioria dos países do mundo.

A diplomacia do dólar

Periodização e fatos estilizados

• Período 1979-1985

– Dólar forte: a política Volcker de choque de juros em setembro de 1979 segue-se imediatamente ao segundo choque do petróleo e, combinada à política monetária restritiva subsequente, provoca violenta valorização do dólar, forçando desvalorizações sucessivas de todas as moedas internacionais relevantes frente à moeda americana;

– Juros altos e a generalização de políticas de ajuste macroeconômico de corte deflacionista deflagram forte recessão mundial até 1983, provocando a queda dos preços das *commodities* e a deterioração dos termos de troca dos países exportadores de matérias-primas, que afetam principalmente os continentes americano e africano;

– Dívida externa do Terceiro Mundo dobra em poucos anos e provoca crises bancárias e cambiais em três continentes, começando pela Polônia (bancos alemães), estendendo-se à América Latina (bancos americanos, ingleses e locais), onde Chile e México foram os mais notórios exemplos de estatização da banca, e atingindo, ainda que em menor grau, a Ásia – na Coreia foi necessário privatizar os bancos públicos e entregá-los aos grandes conglomerados devedores. Os bancos americanos são fortemente atingidos em função da elevada exposição a que estão sujeitos por sindicarem as operações de empréstimos externos na City de Londres;

– A política de proteção ao sistema financeiro norte-americano executada por Reagan (1981-1984) permite o ajuste e a recomposição patrimonial dos bancos e fundos de pensão americanos, abalados pelo choque de juros, com o suporte do Tesouro dos Estados Unidos. Multiplicam-se as inovações de instrumentos financeiros e começa a expansão dos derivativos como mecanismo de securitização dos passivos de médio e longo prazo no mercado financeiro americano, paralisado pelo choque de juros. O processo iniciou-se pelo mercado americano de títulos imobiliários e estendeu-se aos poucos até englobar os mercados futuros de câmbio;

– A dívida interna norte-americana, que passa a servir de lastro aos mercados monetário e financeiro de Wall Street (já desregulado desde o primeiro choque do petróleo e do "Smithsonian Agreement", 1973-1974), "converte-se" em dívida externa por via de sua absorção por poupadores estrangeiros, em particular nos porta-fólios dos bancos internacionais, a partir da forte valorização do dólar;

– Na esteira da moratória mexicana (1982) e da subsequente crise de liquidez internacional que atinge todo o continente, têm lugar desvalorizações cambiais forçadas na América Latina com o intuito de produzir superávits comerciais e servir parcialmente para o pagamento dos juros da dívida externa, como condição de sobrevivência dos grandes bancos americanos que, ao contrário de seus congêneres internacionais, acham-se impedidos de efetuar o *write-off* da dívida, por força da legislação bancária dos Estados Unidos;

– A política de recuperação norte-americana com abertura comercial serve de locomotiva para a maioria dos países da OCDE e, em particular, para a Ásia;

– Surgimento das praças financeiras autônomas asiáticas transacionando simultaneamente em dólar e iene, apoiadas inicialmente nos capitais emigrados de procedência chinesa e alimentadas pelo movimento de expansão das *trading companies* japonesas.

- **Período 1985-1989**

– Desvalorização do dólar forçada pela decisão política do Federal Reserve Board (FED) traduzida na coordenação das políticas macroeconômicas do G-7 sob o comando dos Estados Unidos – acordos do Plaza (setembro de 1985) e do Louvre (fevereiro de 1987). O banco central alemão assume a coordenação das políticas cambiais europeias tendo em vista a ampliação do Sistema Monetário Europeu (SME) na direção de uma moeda única;

– Desregulação dos principais mercados de capitais, iniciada com a *City* londrina ("*Big Bang*", em 27/10/1986), é seguida por sucessão de crises, começando pela bolsa de Nova York (19/10/1987), atingindo os mercados imobiliários (1989) e finalmente a Bolsa de Tóquio (janeiro de 1990);

– Desenvolvimento veloz de novos instrumentos financeiros nos mercados secundários e generalização das operações de securitização, que abrangem desde situações de endividamento externo de países periféricos até mercados de *commodities*, juros e câmbio, além de outras operações de risco.

Em resposta à criação de mercados a termo nos Estados Unidos (Nova York e Chicago) e em Londres (1982), o Japão (1985) e a França (Matif, 1986) criam mercados análogos. A liberalização induzida dos principais mercados financeiros internacionais atinge inclusive países com mercados de câmbio controlados: França e Japão após 1988;

– Diante da forte desvalorização do dólar e baixa da taxa de juros, os títulos da dívida pública americana deixam de servir como ativos de rentabilidade primária, passando a ser utilizados para lastrear o movimento de securitização generalizada que se desenvolve vertiginosamente após 1985, sobretudo depois das políticas de liberalização dos mercados financeiros europeus e japonês;[2]

– A coordenação das políticas macroeconômicas deflacionistas na Europa, ao fortalecer as moedas europeias que se alinham com o marco, favorece o comércio intraeuropeu – com ganho especial para a Alemanha –, mas prejudica a competitividade para fora do continente;

– Os bancos japoneses, grandes detentores de dívida pública americana, sofrem perdas patrimoniais consideráveis com a desvalorização do dólar entre 1985-1987. O Japão resiste comercialmente à valorização do iene através da diminuição das margens internas de lucro das suas empresas para manter a competitividade em dólar. Aceita também a globalização produtiva e financeira como proposta estratégica, e é nesse contexto que se inserem os movimentos, então iniciados, de relocalização das firmas japonesas, de desregulação do mercado financeiro de Tóquio e, aproveitando o iene forte, de aquisições para valorização patrimonial nos Estados Unidos, na Europa e na própria Ásia.

---

2. O aumento explosivo dos fluxos financeiros internacionais não mais guarda uma proporcionalidade com as necessidades da economia mundial (*La mondialisation du Capital*, F. Chesnais, 1995), de modo que a relação do incremento nesses fluxos com o financiamento do comércio exterior e dos investimentos produtivos passa a ser indireta, para dizer--se o mínimo. Segundo Bisignano (*Internationalization of Financial Markets*, IMF Staff Estimates), o volume de transações transnacionais dos Estados Unidos com títulos financeiros, que em 1980 representa 9,3% do PIB americano, passa a equivaler a 109,4% de seu PIB em 1992. Japão e Alemanha evoluem de forma similarmente vertiginosa, com volumes de operações financeiras internacionais com títulos passando de 7% e 7,5% de seus respectivos PIBs, em 1980, para 70% e 91,2% em 1992. A maior alavancagem, como seria de se esperar, é a do Reino Unido, que já em 1980 realizava transações com títulos internacionais equivalentes a 266% de seu PIB e atinge a espantosa cifra de 1015,8% em 1992.

240 Maria da Conceição Tavares: vida, ideias, teorias e políticas

• Período 1989-1996

– Desestruturação da URSS e dos países de sua esfera de influência. Reunificação alemã com altos custos fiscais e reforma monetária do marco com conversão paritária do antigo *östmark*, contrariamente à posição do Bundesbank;

– A política monetária norte-americana é afrouxada unilateralmente para manter o dólar desvalorizado frente ao marco e ao iene, marcando o fim da coordenação pactuada (formal) das políticas macroeconômicas entre os países do G-7, a partir de 1989. Quando os Estados Unidos baixam unilateralmente a taxa de juros para 4,5% no mercado monetário de Nova York, verifica-se uma aceleração do crescimento e da globalização dos mercados futuros de juros e câmbio, com a saída dos fundos de pensão norte-americanos em busca dos chamados "mercados emergentes" da Ásia e América Latina;

– Sucessivas bolhas especulativas e crises bancárias com assaltos cambiais direcionados indistintamente contra países de moedas "fortes" e "fracas" – isto é, valorizadas e desvalorizadas em relação ao dólar – da Europa, com exceção da Alemanha. A proposta de uma moeda única (o *euro*, então chamada provisoriamente *ecu*) que leva à assinatura dos compromissos de Maastricht (7/2/1992), muito mais restritivos do que os termos originais da proposta Delors, torna-se muito mais custosa e de difícil implementação a partir da crise do padrão monetário europeu sete meses depois, em setembro de 1992;

– Início da coordenação hegemônica informal, à margem da atuação das agências multilaterais. O FED convoca reuniões de emergência dos principais banqueiros centrais nas grandes crises cambiais e bancárias (Europa, 1992; México, 1994; e Japão, 1995) e vem monitorando a flutuação global do dólar frente às principais moedas internacionais. A presença "obrigatória" do dólar em ao menos uma das pontas de todas as operações de securitização e arbitragem nos principais mercados de derivativos cambiais afirma definitivamente a posição dominante da moeda americana nos mercados financeiros globalizados;

– Surgimento de novos polos de crescimento e financeiros na Ásia. A concorrência comercial e de investimento direto entre os Estados Unidos e o Japão, no novo espaço de expansão do capitalismo transnacional na Ásia, produziu o surgimento de "milagres" de crescimento em novos países. Aos Tigres seguiram-se os "dragões" e, em particular, a China continental tornou-se a maior área de atração dos capitais que circulam nas principais praças financeiras da Ásia, notadamente em Tóquio, Hong Kong e Cingapura.

Do dólar monetário ao dólar financeiro: a nova face da hegemonia americana

Durante uma década e meia a partir do choque da política Volcker, o FED pratica uma "diplomacia do dólar" que muda de ênfase e mesmo de direção conforme as conveniências da economia americana, no sentido de restaurá-la a uma posição firmemente dominante. Entre 1979 e 1989, o banco central americano força uma flutuação da taxa de juros do teto de 20% (servindo de *umbrella* para os rentistas de todos os países) para um piso de 4,5%, propiciando movimentos especulativos espasmódicos em todos os mercados financeiros relevantes – em função das tentativas de defesa contra perdas patrimoniais e da busca por novas fontes de ganho especulativo –, sem que, contudo, ocorressem "fugas" do dólar, antes ao contrário.[3]

O montante dos capitais financeiros especulativos a partir de 1988 – quando se completa a desregulação dos países capitalistas avançados, que alcançou os mercados imobiliário, de *commodities* e de capitais, com sucessivas crises – amplia desmesuradamente o volume de derivativos ligados a operações de securitização de risco e arbitragem financeira, sobretudo depois da crise europeia de 1992. Esses mercados passam a apresentar um efetivo e crescente risco privado intrassistêmico, levando à securitização cada vez maior dos ativos, em que o dólar tem estado crescentemente presente em alguma das pontas, o que amplia continuamente a influência da moeda americana com referencial financeiro básico da economia internacional. Assim, a partir de 1992, com a desregulação cambial e financeira atingindo três continentes, o capital financeiro tem voado para todos os portos num jogo de cassino em que ganhadores e perdedores só têm contribuído para reforçar a posição financeira do dólar. Importa observar que, nesse imenso cassino, os jogadores individuais – empresas e bancos – podem quebrar-se uns aos outros, mas não podem quebrar a banca.

Não se tendo verificado o aparecimento das tão esperadas e anunciadas "áreas monetárias autônomas" do G-3, o dólar, supostamente uma "moeda fraca", tornou-se o denominador comum da financeirização crescente, em particular dos mercados globalizados. Nesses mercados, a denominação em

---

3. Não apenas as previsões de "fuga" do dólar mostraram-se incorretas. Passada já mais de uma década, a propalada "aterrissagem forçada" (*hard landing*) da moeda americana, prevista então pela maioria dos economistas de prestígio no circuito internacional, sobretudo os do próprio *establishment* acadêmico dos Estados Unidos, também jamais se verificou.

242 Maria da Conceição Tavares: vida, ideias, teorias e políticas

dólar nas operações plurimonetárias cumpre três funções primordiais para o capital internacional: provê liquidez instantânea em qualquer mercado; garante segurança nas operações de risco; e serve como unidade de conta da riqueza financeira virtual, presente e futura. Não se trata de reserva de valor como um padrão monetário clássico, o que continua preocupando os monetaristas de direita e de esquerda, que insistem em ver o risco sistêmico como decorrente da "fraqueza" da moeda americana e da ruptura das paridades de seu poder de compra frente às demais moedas internacionais relevantes.

Assim, a resposta à pergunta sobre por que têm havido especulações frequentes, a partir de 1989, contra as demais moedas internacionais conversíveis, não é por causa das posições de reservas cambiais dos seus respectivos bancos centrais – já que o sistema há muito deixou de ser um sistema de reservas –, mas sim porque o valor do dólar é fixado pela taxa de juros americana, que funciona como referência básica do sistema financeiro internacional em função da capacidade dos Estados Unidos em manterem sua dívida pública como título de segurança máxima do sistema. Por seu turno, a utilização da taxa de juros americana, como taxa de referência para o violento aumento de transações financeiras em curso na economia financeira global, induz a que a denominação das operações de securitização em geral (e, em particular, dos instrumentos de derivativos cambiais) seja feita em dólar, abrindo a possibilidade de realizaram-se extraordinários ganhos de arbitragem quando existem diferenciais expressivos entre as taxas de juros internas e as correspondentes flutuações na taxa de câmbio da moeda local por referência ao dólar.

Em outras palavras, as transações comerciais das grandes empresas transnacionais e os preços praticados mundialmente estão denominados em dólar, qualquer que seja a paridade cambial vigente nos mercados nacionais. Isto significa que o dólar não é mais um padrão de valor no sentido tradicional dos regimes monetários internacionais anteriores (padrão ouro-libra e padrão ouro-dólar), mas cumpre, sobretudo, o papel mais importante de moeda financeira em um sistema desregulado onde não existem paridades cambiais fixas, vale dizer, onde não há padrão monetário rígido. Como é óbvio neste sistema monetário "financeirizado", as funções centrais do dólar são a função de segurança e a de arbitragem.[4]

---

4. Este é, aliás, o que podemos chamar de "princípio fundador dos mercados derivativos": a existência de um risco intrínseco que induza a associação entre agentes interessados em precaver-se contra eventuais perdas (*hedging*) e agentes interessados em apropriar-se de eventuais ganhos arbitrais a partir da especulação com os ativos em questão.

Hildete Pereira de Melo (Org.) 243

Daí a coordenação, espontânea ou forçada, com o dólar, por parte de todos os bancos centrais relevantes, sob o comando do FED. Como é natural, vários bancos centrais, ao seguir esta política de "coordenação" (que alguns autores chamaram "ditadura do capital financeiro", por contraposição à visão neoliberal da "soberania e espontaneísmo" do mercado), tendem a entrar em contradição com as políticas nacionais de gasto fiscal, em particular as de natureza social. A seguridade social pública ou privada e os sistemas financeiros de habitação, que dependem de projetos atuariais de longo prazo, entram na dança da globalização tentando combinar segurança e rentabilidade, o que aumenta a fragilidade financeira de quase todos os governos na medida em que se esterilizam recursos fiscais através da emissão de dívida pública para lastrear os movimentos dos mercados monetários e cambiais.[5]

A interdependência juro/câmbio constitui em geral uma armadilha que impede o funcionamento automático dos ajustes monetários do balanço de pagamentos segundo o modelo tradicional do Fundo Monetário Internacional, além de causar perturbações fiscais de grande magnitude cada vez que sobem os patamares dos juros das principais moedas. A ortodoxia reinante acabou por adaptar-se às circunstâncias, passando da retórica do ajustamento monetário do balanço de pagamentos para a prescrição de que a correção de desequilíbrios nas contas externas seja feita por meio de um ajuste fiscal – buscando inverter as relações entre os *twin déficits*, como vêm sendo chamados.

Este processo está culminando com a dissociação crescente entre as autoridades monetárias e os tesouros nacionais, levando a uma onda sem precedentes de insulamento e "independência" dos bancos centrais. Os últimos casos, França e Inglaterra, onde os dois clássicos bancos centrais eram tipicamente de Estado há mais de cem anos, são o exemplo mais chocante. No caso alemão, tanto as forças políticas ligadas ao déficit fiscal crescente (desde a reunificação alemã), quanto as forças privadas do mercado financeiro, ligadas

---

5. As operações com títulos da dívida pública americana passam de uma média anual de 13,8 bilhões de dólares em 1980, para 119,6 bilhões de dólares em 1993. Apesar de bem menos expressivas em termos absolutos, as operações com papéis públicos de outros países centrais sofrem aumentos igualmente espetaculares, com as transações no mercado de balcão de Tóquio passando do equivalente a 1,4 bilhão de dólares em 1980 para 57,6 bilhões de dólares em 1993, ao passo que as operações em bolsa com bônus federais alemães, iniciadas somente em 1987, crescem, no espaço de apenas seis anos, de uma média anual de 2,3 bilhões de dólares para 9,7 bilhões de dólares em 1993 (*International Capital Markets: Developments, Prospects and Policy Issues*, IMF, 1994).

244 Maria da Conceição Tavares: **vida, ideias, teorias e políticas**

à aventura da moeda única, pressionam em direção contrária, para restringir a independência de seu banco central.

O *Fed* joga, portanto, um papel central neste jogo global *do ponto de vista da segurança do sistema*, não apenas como provedor de liquidez primária, de rentabilidade ou muito menos como garante do "valor da moeda" internacional. Esta é a razão pela qual a autoridade monetária dos Estados Unidos dispõe de autonomia para definir os patamares da taxa de juros americana independentemente da gritaria de banqueiros e especuladores internacionais de todas as procedências sobre o "risco inflacionário" que acompanharia a economia americana, cujo crescimento novamente se acelera a partir de 1992.

Tanto as análises do "risco inflacionário" quanto a visão convencional de que o dólar é uma "moeda fraca", por causa da extensão da dívida externa e do déficit público dos Estados Unidos, não passam de variações em torno do *conventional wisdom* econômico, que se revelam manifestações acríticas de um senso comum pouco rigoroso e sem qualquer valor explicativo no mundo pós-Bretton Woods. Este, como já mencionado, deixou de operar como um sistema de reservas bancárias e cambiais dos bancos centrais há muito tempo, pois, desde que a moeda interbancária se endogeneizou à escala internacional, a questão que se coloca não é mais o controle da quantidade de moeda, mas se existe ou não uma moeda financeira de origem pública capaz de cumprir o papel de securitização. Esta moeda existe e é, naturalmente, o dólar, sob o comando da política monetária e cambial do FED.

Isto não quer dizer que os bancos centrais não tenham qualquer papel a cumprir. Os mais fortes podem sancionar ganhos e distribuir perdas através da política monetária. O que não podem fazer, ao contrário das infundadas esperanças dos monetaristas ortodoxos de várias orientações ideológicas, é estabilizar a quantidade de moeda ou o ciclo econômico doméstico. À medida que ganham "independência" dos respectivos tesouros, podem sancionar com mais facilidade os ganhos dos sistemas bancários sob sua jurisdição, procurando evitar, no limite de suas forças (o poder de mercado e coordenação que detenham sobre seu próprio sistema bancário), as crises bancárias que irrompem espasmodicamente nos mercados de crédito, por pressão de inadimplência, ou nos mercados monetários e cambiais, por pressão de *raiders* que atacam indiscriminadamente moedas fracas ou fortes. A única exceção em mais de 15 anos tem sido o dólar, a moeda financeira que se torna referência obrigatória à medida que a dívida pública americana se expande, convertendo-se em ativo internacional utilizado nas carteiras de quase todas as instituições financeiras.

Paradoxalmente, os ataques especulativos verificam-se tanto quando os pretensos "fundamentos macroeconômicos" são sólidos – caso da França em 1992, em pleno processo de "deflação competitiva" – como quando são fracos – caso da Inglaterra, quando a *City* londrina vinha sendo submetida a uma crise de ativos financeiros desde a queda da bolsa de valores de Londres. Já no caso de Tóquio, mais recente, verificou-se uma violenta inflação de ativos cuja reversão implicou numa forte política contracionista. O profundo movimento deflacionário então desencadeado terminou por desembocar, como é notório, num afrouxamento sem precedentes na política monetária do Banco do Japão, com uma drástica compressão nas taxas de juros internas acompanhada de expansão da liquidez primária, que contou com a anuência e o apoio explícito do FED.

Como é evidente frente à sucessão de eventos sucintamente descritos ao longo destas páginas, a diplomacia do dólar e a evolução da política norte-americana não podem ser simplesmente atribuídas às "expectativas" e ao "reino das incertezas" nos mercados financeiros, mas a um controle rigoroso do FED sobre o juro e o câmbio, praticando abertamente uma política monetária violentamente intervencionista, independentemente do ciclo de negócios.

Tópicos para uma análise prospectiva da diplomacia do dólar

– A controvérsia sobre se regimes cambiais fixos ou flutuantes são melhores para o funcionamento do sistema monetário internacional perdeu sua relevância prática já há muito tempo. O câmbio – e, portanto, o valor relativo e o "poder de compra" das moedas – é flutuante desde 1973, e sua trajetória depende em última instância das políticas do FED e, eventualmente, de reações monetárias europeias (p. ex.: SME e moeda única) e japonesas;

– Não há mais possibilidade de falar-se em "reequilíbrio automático" dos balanços de pagamentos nacionais, não só porque as flutuações do câmbio operam em sentidos opostos na balança comercial e na conta de capitais, como também porque o desequilíbrio estrutural dos Estados Unidos tornou-se em uma precondição para a "estabilidade relativa" dos mercados financeiros globalizados desde a década de oitenta;

246 Maria da Conceição Tavares: vida, ideias, teorias e políticas

– A condição de preeminência absoluta do dólar como única moeda de referência verdadeiramente global não esteve, na última década e meia, sujeita a qualquer ameaça significativa:

> à parte os obstáculos de natureza política e social para sua adoção como moeda única do bloco europeu, pairam ainda sobre o *euro* sérias dúvidas quanto à sua capacidade para fazer frente ao dólar e deslocá-lo dos mercados europeus como moeda financeira de referência para a arbitragem bancária, sobretudo se a adesão da *City* de Londres, que funciona como praça inteiramente livre e desregulamentada, representar na verdade um 'cavalo de Troia', como muitos banqueiros centrais europeus suspeitam.

Por seu lado, o iene não pode impor-se sobre o dólar como moeda de referência nem sequer na Ásia. Do ponto de vista comercial, os "Tigres" exportam mais para os Estados Unidos do que importam do Japão e têm-se aproveitado da valorização do iene em relação ao dólar para ajustar as suas políticas cambiais. Já a "globalização financeira" processou-se e mantém-se sob o signo da hegemonia do dólar. Em particular, as praças financeiras de Hong Kong e Cingapura utilizam o dólar, e não o iene, como moeda de referência.

Essa situação em nada se assemelha a um pretenso equilíbrio de três blocos monetários com câmaras de compensação trilaterais, preconizado pelos diversos profetas da simetria.

– As pretensões de fazer-se do FMI uma agência multilateral efetivamente global, a servir de árbitro e fiscal dos países ricos, não dão quaisquer indícios de que se concretizarão. Sua tecnocracia deverá manter-se apenas como polícia dos países pobres e endividados, sem moeda conversível no mercado internacional. Assim mesmo, a depender do tamanho do choque, suas reservas podem ser esgotadas e seu poder de fogo nulificado por um único caso de crise financeira (p.ex. a do México, deflagrada em fins de 1994).

– O Banco de Compensações Internacionais (BIS) continua se esforçando para ser o contador dos bancos internacionais, mas enfrenta grandes dificuldades de operar a conversão contábil de instituições financeiras privadas e transnacionais que mantêm bases de ativos denominadas simultaneamente em várias moedas, sobretudo na Europa e na Ásia, contabilizando diversificadamente lucros vultosos auferidos em operações de arbitragem e "*over the counter*". Além disso, não tem qualquer poder mandatório de regulação das práticas dos mercados internacionais ou dos vários bancos centrais afiliados.

– O próprio FED enquanto "autoridade monetária" não tem poder de controle direto sobre suas instituições financeiras privadas, cujas operações dentro e fora dos Estados Unidos em circuitos *offshore* não dependem da aprovação e muitas vezes nem mesmo são do conhecimento do banco central americano. Neste sentido, funciona como supridor de liquidez primária e garantidor de última instância apenas para os circuitos formais dos subsistemas que se acolhem às suas medidas de segurança, checadas diariamente pelas comissões de liquidez e de valores que fixam as regras formais e informais de conduta de Wall Street, isto é, adstritas ao princípio de territorialidade que limita a força imperativa de suas normas e define o domínio legal do FED. No entanto, o papel do FED como representante político do governo americano e gestor da moeda de referência em que está fundado o sistema financeiro internacional transcende de muito o seu papel como banco central clássico.

– O sistema financeiro internacional apresenta-se hierarquizado fortemente em vários planos. Mas esses planos não são convergentes, nem estruturalmente estáveis. Do que dá testemunho a alta rotatividade dos próprios atores do sistema, patenteada tanto pelo *ranking* dos vinte maiores bancos – que tem flutuado acentuadamente com as grandes fusões recentes entre instituições americanas e com a degradação da posição dos bancos japoneses – como pelo surgimento de novos gigantes nas praças livres e desreguladas da Ásia meridional. Além disso, as regras e procedimentos dos principais mercados interbancários mudam constantemente, resultando *prima facie* numa crescente desintermediação bancária.[6] Tudo indica que o próprio crescimento acelerado dos mercados de derivativos se faz acompanhar de uma diminuição proporcionalmente rápida do tempo de vida útil dos instrumentos financeiros de securitização.

Assimetria no crescimento internacional e a política da globalização

O período de crescimento iniciado a partir da recuperação da recessão de 1980-1983 não foi de modo algum uniforme. As assimetrias nas taxas de crescimento internacional a partir da década de 1980 são visíveis quando se toma como parâmetro a expansão quase ininterrupta dos Estados Unidos a partir de 1983 com uma taxa média semelhante à de sua trajetória no após-guerra, configurando – em frontal contradição às expectativas da virtual unanimida-

---

6. Na verdade, essa aparente desintermediação reflete uma interpenetração progressiva dos mercados de crédito e de capitais globalizados.

248 Maria da Conceição Tavares: vida, ideias, teorias e políticas

de dos analistas econômicos, acadêmicos e do mercado – um dos mais longos ciclos de crescimento da economia americana. Em forte contraste com esse quadro, os demais países da OCDE, em particular a Alemanha Federal e o Japão, crescem de forma mais lenta desde a crise de 1982 e voltam a entrar em crise em 1993, quando os Estados Unidos já ingressaram no segundo ano de um novo ciclo de crescimento mais acelerado. Mesmo quando foram capazes de realizar profundas reestruturações industriais que aumentaram sua competitividade internacional, inclusive para fazer face às mudanças cambiais, alemães e japoneses alcançaram uma taxa média de crescimento que foi apenas a metade daquela de seus períodos "milagrosos" do após-guerra. Isto é em parte explicável tanto pelo impacto dos sucessivos choques do petróleo e de juros, quanto pela coordenação forçada das políticas deflacionistas impostas pela diplomacia do dólar – sendo esta a determinação que está, em última instância, por trás da generalização das chamadas políticas neoliberais.

O crescimento mundial mostra-se hoje assimétrico em três planos distintos. No *plano geográfico*, o dinamismo concentra-se nos Estados Unidos e na China. No *plano social*, o espectro do desemprego ronda a Europa, a América Latina e o antigo bloco soviético, enquanto a África encontra-se inteiramente desestruturada; a distribuição de renda piorou por toda a parte (aumentando a participação dos rentistas e diminuindo a participação do trabalho), e mais notoriamente nos Estados Unidos, onde os grupos afluentes situados no percentil superior da distribuição da riqueza absorveram o grosso do crescimento da renda, enquanto os indicadores de pobreza e exclusão social adquirem matizes de terceiro mundo. No *plano dos agregados macroeconômicos relevantes*, as exportações globais, aspiração de todos os participantes do jogo, transformaram-se, no que toca à concorrência, em uma verdadeira guerra comercial, e o investimento produtivo em ampliação de capacidade é preterido em favor do investimento financeiro, patrimonial e especulativo.

Para compreender a origem das assimetrias no crescimento da economia internacional nos últimos 15 anos, é preciso ter em conta não apenas o seu perfil macroeconômico – em termos de quais componentes da demanda efetiva responderam pela expansão da renda – mas, antes, em um nível mais profundo, descortinar a estrutura do regime de acumulação que ditou a dinâmica do processo de crescimento. O caráter concentrador deste processo deriva, com efeito, de um complexo regime de acumulação caracterizado por três momentos distintos.

O primeiro é um momento *concorrencial*, marcado pela destruição e deslocalização muito rápidas das atividades produtivas, tipicamente em áreas industriais estruturadas no após-guerra, como fruto de uma feroz concorrência feita através da multiplicação das unidades fabris e pelo sucateamento de modelos e produtos, e que muitas vezes põe em confronto unidades da mesma empresa situadas em áreas monetárias diferentes. As atividades econômicas regidas por este momento, como as da indústria automotiva e eletroeletrônica, estão sujeitas a intensas disputas de mercados que não se referenciam a uma base territorial particular e que redesenham os mapas de produção e distribuição de produtos com extrema velocidade, obrigando a uma revisão permanente do conceito de vantagens comparativas dinâmicas.

O segundo momento do regime de acumulação vigente é *concentrador*, caracterizado pela forte concentração de capitais, através de fusões de empresas ou associações estratégicas, em duas frentes: a) nos setores de tecnologia "dura", como a indústria bélica e da aviação; e b) nos setores de tecnologia "de ponta", como o de telecomunicações e o de informática. Nesses setores, inclusos no que se poderia chamar de "economia de comando e controle", as políticas se revestem de caráter marcadamente nacional e territorial, ensejando a ocorrência de confrontações diplomáticas e comerciais entre as principais potências.

Finalmente, há ainda um momento *centralizador*, que, pelos mecanismos expostos na unidade anterior, promove a localização convergente de capitais patrimoniais e financeiros nos grandes centros decisórios mundiais, sujeitando o direcionamento dos fluxos de capital financeiro e a disponibilidade de crédito e liquidez em qualquer parte do globo a uma lógica financeira centralizada tanto no que toca à fixação de parâmetros de rentabilidade como à distribuição do risco – avalizada permanentemente por agências privadas ou multilaterais –, configurando a já aludida "ditadura do capital financeiro".

Ao se discutir a dinâmica da economia internacional contemporânea – aí incluídas as discussões sobre crescimento econômico –, frequentemente se menciona a globalização como sendo um fator central. Confunde-se, porém, a transnacionalização produtiva que vem ocorrendo há mais de cem anos no mundo – e, em particular, no após-guerra, sob o comando das empresas transnacionais americanas, com a correspondente reação oligopolística das grandes empresas europeias e asiáticas – com a mudança de cenário mais recente ocasionada pelas políticas de globalização financeira. No entanto, de-

250 Maria da Conceição Tavares: vida, ideias, teorias e políticas

veria estar claro que foi esta segunda, e não a primeira, que reforçou a assimetria de crescimento e de poder em favor dos Estados Unidos, ao promover uma reversão da liquidez internacional e induzir consistentemente a adoção de políticas deflacionistas e inibidoras do crescimento, que têm recebido a designação geral de "neoliberalismo". Para demonstrar que esta trajetória sinuosa que levou ao atual estado de coisas não é apenas um resultado do "mercado globalizado", mas está acompanhado desde o início de um desígnio de hegemonia internacional, basta que se confira o texto do Morgan, constante do artigo de 1985, aqui revisitado.

De fato, à medida que ocorreu a generalização das políticas neoliberais por todo o globo, as vantagens competitivas e de crescimento da Europa e da América Latina só fizeram diminuir em favor da economia americana e de alguns países asiáticos – que, além de serem os que apresentam maior poder de comando do estado sobre a economia, mantêm as moedas mais "fracas" do mundo, a começar pela China, um dos maiores espaços de expansão contemporâneos. É de se destacar, igualmente, que a adesão dos Estados Unidos ao neoliberalismo restringiu-se ao terreno do discurso, pois, na prática, a potência hegemônica adotou, de início, um *keynesianismo bélico* clássico, sucedido por investimentos em reestruturação industrial e atração de capitais estrangeiros – e seguiu financiando seu consumo doméstico e seu gasto público por meio de um vultoso endividamento amparado na posição cardeal de sua moeda nos mercados financeiros internacionais.[7]

Como consequência direta da generalização das políticas neoliberais, verifica-se por toda parte a deterioração da base fiscal do estado, provocada sobretudo pela manutenção de elevadas taxas de juros,[8] pela liberalização dos movimentos de capital e pela flexibilização dos mercados de trabalho, praticadas na esteira do avanço da globalização financeira. O elemento de maior impacto na

---

7. Vale observar que o volume crescente de juros tem levado a um aumento no montante do déficit público americano que não corresponde a um aumento nos gastos primários, mas, antes, denota um crescimento nas transferências financeiras, sem provocar, do lado nominal, a sempre vaticinada "volta da inflação".

8. As taxas de juros reais de longo prazo praticadas pelos países do G-7 que, na década de 1960, foram em média de 1% a.a., passando a -0,5% a.a. (juro real negativo) médios nos anos 1970, foram aumentadas violentamente a partir de 1979 – de início como resposta inevitável à puxada dos juros americanos, mas desde então mantidas em níveis historicamente muito elevados sob o pretexto oficial universalmente repetido de garantir-se a "estabilidade monetária" –, atingindo uma média de 6% a.a. na década de oitenta e situando-se num patamar ainda superior aos 5% anuais médios no período 1990-1996 (D. Plihon, "Desequilíbrios Mundiais e Instabilidade Financeira: A Responsabilidade das Políticas Liberais", *Economia e Sociedade*, dez. 1996).

deterioração fiscal generalizada foi sem dúvida a persistente alta dos juros que, mesmo nos períodos de declínio das taxas (como ocorreu, tanto em termos nominais como reais, entre 1984-1989), mantiveram-se sistematicamente maiores que o ritmo do crescimento econômico nos últimos 15 anos.[9] O resultado, avassalador mesmo para as economias avançadas da Europa e do Japão, foi um aumento progressivo do serviço das dívidas públicas em relação ao PIB, que onera fortemente as contas públicas independentemente das medidas de "austeridade fiscal" adotadas. No caso, emblemático, dos países da União Europeia, os encargos com juros do setor público, que representavam cerca de 2% do PIB europeu em 1979, cresceram ininterruptamente até perfazer 5% do PIB em 1995, pondo a perder todo o esforço de ajustamento dos resultados primários que, partindo de um déficit de cerca de 2% do PIB global em 1979, moveram-se gradualmente para uma posição de equilíbrio em torno da qual vêm gravitando ao longo da última década.[10]

Por outro lado, a capacidade de arrecadar do Estado, que dependia grandemente da utilização – cada vez mais infrequente – de mecanismos formais de contratação (de negócios, do trabalho etc.) públicos e privados, aplicados nos limites do território nacional, é afetada negativamente pela mobilidade irrestrita concedida ao capital e pelo grau crescente de informalismo que passa a reger o mercado de trabalho. Além de tornarem opaca a distribuição funcional da renda, tais políticas esgarçam o "contrato social" existente mesmo naqueles países em que se havia consolidado o *welfare state*. Os governos são induzidos, independentemente do nível de carga fiscal que pratiquem, a realizar ajustes fiscais severos, compensando a perda de capacidade tributária pelo corte generalizado de gastos, e a privatizar os serviços públicos, para reduzir o desequilíbrio patrimonial do estado.

Também nestes aspectos a potência hegemônica mostra-se infensa às consequências adversas da política de globalização por ela comandada. Além de poderem financiar o crescimento sustentado de sua própria economia, valendo-se da capacidade de endividamento propiciada pela preeminência do dólar, os Estados Unidos mostraram-se capazes de expandir seu gasto público, inclusive em termos de benefícios sociais. Pelo menos, desde 1989, os

---

9. Há ainda o agravante de que, nesse período, o paradigma impositivo que emana de Washington (e das principais escolas americanas) submete os ciclos de crescimento econômico aos movimentos das taxas de câmbio, com o que se tornam mais lentos e tendem a ser interrompidos por políticas de *stop and go*.

10. Fonte: D. Plihon, *op. cit.*

252 Maria da Conceição Tavares: vida, ideias, teorias e políticas

Estados Unidos desfrutaram de juros reais médios inferiores aos dos demais países e, o que é mais importante, mais próximas da taxa média de crescimento de seu produto – além do que o sistema tributário americano já estava mais bem adaptado à mobilidade do capital financeiro e à flexibilização do trabalho, mais antigas naquele país.

Na medida em que as transferências internacionais de capital foram redirecionadas para a sua economia – com os excedentes japonês e europeu financiando diretamente os seus gastos domésticos indutores do crescimento – e favorecidos por juros diferenciados (ainda que historicamente elevados), não é de admirar que os Estados Unidos tenham podido trazer sua taxa de desemprego de 7,2% em 1980 para 5,4% em 1996 (após ter passado por um pico de 9,7% em 1982), ao passo que a União Europeia, saindo de 5,6% em 1980, tenha chegado a 1996 com 11,4% de desemprego – num período em que mesmo o Japão, tradicional baluarte das políticas de emprego, passou de uma taxa de 2% (1980) para cerca de 3,5% em 1996.[11]

As políticas de globalização não impactam somente as economias mais avançadas, porém. É preciso ter claro desde logo que o processo da globalização abarca, como indica o nome, tanto os países centrais quanto os periféricos, e que a inserção de uns e de outros se dá de forma bastante diversa. Do ponto de vista dos mercados, o regime de acumulação vigente implica em que todas as decisões relevantes que se referem à produção "globalizada" sejam tomadas por um conjunto restrito de empresas e bancos dos países centrais cuja estratégia é efetivamente global (cf. *Global Reach*, Barnett, 1974), enquanto que os países periféricos aparecem, em princípio, apenas como receptores de padrões de consumo globais difundidos a partir do centro e, a depender de condições macroeconômicas conjunturais, como plataformas de expansão concorrencial ou circuitos auxiliares de valorização patrimonial e financeira – sobretudo via privatizações e pela elevação das taxas de juros internas – em cujo caso são classificados como "economias emergentes".

Por outro lado, cabe enfatizar que, havendo beneficiado primordialmente aos Estados Unidos como seus principais fautores, o dinamismo do crescimento ligado à política de globalização do capital projetou-se numa trajetória que, partindo do Bloco Atlântico (Estados Unidos e Europa), deslocou-se para o anel do Pacífico e, hoje, avança principalmente no continente asiático. Esta difusão de um padrão espacial de crescimento no contexto de uma

---

11. Fonte: *OECD Economic Outlook,* n. 60 - December 1996.

estratégia global dos grandes capitais excluiu claramente as periferias, mais vulneráveis à ortodoxia neoliberal e à nova hierarquização do poder político internacional. Dentre essas, incluem-se desde a própria periferia europeia (em particular o antigo bloco soviético) até a África e a América Latina.

A exceção, digna de nota, fica por conta dos países periféricos da Ásia, que se aproveitam dos dois movimentos de disputa e expansão simultânea das empresas transnacionais japonesas e americanas e da consequente flutuação alternada dos padrões monetários e financeiros entre o dólar e o iene. Esta simultaneidade facilita tanto a implementação de políticas comerciais favoráveis como o ingresso de investimento estrangeiro direto nos países da região, num montante inferior apenas àquele direcionado aos Estados Unidos.

Já a América Latina, ao retomar sua capacidade de endividamento externo a partir do início dos anos 1990, o faz sob a égide de movimentos de capitais financeiros voláteis, atraídos pelo elevado diferencial de seus juros internos relativamente às taxas internacionais. Sem dispor do raio de manobra dos NICs orientais em função de sua inserção absoluta na esfera de influência dos Estados Unidos – com quem, ademais, não mantém (com a possível exceção do Chile) as complementaridades e sinergias que caracterizam o espaço econômico asiático –, a América Latina torna-se um exemplo nítido dos malefícios de uma inserção subordinada no processo de globalização, sofrendo perdas de competitividade, reversão de seu processo de industrialização, exacerbação das mazelas sociais e crescente dependência dos fluxos de capital externo para evitar a *débâcle* cambial.

De fato, pode-se afirmar, à guisa de resumo, que as recentes políticas de globalização têm três desdobramentos espaciais importantes, a saber: a transnacionalização do próprio espaço econômico norte-americano; a transnacionalização da Ásia; e a submissão ou liquidação das economias periféricas endividadas depois da crise das dívidas externas de 1980-1982.

Conclusão: precariedades e contradições da hegemonia retomada

Quaisquer considerações sobre uma possível equiparação, em termos monetários e militares, entre os polos da Tríade que produziria um reequilíbrio de poder nos três continentes parecem inteiramente prematuras e deslocadas. No que se refere ao desafio japonês, o seu recente fracasso em autodeterminar a retomada do crescimento e controlar sua própria crise bancária, sem

254   Maria da Conceição Tavares: vida, ideias, teorias e políticas

recorrer ao apoio americano, deixam patente a sua dificuldade em liderar a própria Ásia, que dirá o mundo global. Também no que diz respeito à Europa, dada sua situação de desemprego estrutural e as condições draconianas previstas para a introdução do *euro*, não parece haver condições para que se incorporem no movimento de expansão conjunta todos os países que já compõem a União Europeia. As próximas *mésaventures* da moeda única, sob o comando do marco alemão, que se encontram em pleno curso, estão aparentemente deslocando o eixo marco-franco por pressões dos banqueiros privados alemães, holandeses e ingleses, tradicionais aliados há mais de um século no negócio do dinheiro, cuja sede principal segue sendo a *City* londrina.

Existem dois limites extremos para o movimento de implantação da moeda única europeia. Se o *euro* vier a nascer consoante a concepção original de Jacques Delors – como moeda de estado respaldada numa coordenação estreita imposta progressivamente à União Europeia pelo eixo Berlim-Paris – embora não se constitua numa ameaça séria ao papel financeiro internacional do dólar nos demais continentes, certamente restringirá a capacidade do FED de desempenhar um papel dominante na regulação dos mercados cambiais e financeiros europeus. A contrapartida desta hipótese será forçosamente uma severa disciplina monetária fiscal do Bundesbank em coordenação com o Banco de França, que submeterá a própria Alemanha e a França – e, a *fortiori*, os demais candidatos à entrada no padrão monetário único – a uma situação mais prolongada de semiestagnação e desemprego estrutural, até o advento da unificação completa com a criação de uma área monetária única no continente europeu.

Se, ao contrário, o euro converter-se numa moeda de banqueiros privados, a *City* londrina desempenhará provavelmente um papel desestabilizador da nova moeda, continuando a ser o "local europeu" privilegiado da especulação e da arbitragem financeira das demais moedas em relação ao dólar, não sendo claro neste caso que o Bundesbank conseguirá, em coordenação com o FED (a exemplo do recentemente ocorrido com o Banco do Japão), estabilizar o euro como moeda internacional relevante.

É preciso ter claro que os próximos desenvolvimentos na Europa, apesar de poderem desempenhar um papel importante na manutenção sem crises da "nova ordem" global, nem por isto põem em questão qualquer dos dois pilares de sustentação da hegemonia americana no mundo. Por um lado, como já indicado, o euro não representará em qualquer hipótese um desafio à supremacia internacional da moeda americana, ainda que possa obrigar o FED a

Hildete Pereira de Melo (Org.)

promover, mais uma vez, um forte movimento de enquadramento de juros e câmbio sob a diplomacia do dólar. Por outro lado, tampouco a *pax americana* estará em questão, de vez que a diplomacia das armas continua, por ora ao menos, sob o controle da potência hegemônica, e que um possível "avanço" social-democrata na Europa não traz quaisquer indícios de uma contestação política ou estratégica mais significativa à hierarquia hegemônica vigente.

Se esse movimento hegemônico americano tem avançado, como é notório, em todas as frentes – inclusive no campo cultural e de comunicação de massas –, convém lembrar, contudo, que não é esta a primeira vez que um regime de dominação baseado nas armas e no capital financeiro se impõe em nível global, inclusive sob uma forma imperial explícita, mediante o concerto de grandes potências dos três continentes. Historicamente, a reação a tais padrões de dominação imperial se dá a partir das potências mais atingidas pelo jogo das rivalidades internacionais e inter-regionais, ou quando o regime vigente começa a desestruturar a cadeia de integração social no coração do próprio sistema. Em outras palavras, a própria universalização de condições duras de exclusão torna-as de difícil sustentação e propicia a ocorrência de transformações sociais profundas que terminam por alterar a doutrina e a própria ordem hegemônica.

Desse modo, qualquer que seja a perspectiva histórico-estrutural escolhida – seja a de Marx, seja a de Braudel, seja ainda a de Polanyi – não se descortina, até prova em contrário, qualquer "exaustão" da história, como pretendem os apologistas da "nova ordem" mundial. Mesmo porque a "nova ordem" em curso não corresponde a uma divisão internacional do trabalho que permita o desenvolvimento harmônico – ou suficientemente dinâmico, ainda que desigualmente distribuído – para as "periferias" do sistema. Neste sentido, ao menos desde um ponto de vista latino-americano, não parece que estejamos evoluindo para uma situação de "nova dependência", mas sim para uma desestruturação avançada da divisão internacional do trabalho inaugurada em 1914, sugerindo que o "breve século XX" ainda não terminou.

No plano político, a questão da hegemonia global norte-americana tampouco está fechada. Lembrando que o conceito de "hegemonia" implica em uma *dominação consentida*, verificamos que esta baseou-se, até agora, no princípio da inaceitabilidade das alternativas. Dadas as situações de extrema assimetria que se consolidaram tanto no terreno militar quanto no financeiro, o grau de desestruturação sistêmica, passível de ser originado por algum descontrole no uso do potencial bélico ou do potencial econômico concentrado nas mãos de

256 Maria da Conceição Tavares: vida, ideias, teorias e políticas

poucos atores, tornou-se elevado o bastante para desavisar qualquer contestação ao papel de *hegemon* do sistema capitalista desempenhado pelos Estados Unidos, mormente no âmbito das políticas específicas a essas duas áreas.

Esse cálculo estratégico pode sofrer alterações em seu equacionamento básico, entretanto. Quando os gestores da ordem hegemônica buscam um avanço imperial de suas prerrogativas, procurando impingir uma primazia decisória absoluta em todas as áreas da vida internacional, tal linha de ação pode implicar em que se concretizem perdas para os atores mais expostos, acima e além do custo implícito na hierarquização hegemônica. Tais perdas, por seu turno, podem tornar mais atraentes, no curto prazo, políticas de resistência e atrição localizadas frente aos desígnios do *hegemon* – causando a este embaraços e custos de outra maneira evitáveis – e, no médio e longo prazos, os atores mais dinâmicos podem afiançar proposições de ordens regionais alternativas de poder político e econômico, estimulados negativamente pela percepção da falta de espaço para o desenvolvimento de suas potencialidades ou positivamente pela identificação de oportunidades para composição de interesses com outros atores não hegemônicos.

Ao que tudo indica, a atuação internacional dos Estados Unidos tem-se caracterizado justamente por um endurecimento de sua estratégia de dominação, sobretudo após a ruptura do bloco soviético em 1989-1990. Em nome das liberdades econômica, comercial, dos capitais financeiros e do investimento direto, os representantes americanos vêm fazendo demonstrações ostensivas e arrogantes de poder contra seus principais parceiros comerciais na Ásia, como se testemunhou na reunião de Cingapura da OMC (novembro de 1996), e provocando arrufos de animosidade da parte de japoneses, coreanos, malaios e chineses – estes últimos declaradamente agastados pela condução abertamente intimidatória das negociações para a renovação, de resto inevitável, do *status* de nação mais favorecida da China. Nesse sentido, em seu ímpeto de terraplenar o caminho para uma maior penetração de suas empresas transnacionais na Ásia, os Estados Unidos vêm tomando unilateralmente iniciativas deletérias a seus aliados no Extremo Oriente, com o que poderão estimulá-los a buscar composições à margem da agenda americana para seus interesses regionais.

Em outras palavras, ao deixar de exercer uma coordenação hegemônica (e, portanto, consentida) que tirasse proveito dos contenciosos e desconfianças históricas na região, em prol da adoção de políticas impositivas e unilaterais, os Estados Unidos deixam aberto, ao menos em princípio, um espaço político que possibilita a entabulação de entendimentos regionais autônomos. As recentes crises do Japão e dos Tigres Asiáticos, por exemplo, deram lugar a um tumulto financeiro considerável na região. O Japão, depois de sair da sua própria crise financeira desvalorizando o iene com ajuda do FED, soube tirar proveito da situação, assumindo uma posição de "arbitragem benigna" no Sudeste Asiático. Essa solidariedade regional pode estender-se, pelo menos em termos econômicos, sempre que se mantiver um poder desarmado frente à Coreia e à China, e, sobretudo, se conseguir assegurar uma menor dependência cambial e comercial em relação aos Estados Unidos.

Também no terreno estratégico vêm-se registrando posições cada vez mais imperativas de parte dos americanos. Num primeiro momento, solapam a posição de seus aliados europeus, em especial a da Alemanha, ao negociar um entendimento bilateral com os russos no âmbito da Otan, ficando subentendido que, em matéria de segurança continental, estes últimos passam a ser o interlocutor privilegiado dos Estados Unidos, que esperam um alinhamento automático e inconteste dos europeus aos termos das barganhas decididas entre os dois "parceiros" militares.[12] Em seguida, impõem a presença apendicular da Rússia no fórum do G-7 em contraposição frontal à posição do Japão, contribuindo para o ulterior desconforto de um aliado que, economicamente, vem sendo obrigado a desempenhar um papel de auxiliar cada vez menos resistente na política norte-americana de globalização do capital e, politicamente, continua servindo de base de operações da *pax americana* na Ásia e assim alimentando o ressentimento dos inimigos históricos que o cercam.

---

12. Nesse sentido há que mencionar, igualmente, o anúncio da recusa peremptória dos Estados Unidos em considerar a admissão de mais do que três candidatos à Otan (Hungria, Polônia e República Tcheca). Feito sem consulta ou aviso prévio às vésperas da Cúpula de Madri, quando países como a França e a Itália já haviam assumido publicamente o seu patrocínio de candidaturas adicionais (Romênia e Eslovênia), o gesto foi interpretado como um exercício público de subordinação e afirmação de autoridade americana na Europa, produzindo protestos até mesmo do tradicionalmente dócil Ministério do Exterior alemão. Os exemplos recentes do *diktat* norte-americano, entretanto, não se esgotam aí. O endosso à Lei Helms-Burton, no ano passado, que permite a retaliação a empresas ou indivíduos não americanos por fazerem negócios com Cuba considerados 'impróprios' por essa lei (i.e. envolvendo ativos de origem estadunidense nacionalizados após a revolução de 1959), inovou em matéria de direito internacional – introduzindo o conceito de um estado nacional atribuir unilateralmente a si próprio o direito de regular e punir ações de estrangeiros praticadas fora de seu território – e indignou a comunidade internacional, em especial os europeus. Outro exemplo corrente é dado pelas atuais dificuldades de mediação americana no Oriente Médio, que resultam da percepção de aliados árabes de longa data, como jordanianos e egípcios, de que, sem prévio acerto ou posterior justificação, os Estados Unidos resolveram dar ao governo israelense do Likud uma autorização tácita para denegar os termos do acordo de 1993, de que os americanos foram cossignatários.

258 Maria da Conceição Tavares: **vida, ideias, teorias e políticas**

Na medida em que venham a abdicar do papel de gestores hegemônicos da ordem internacional numa tentativa de imporem-se como centro de comando imperial, os Estados Unidos poderão introduzir um forte elemento de instabilidade institucional na correlação de forças precária, ainda que nitidamente definida, que hoje lideram. Um sinal de que esta liderança pode estar mudando de qualidade vem do fato de que, 13 anos depois de anunciada no artigo aqui revisitado, a retomada da hegemonia americana finalmente emerge por entre o lodaçal do discurso oficial na cena diplomática, pelas palavras do recém-eleito primeiro-ministro francês, que denunciou publicamente o que chamou de "pressão hegemônica" dos americanos. Como há uma década e meia anunciava-se de público o declínio dos Estados Unidos, no momento mesmo em que tal declínio, ademais de revelar-se transitório, era definitivamente deixado para trás, será lícito imaginarmos que, possivelmente, o reconhecimento público da hegemonia americana aconteça no momento mesmo em que os Estados Unidos procuram superá-la em favor de uma estratégia imperialista ostensiva.

Rio de Janeiro, julho de 1997.

Referências

BISIGNANO. *Internacionalization of financial markets,* IMF Staff Estimates.

CHESNAIS, F. *La mondialisation du capital.* Paris: Syros, 1995.

_____. *La mondialisation financière: génèse, coût et enjeux,* Collection alternatives économiques. Paris: Syros, 1996.

FAUGÈRE, J.-P. & VOISIN, C. *Le système financier et monétaire international.* Paris: Ed. Nathan, 1994.

FMI. *International capital markets: developments, prospects and policy issues,* 1994.

FUNABASHI, Y. *Managing the Dollar – From the Plaza to the Louvre.* Washington, D.C.: Institute for International Economics, 1998.

GREIDER, William. *One world ready or not – the manic logic of global capitalism.* Nova York: Simon & Schuster, 1997.

HYMER, Stephen. *Empresas multinacionais: a internacionalização do capital.* Rio de Janeiro: Graal, 1983.

OECD *Economic Outlook,* n. 60, dezembro 1996.

PARBONI, D. Desequilíbrios mundiais e instabilidade financeira: a responsabilidade das políticas liberais, *in:* Em: *Economia e Sociedade,* dez. 1996.

TAVARES, M. C. A Retomada da hegemonia americana e seu impacto sobre a América Latina, *in:* HIRST, Monica (org.). *Brasil-Estados Unidos na transição democrática.* Rio de Janeiro: Paz e Terra, 1985.

_____. A retomada da hegemonia americana, *in: Revista da Economia Política,* v. 5, n. 2. São Paulo: Brasiliense, abril-junho 1985.

_____. Tendências da globalização e seus impactos sobre o Brasil, *in: O Brasil, o mar: caminhos para o século XXI.* Rio de Janeiro: Ed. Escola de Guerra Naval, 1992.

_____. O Dissenso de Washington; *in: Em defesa do interesse nacional – desinformação e alienação do patrimônio público.* Rio de Janeiro: Paz e Terra, 1994.

_____ ; BELUZZO, L. G. *O capital financeiro e a empresa multinacional.* México: Centro do Terceiro Mundo/ILET, 1982.

_____ ; FIORI, J. L. *(Des) Ajuste global e modernização conservadora.* Rio de Janeiro: Paz e Terra, 1993.

VOLCKER, P. & GYOHTON, T. *Changing fortunes – the world's money and the threat to american leadership.* Nova York: Times Books, 1992.

Império, território e dinheiro[1]

Maria da Conceição Tavares

Política e economia na formação do Brasil contemporâneo[2]

Geopolítica e geoeconomia

O Brasil tem suas histórias geopolítica e geoeconômica fortemente entrelaçadas. A nossa inserção geopolítica foi determinada pelas guerras intraeuropeias e suas disputas coloniais do século XVII ao XIX com projeções sobre nossa inserção econômica internacional.

As disputas sucessivas da Espanha, Inglaterra e França pela hegemonia do espaço europeu permitiram que Portugal expandisse o território brasileiro à margem do pacto colonial original, firmado pelas grandes potências europeias no Tratado de Tordesilhas. O Tratado de Madri de 1750, que arrancou aos jesuítas os "Sete Povos das Missões", fixou praticamente as fronteiras políticas do Brasil e foi resultante de uma complexa obra de engenharia geopolítica, em que participaram, além de Portugal e Espanha, a diplomacia do Papado e da Inglaterra. A Espanha achou um excelente negócio ficar com o território do Sacramento (o atual Uruguai), que lhe garantia controle sobre a Bacia do Prata e abandonou à sua sorte o território das Missões Jesuítas, já devastadas pelas incursões bandeirantes em busca das minas interiores,

---

1. Extraído do livro FIORI, José Luis (org.). *Estado e moedas no desenvolvimento das nações.* 1ª ed.Petrópolis: Vozes, 1999. p. 449-489.
2. A obra fundamental de Caio Prado Júnior, *Formação do Brasil contemporâneo*, 1942, é a primeira obra magna a dar uma visão completa de economia política do "sistema colonial" brasileiro e de sua crise, assim como a *Formação econômica do Brasil*, 1961, de Mestre Celso Furtado, é o primeiro tratamento histórico analítico sobre o desenvolvimento econômico do capitalismo brasileiro. Ambas as obras foram fundamentais para minha formação de economista política, mas é meu dever esclarecer que esta minha "viagem de redescoberta do Brasil" não se prende ao pé da letra à obra dos grandes mestres e é tão somente a releitura das minhas próprias obsessões à luz do presente impasse da nação brasileira.

às quais os portugueses esperavam ter acesso pelo Rio Uruguai. A busca do metal precioso era mais necessária a Portugal do que à Espanha, que tinha outras fontes de exploração nos seus vice-reinados latino-americanos.

O regime colonial esgota o seu potencial de "acumulação mercantil" para a metrópole portuguesa e de "acumulação primitiva" para o centro capitalista internacional também no século XVIII, com o esgotamento do ouro de Minas. No entanto, desde o coração de Minas Gerais, já começara a ocupação extensiva do nosso vasto território interior, com os negócios de gado e muares, o primeiro movimento de integração nacional, à margem dos negócios metropolitanos. A expansão do comércio e do latifúndio interno faz nascer o *Grande sertão: veredas,* que tem de ser intercalado à visão da decadência do grande latifúndio canavieiro escravista do século XVII ou da ascensão cafeeira do século XIX. Minas serve de ponte interna para o século XIX, tanto de ocupação territorial quanto como precursora da Independência. É a partir da ideologia de suas elites políticas urbanas que se vai desfazendo a visão do Brasil como uma "vasta empresa colonial", cujo destino está amarrado à metrópole.

Nossa independência política e a inserção da economia na órbita de expansão do capitalismo inglês estão também atreladas a um fenômeno geopolítico sem precedentes na história mundial: a transmigração da sede de um império – o português – para o seu maior espaço colonial – o Brasil. A aliança explícita da coroa portuguesa com a potência que derrotaria Napoleão e que imporia a *Pax* Britânica ao mundo por mais de um século permitiu que o Brasil se constituísse desde o começo do século XIX (e não no futuro, como temia Chico Buarque) num imenso Portugal. Entre a vinda de D. João VI – com abertura dos portos e a manutenção da escravidão "ao sul do equador" já negociadas – e a proclamação da Independência, medeiam apenas 14 anos. Isso tornou-os, portanto, um Império "excêntrico", enquanto Portugal regressava à "apagada e vil tristeza" das suas sobras territoriais e coloniais em outros continentes, depois de ter sido o pioneiro dos "descobrimentos" e da "empresa colonial" no mundo moderno.

O Brasil não foi submetido à ordem imperial da nova potência mundial dominante no século XIX, já que só interessava como um "bom negócio capitalista", na divisão internacional do trabalho proposta pela Inglaterra. O império britânico já deixara de recorrer ao esgotado ouro de Minas Gerais, como lastro do padrão ouro-libra, e necessitava de mercados para a sua vitoriosa revolução industrial, não tendo, portanto, nenhum interesse de substituir o

Império Português para manter o Brasil sob seu domínio colonial. Era mais importante abrir um novo espaço de acumulação para o capital mercantil, industrial e financeiro inglês, associando-se à *mise en valeur* do Estado livre, enquanto reforçava os seus laços de opressão no Oriente, de onde havia conseguido expulsar os portugueses – tanto de sua empresa mercantil nas Índias Orientais, quanto de sua "missão civilizatória", apoiada mais no comércio e na Ordem Jesuíta do que nas armas.

O novo império brasileiro, nascido à sombra de dois Impérios, um decadente e outro no auge de sua expansão mundial, manteve sob seu domínio político a expansão das oligarquias regionais em sua ocupação do espaço e estabeleceu-se aos poucos sobre um território continental unificado. Em menos de um século, os espaços econômicos decadentes da exploração colonial (extrativa, canavieira e mineral) deram lugar a um espaço dominante de acumulação, tendo como centro interno o próprio complexo cafeeiro e como inserção internacional a economia mundial. A expansão da economia brasileira, ao mesmo tempo em que se abria ao capital inglês, permitiu a absorção de imigrantes pobres de muitos países (entre os quais milhares de portugueses), atraídos pelas oportunidades de trabalho abertas pela exploração capitalista de um novo território "livre". O novo Estado independente cultivava de forma ampliada, na própria capital, o Rio de Janeiro, os velhos vícios burocráticos e clientelísticos da corte imperial portuguesa. Manteve, até as vésperas da Proclamação da República, a reprodução renovada do capital mercantil escravista, bancando os riscos de uma burguesia nativa, ao mesmo tempo em que financiava a expansão da nova burguesia cafeeira.

O império brasileiro terminaria em menos de 60 anos, esvaído pelo gigantesco endividamento interno e externo, esgotado pelas lutas regionais dos senhores, pela abolição tardia da escravidão e por uma corte dispendiosa e incapaz de acompanhar as reformas burguesas que tinham sido vitoriosas em outros países de capitalismo retardatário. Assim, a República e a crise do Encilhamento vieram juntas, mas sem as características das revoluções burguesas originárias, nem mesmo as dos "capitalismos tardios", examinadas neste livro.

No Brasil, a ânsia de fazer coincidir os ideais liberais político-econômicos da potência dominante inglesa como uma versão periférica e tardia do iluminismo das revoluções francesa e americana levou-nos a uma República proclamada sem revolução política nem burguesa. A hoje denominada Velha República nasceu "pelo alto" e pelas mãos dos militares, em meio às intrigas das novas e velhas oligarquias (com dificuldade de

264 Maria da Conceição Tavares: vida, ideias, teorias e políticas

estabelecer um pacto de compromisso), ante a apatia e o estranhamento do povo brasileiro, que assistiu, como espectador, à proclamação da sua nova (velha) República imperial.

A república brasileira nasceu, assim, "pacificamente" sobre os escombros do capital mercantil-escravista e a falência de inúmeras casas de comércio e bancárias mergulhadas no "Encilhamento", resultante, ontem como hoje, da política econômica de endividamento interno e externo dos senhores locais do nosso império. Uma das primeiras medidas de grande relevância econômica da República recém-proclamada foi uma grande moratória seguida de uma negociação do reescalonamento da dívida externa (um *fundingloan*) com os banqueiros ingleses. Para obter esta colaboração, as autoridades monetárias e financeiras levaram o país ao primeiro grande ajuste recessivo de corte liberal e à adesão mais firme ao padrão ouro-libra, derrotando os "papelistas", que preferiam estabelecer um padrão monetário interno, sem conversibilidade, mas que permitisse expandir o crédito interno.

A história das "grandes moratórias", que se têm seguido de 50 em 50 anos a períodos longos de endividamento externo, tem marcado inflexões dramáticas na política e na economia brasileira, em que a disputa entre os "papelitas" e os "metalistas" é recorrente para a determinação do valor e destino do nosso dinheiro interno em confronto periódico com o dinheiro internacional. Deve-se talvez a isso, mais do que à importância das "exportações" como variável dinâmica da economia, a ideia de que os determinantes principais do desenvolvimento capitalista brasileiro são exógenos. Mesmo sem aceitar essa "determinação em última instância" como o motor central da história econômica brasileira, convém, no entanto, deixar registrada essa recorrência, que tem marcado os nossos períodos de ruptura no processo de acumulação de capital e da forma de inserção da economia brasileira na economia internacional.

A ocupação do território como base do capitalismo e do autoritarismo

As determinações geopolíticas e geoeconômicas da formação do Brasil contemporâneo, e as "taras" do seu passado colonial, não explicam, no entanto, a meu juízo, de forma satisfatória, sua evolução social e política como país independente. A oscilação permanente entre uma ordem liberal oligárquica e um Estado interventor autoritário passa por três ordens de fatores político-econômicos, que geram conflitos periódicos no pacto de dominação interna. Em primeiro lugar, vêm os conflitos pela concessão de "garantias" para a apropriação privada do território como forma patrimonial de riqueza e exploração predatória de recursos naturais, expulsão e incorporação de populações locais e imigradas, submetidas a todas as formas de exploração conhecidas. Seguem-se os conflitos entre as oligarquias regionais em sua relação com o poder central, quando se trata da distribuição dos fundos públicos, que alimentam periodicamente a crise do nosso pacto federativo e dos sucessivos "pactos de compromisso". Finalmente as relações entre o dinheiro mundial, o dinheiro local e as finanças públicas foram sempre a moldura que enquadrou a formação de nossas elites "cosmopolitas" e seu caráter mais ou menos associado com o capitalismo internacional e seus conflitos periódicos com as elites regionais no processo de validação do dinheiro como forma de valorização geral dos capitais particulares. As crises econômicas mundiais, embora produzam rupturas periódicas no processo de acumulação de capital e no pacto de governabilidade das elites, não têm alterado, porém, substantivamente as relações essenciais de dominação interna fortemente autoritária sobre as "classes subordinadas", nem o caráter rentista e patrimonialista que a expansão mercantil agrária e mais tarde urbano-industrial mantém como característica fundamental da nossa burguesia nacional.

As raras passagens pela democracia política nunca conseguiram estabelecer um estado de direito com instituições capazes de conter dentro delas o seu próprio aperfeiçoamento e a moldura de regulação das lutas das oligarquias regionais e das lutas dos movimentos sociais. As sucessivas mudanças de regime político, da forma autoritária explícita para a forma mais branda de "pactos constitucionais democráticos", nem sequer conseguiram resolver de forma democrática a luta das elites intelectuais radicalizadas em sua indignação contra o "arbítrio político" e a opressão do "poder econômico". A falta de acesso à terra, à educação e ao trabalho da nossa população rural e urbana nunca pôde ser equacionada nos marcos do nosso precário estado de direito. Não por falta de "leis", mas porque uma das marcas terríveis de nossa sociedade capitalista foi a descolagem completa entre a ideologia das elites bacharelescas, liberais ou libertárias e os pactos de poder ferozmente conservadores que conduziram o país através dos embates entre as cúpulas políticas territoriais e as cúpulas do poder ligadas ao império e ao dinheiro.

Nossas "transições democráticas interrompidas" nunca alteraram a marcha da batida do capitalismo brasileiro, dando a impressão sistemática de que os ideais reformistas ou revolucionários estão "fora de lugar", quando na verdade as ideias postas em prática pela chamada "sociedade civil" burguesa sempre estiveram no lugar: o de manter em movimento o "moinho satânico" do capital em suas várias formas. Para manter o movimento do dinheiro e assegurar a propriedade do território a ser ocupado por formas mercantis sempre renovadas de acumulação patrimonial, o Estado brasileiro – que a pretexto da crise sempre retoma o seu caráter imperial – é chamado a intervir com o propósito de manter a segurança e o domínio das nossas classes proprietárias ou tentar validar o estoque de capital acumulado.

As nossas reformas burguesas sempre tiveram como limites dois medos seculares das nossas elites ilustradas: o medo do Império e o medo do povo.

As nossas repúblicas (velha e nova) e a nossa "revolução burguesa de 30" nunca incluíram o povo num "pacto democrático". Não porque fossem tardias ou resultassem da herança colonial, mas porque todas as tentativas reformistas democráticas tendiam sistematicamente a extravasar os limites de tolerância do pacto oligárquico de dominação interna, fosse ele estabelecido pelas armas, fosse pelo famoso "pacto de compromisso" das burguesias regionais e das elites políticas.

A ideologia da Ordem e da Segurança Nacional, justificada pela necessidade de preservar a "integridade" do nosso imenso território, permeia o caráter autoritário que caracteriza os nossos sucessivos regimes de governo. Quando se trata de uma ordem autoritária explícita, com seus projetos nacionais de grandeza (Estado Novo de Vargas e projeto geiselista), encontra por limite o Império dominante na ordem mundial. Quando se estabelece sob a forma de pacto oligárquico liberal, termina entrando em desagregação pelos conflitos das elites políticas territoriais e pela ruptura periódica do elo frágil entre o dinheiro mundial e o nosso dinheiro local inconversível. Nessa situação apela-se, em geral, para a ordem interna das armas para garantir "a paz das famílias" e a "propriedade privada" e restabelecer um novo pacto oligárquico de dominação, no qual um "novo dinheiro" pretende garantir o valor do capital. Este forte autoritarismo ligado à terra e ao dinheiro serviu sempre de embasamento para aniquilar as lutas populares e das classes médias radicalizadas, como ocorreu tanto com a Aliança Nacional Libertadora, depois da crise e da revolução de 1930, quanto com as lutas pelas Reformas de Base de 1963 e dos movimentos sociais ao longo da nossa história.

Nem os projetos "nacional-desenvolvimentistas", nem os sucessivos pactos oligárquicos liberais ou autoritários, encontraram tempo, dinheiro ou razão suficiente para levar adiante a reforma agrária e o ensino básico universal, que todos proclamaram ser indispensáveis ao desenvolvimento de uma nação moderna, por intermédio de suas elites conservadoras mais lúcidas.[3] O fato de a nossa "revolução burguesa" continuar "incompleta" não se justifica, pois, nem pelo caráter tardio do nosso capitalismo, nem porque os nossos burocratas de Estado sempre procuraram fazer a "revolução pelo alto", já que isso impediu muitos outros países de capitalismo tardio de levar a cabo as reformas agrárias e de ensino, requeridas pelas suas "modernizações conservadoras".

Na verdade, a história vitoriosa da constituição do capitalismo no Brasil independente e os seus percalços e "desvios históricos" do ponto de vista da incorporação popular parecem dever pouco, tanto à herança colonial quanto às ideias iluministas que animaram os corações e as mentes de nossas elites bem-pensantes. Os fatos relevantes para a história social e política do país parecem ter sido sempre, desde o século XIX, a apropriação privada do território, as migrações rurais e rural-urbanas compulsórias da população, em busca de terra e trabalho, além da centralização e descentralização do próprio domínio do Estado nacional, ora férreo, ora frouxo, sobre um "pacto federativo" que se revelou sempre precário desde a nossa constituição como país independente. Ordem e Progresso sempre significaram domínio sobre a terra e as classes subordinadas e acumulação "familiar" de capital e de riqueza, qualquer que fosse a inspiração ideológica, positivista ou liberal, das elites no poder. Nunca se conseguiu constituir, por isso, nenhuma espécie de consenso amplo da "sociedade civil" sobre como governar em forma democrática o nosso país.

Por outro lado, a "fuga para a frente" do dinheiro e das normas (Fiori, 1984) só foi possível porque houve a fuga para a frente das populações em busca do espaço livre, que, ao ser ocupado, reproduzia, na fronteira de expansão da acumulação capitalista, as relações sociais e econômicas desiguais e combinadas que constituem a marca mais forte da heterogeneidade social crescente da sociedade brasileira. Esta não se justifica pela mestiçagem como tantos autores sociais, neles incluídos alguns modernistas de 20, sempre lamentaram, nem mesmo, fundamentalmente, pela difusão desigual

---

3. Ver, sobre reforma agrária, os sucessivos pronunciamentos, desde o Patriarca da Independência até programa do Estatuto da Terra do Governo Castello Branco. Sobre ensino público fundamental, desde o Ministério da Educação do Estado Novo até o ministro do governo Fernando Henrique Cardoso.

268 Maria da Conceição Tavares: vida, ideias, teorias e políticas

do progresso técnico (Pinto, 1965, 1970). A heterogeneidade social explica-se, sobretudo, pela conquista do espaço interno de acumulação de capital, condições de dominação que vão se alterando no tempo e nas formas de ocupação do território, mas que sempre confirmaram a tendência à concentração crescente da renda e da riqueza e à exploração brutal da mão de obra.

A própria mudança da capital do Estado brasileiro para o centro do país, utopia de mais de dois séculos, ao ser realizada, demonstrou na prática da construção de Brasília, entre candangos, superquadras e os três poderes, o caráter contraditório de buscar ao mesmo tempo a ocupação privada dos grandes espaços livres para diminuir os desequilíbrios regionais e sociais do país e dar maior força e centralidade para um poder que rapidamente se tornou imperial.

Não convém, portanto, recorrer às versões mais abstratas e gerais do esquema cepalino centro-periferia, nem mesmo aos esquemas dependentistas do capitalismo associado, para explicar a especificidade de nossa dinâmica econômica. Mesmo do ponto de vista estritamente econômico, parece ser necessária uma releitura crítica dos dois modelos cepalinos de crescimento *hacia afuera* e *hacia adentro* para explicar o dinamismo de nosso capitalismo tardio.[4] A expansão das fronteiras econômicas, periodicamente fechadas e reabertas pelos negócios de produção e exportação do agro*business* da exploração de recursos naturais, mantém-se ao longo de toda história econômica brasileira. Assim a ocupação capitalista de várias regiões do país amplia a dimensão "nacional" da acumulação de capital, que dificilmente pode ser explicada apenas pelo caráter "reflexo" do chamado modelo de crescimento para fora, ou pela dinâmica da "substituição de importações". A economia brasileira sempre cresceu "para dentro" e ao mesmo tempo sempre esteve inserida de forma periférica e dependente – isto é, de não contar com a geração de progresso tecnológico próprio, nem com dinheiro conversível no mercado mundial – conseguiu obter durante mais de cem anos uma das maiores taxas de crescimento do mundo capitalista.[5]

Prebisch (1949), quando propôs a sua explicação geral do centro e periferia e a importância que tinha a mudança dos centros para o crescimento

---

4. Essa releitura já foi feita por João Manuel Cardoso de Mello (1982).
5. O fato de que, apesar disso, tenha-se mantido "subdesenvolvido" significa que o Brasil tem periodicamente sua "marcha interrompida", tanto do ponto de vista do desenvolvimento das forças produtivas modernas quanto do ponto de vista dos direitos sociais, quando comparado com outros países de capitalismo tardio, que se tornaram "potências" no sentido "moderno" neomercantilista do termo.

da América Latina, estava visivelmente influenciado pelo caso da Argentina, que sempre tendeu a encaixar-se melhor no esquema padrão-ouro do que no padrão-dólar que o sucedeu. Isto porque a divisão internacional do trabalho lhe era mais favorável, sendo a Inglaterra o centro hegemônico. O que não foi o caso do Brasil, cujas "classes produtoras" sempre foram capazes de se adaptar (até recentemente) às novas circunstâncias da "ordem mundial", por sua vocação de reinventar o dinheiro e abandonar as normas impostas pelas propostas de regulação hegemônica do padrão monetário internacional vigente. Isso deve-se provavelmente ao fato de que no caso argentino as relações espaciais de produção e de dominação tenham reproduzido internamente, com maior nitidez e estabilidade, o esquema metrópole (Buenos Aires)/satélite (as províncias).

No Brasil, apesar de sua vocação "imperial", a "corte" mudou várias vezes de lugar. O talento multipolar da dominação se revelou na forma como foi conquistada e articulada, de forma desigual e combinada, a ocupação capitalista do território nacional, produzindo vários focos de expansão e várias burguesias e oligarquias regionais que contrabalançavam a sua decadência econômica "cíclica" com um maior peso político relativo junto ao governo central, onde quer que ele estivesse. O Estado nacional brasileiro, por sua vez, sempre avançou em sua vocação "centralizadora" a partir de sucessivos conflitos e pactos das oligarquias regionais e destas com as elites de negócios internacionalizados.

O recurso periódico a uma ordem política autoritária busca suas razões de Estado não só na preservação do território nacional, como também no apoio à expansão capitalista, em novas "fronteiras" de acumulação, onde lhe cabe impedir uma luta de classes aberta, dos senhores da terra e do capital entre si, e garantir a submissão das populações locais ou emigradas, que se espraiaram pelo vasto território brasileiro. Por sua vez, o processo de deslocamentos espaciais maciços das migrações rural-urbanas das nossas populações e as mudanças radicais nas condições de vida e de exploração da mão de obra não permitiram, até hoje, a formação de classes sociais subordinadas mais homogêneas e sedimentadas, capazes de um enfrentamento sistemático que pudesse levar a uma ordem civil burguesa estabilizada. A "ordem das elites de negócios" sempre foi capaz de mudar as "regras" e fazer "contratos de gaveta", produzindo assim uma sociedade mercantil em constante "fuga para a frente", sem normas e sem dinheiro permanentes, isto é, sem uma ordem civil burguesa capaz de autoadministrar-se nos marcos da lei. Recorrendo perio-

Maria da Conceição Tavares: vida, ideias, teorias e políticas

dicamente a golpes militares ou a intervenções políticas "salvacionistas", as elites de poder brasileiras não permitiram até hoje uma acumulação política de forças e uma participação societária popular, capazes de produzir uma verdadeira ordem democrática.

As forças expansivas dos donos do império, do território e do dinheiro, sobrepuseram-se sempre aos interesses de vida da maioria da população brasileira. Nos seus caminhos de dominação, sempre em busca da "modernidade", podem ser encontradas as razões da riqueza e da miséria da nação brasileira.

O movimento político-econômico do capitalismo tardio no Brasil

Inserção internacional

Apoiado ao mesmo tempo na sua imensa fronteira de expansão interna e na expansão do mercado mundial, o café tornou-se rapidamente uma mercadoria de grande valor no comércio internacional. Assim, embora à sombra da expansão do capital financeiro inglês, a economia capitalista brasileira teve determinantes para sua própria expansão econômica, simultaneamente endógenos e exógenos e deixou de ser uma mera "economia reflexa", dos tempos da "empresa colonial".

Com a constituição do complexo cafeeiro do centro-sul, o capital mercantil inglês encontrou uma nova fronteira de expansão tardia, depois das suas aventuras imperialistas na Ásia e na África e nos próprios Estados Unidos. Já não se tratava, porém, de uma aventura de domínio imperial, mas de uma incorporação do espaço econômico brasileiro ao mercado internacional, na qual o capital inglês realizou excelentes negócios. O financiamento de algumas ferrovias e serviços de utilidade pública com garantia da dívida pública brasileira em Londres foi apenas um deles. A sua atuação mercantil-especulativa interna revelou-se também lucrativa: monopolizou parte da fronteira de expansão agrícola (por ex., as companhias de terras no Paraná); apoderou-se de alguns empreendimentos ferroviários dos Barões do Império Brasileiro (a ferrovia São Paulo – Railway e a Leopoldina são os casos mais notórios) e abriu filiais de casas bancárias e de câmbio para acumular os lucros da circulação financeira. Várias associações comerciais e bancárias entre o capital brasileiro e inglês terminaram quebrando na crise do Encilhamento. O capital financeiro, centralizado na *City* de Londres, tendo aprisionando o governo brasileiro num processo de endividamento público externo de longo prazo, levou à ruína as finanças públicas na passagem do Império para a República e conduziu o país à moratória de 1898.

A grande crise internacional do último quartel do século XIX, com seus reflexos sobre a demanda de café, a liquidação tardia do braço escravista do capitalismo mercantil (uma decisão política decorrente do conflito interno com as elites escravocratas brasileiras), e a própria crise financeira do Encilhamento, liquidaram parte dos "bons negócios" do complexo cafeeiro, que se estendia do Rio de Janeiro, pelos caminhos de Minas, e se concentrou em São Paulo. A crise prejudicou temporariamente as possibilidades de expansão das exportações de café, mas não retirou o "complexo", nem o país, da órbita do capital financeiro internacional como sucedera nos ciclos anteriores da cana de açúcar e do ouro. Juntamente com a moratória, foi executado um drástico plano de ajuste às regras do padrão-ouro, ao qual se seguiu um *fundingloan* da dívida pública externa, aprovado novamente pela *City* de Londres.

A economia brasileira já tinha, porém, transbordado os limites de crescimento guiado meramente pela demanda internacional e pelo financiamento externo. A expansão da agricultura de alimentos e do trabalho assalariado e a criação de economias regionais mais sustentáveis permitiram a diversificação da produção para o mercado interno e a formação de um embrião de sistema bancário nacional, fatores que, juntamente com a existência de uma infraestrutura de transportes, permitiram relançar a economia brasileira e iniciar finalmente a construção de uma indústria local antes mesmo da Primeira Guerra Mundial (ver Cano, 1981). A economia nacional acelerou um processo de diversificação produtiva agrícola e industrial, já completamente desvinculado das agruras do café, que se acentuou durante a Primeira Grande Guerra, de tal modo que o novo auge cíclico do café na década de 1920 sobrepôs-se a uma economia em expansão mais diversificada, que, por isso mesmo, foi capaz de reagir mais rápido e eficazmente à crise de 1930.

A decadência do domínio econômico e político da Inglaterra levou-a a abrir mão de ser o financiador preferencial da política de sustentação do café às vésperas da crise de 1930, o que terminou conduzindo o país à segunda moratória, de 1937, com os banqueiros de Londres, dos quais escapamos definitivamente, graças à guerra europeia e ao acordo com os americanos em 1939. No entanto, não ficamos esperando tanto tempo para superar a crise de 1930. A recessão interna que se segue ao *crash* de Nova York foi contornada

272 Maria da Conceição Tavares: **vida, ideias, teorias e políticas**

rapidamente pela queima dos estoques do café e pela subida dos preços das importações, provocada pela política cambial e de restrição de oferta de divisas. O corte drástico das importações durante a guerra e a melhoria nos termos de troca, resultante da elevação de preços nos produtos de exportação, acabou permitindo a recuperação da renda dos exportadores e a acumulação de reservas internacionais que foram desbaratadas, depois da guerra, para nacionalizar a infraestrutura sucateada das ferrovias inglesas.

Num breve interregno, entre as duas guerras, passamos finalmente da esfera de influência inglesa para a norte-americana, mas tanto a recuperação da crise de 1930 quanto a chamada "industrialização por substituição de importações" não se deram mais com recurso aos empréstimos do capital financeiro internacional. O papel do capital financeiro americano não teve, portanto, maior relevância para a expansão interna da economia brasileira que se seguiu à crise de 30, movida pelo crescimento da renda monetária e pela expansão de crédito interno da rede do Banco do Brasil, cujas carteiras de crédito geral, agrícola e industrial supriram sem dificuldades a expansão das atividades em várias regiões do país.

A influência norte-americana foi muito menos forte do que era de se esperar, dadas duas pretensões com a doutrina Monroe do fim do século XIX e os acordos de Washington de 1939. Os Estados Unidos, ao se tornarem uma potência no final do século XIX, pretendem afirmar seu poder no continente sul-americano, tentando estender sua esfera de influência, muito além do México e da América Central, o que ficou expresso na doutrina Monroe, antecipação premonitória da Alca, cem anos depois. Mas a "América para os americanos" foi contida tanto pela mudança na política externa americana, ciclicamente isolacionista, quanto pelos interesses econômicos dos ingleses no Cone Sul – em particular a Argentina, o Brasil, o Uruguai e o Chile – até a crise de 1929. Somente na qualidade de banqueiro financiador da grande safra cafeeira às vésperas da crise e na abertura de filiais industriais na década de 1920, o grande capital americano passou a desempenhar algum papel no Brasil.

Apesar do caráter frouxo dos laços com o capital financeiro norte-americano, a importância geopolítica da grande potência americana foi determinante para que Vargas não aceitasse em 1930 a criação de um "banco central independente" – que acompanhava a proposta de estabilização dos banqueiros ingleses – e conduzisse o país à moratória de 1937, sem temor de retaliação do capital financeiro inglês. Proclamado o Estado Novo em 1937, o governo brasileiro aproveitou as tendências divergentes dos militares (pró e contra aliados) e manteve a neutralidade durante a Segunda Guerra Mundial até 1942, quando finalmente o Brasil entrou em guerra contra as potências do Eixo. Vargas utilizou uma diplomacia contraditória de troca de interesses geopolíticos com os Estados e a ideologia nacionalista industrializante do grupo pró-Eixo (chefiado por Góes Monteiro), conseguindo negociar a concessão da base de Natal aos americanos, em troca da promessa de uma siderurgia nacional financiada pelo Eximbank.

Esse foi na verdade o período em que, uma vez mais devido à guerra europeia, o Brasil começou a desenhar, a partir de um Estado nacional autoritário, um projeto nacional de desenvolvimento relativamente autônomo.

Como é sabido, a revolução de 1930 não foi do ponto de vista político verdadeiramente burguesa, mas uma recomposição do pacto oligárquico regional com forte participação das classes médias urbanas e forte dissidência militar interna, que nos levou à beira da guerra civil, evitada, porém, com a derrota política de São Paulo, onde se centrava a grande burguesia cafeeira, em 1932. Continuamos, portanto, nossa marcha triunfante para adquirir uma nacionalidade sob a bandeira da "Ordem e Progresso", à qual agregamos a autoestima de nossa "cultura popular", descoberta pelos modernistas de 1922 e aplicada com proficiência estatal pelo Ministério da Cultura do Estado Novo de Vargas.

No pós-guerra, a assinatura do tratado do Rio de Janeiro em 1947 e a criação da comissão mista Brasil-Estados Unidos pareciam mergulhar-nos novamente na perspectiva de submissão ao domínio político-econômico da grande potência norte-americana. A política liberal de Dutra, a discussão das elites apontavam nessa direção. Uma vez mais a dominação geopolítica e geoeconômica do Brasil foi afastada pelas novas tarefas imperiais dos Estados Unidos na Guerra Fria europeia, na guerra da Coreia e nas guerras do Norte da África, e a política interna liberal foi substituída por uma política econômica de caráter nitidamente industrializante.

Ao ter de substituir militarmente os aliados da Segunda Guerra Mundial, na dupla tarefa de *gendarme* neocolonial e de poder hegemônico na contenção do comunismo na Europa e na Ásia, os Estados Unidos desviaram de novo as suas atenções da América do Sul. A não ser com a tardia intervenção em Cuba, malsucedida do ponto de vista do Império, e a retórica da "Aliança para o progresso" desencadeada por Kennedy, a política externa norte-americana orientou-se para os velhos continentes, convertendo os seus inimigos

274 Maria da Conceição Tavares: vida, ideias, teorias e políticas

da véspera – Alemanha e Japão – em sócios preferenciais e desarmados da expansão da nova ordem econômica mundial e da Pax Americana. A sua intervenção na América Latina limitou-se uma vez mais à América Central, em forma aberta, e a apoiar decididamente os golpes militares que se sucederam na América do Sul, entre os quais o nosso, em 1964.

Do ponto de vista geoeconômico, os seus interesses estavam alhures, nos países petroleiros e em outros países periféricos, ricos em matérias-primas estratégicas, além de tentarem ocupar o espaço econômico e a influência diplomática que o velho Império Britânico deixara no seu ex-espaço colonial (transformado numa *Commonwealth* enfraquecida). A industrialização da América do Sul ficou por conta da força ou fraqueza dos seus próprios países. Só mais tarde, depois de 1958, a expansão das filiais industriais multinacionais iniciou sua volta ao mundo, depois de saltar as barreiras alfandegárias do Mercado Comum Europeu, chegando assim a desempenhar um papel importante na industrialização de vários países da América Latina. O Brasil, ao abrigo de uma política tarifária e cambial de caráter protecionista, e com o apoio das suas próprias instituições de fomento, seguiu os "ares do mundo", começando para valer a sua industrialização pesada e continuando a tão famosa como mal denominada e interpretada "substituição de importações" (ver Tavares, 1972).

O começo da industrialização pesada

Como é natural, não ocorreu nenhum apoio à industrialização pesada por parte dos norte-americanos durante a guerra, nem no pós-guerra do governo Dutra. Apesar da instalação da Comissão Mista Brasil-Estados Unidos, que supostamente se dedicava a apoiar o desenvolvimento brasileiro, a réplica periférica do "Plano Marshall" de reconstrução europeia nunca ocorreu.

A duras penas cumpriram a promessa dos acordos de Washington de 1939 de financiar através do Eximbank a Companhia Siderúrgica Nacional, assim mesmo tardando até o segundo governo Vargas para ser instalada. Os interesses da nova potência hegemônica, no que se refere aos principais países do Cone Sul, Argentina e Brasil, limitavam-se a manter a nossa "vocação" agroexportadora, de preferência contida dentro das próprias regras do livre-comércio, de que eles mesmos eram autores. Para garantir a sua posição privilegiada como os maiores produtores mundiais de grãos, de gado, de matérias-primas minerais e de manufaturas, concorreram com a Argentina na exportação de trigo, subsidiada pelo ponto IV do Pentágono, e colocaram uma série de restrições à importação de gado. Do mesmo modo no Chile, na Bolívia e na Venezuela, só lhes interessavam os minerais estratégicos, que tentaram controlar o maior tempo que puderam, com todos os expedientes possíveis (de variação de estoques estratégicos até as restrições ao financiamento e desnacionalizações parciais).

O novo centro mundial, ao contrário da Velha Inglaterra, não propunha nenhuma nova divisão internacional do trabalho que garantisse um papel à periferia na expansão do sistema capitalista internacional, como avisou Raúl Prebisch em seu documento seminal de 1949, em ele propunha a industrialização latino-americana como um caminho *hacia adentro*. No Brasil, a proposta norte-americana e seus arautos liberais no período Dutra tentavam manter o estado de coisas, incentivando a retomada liberal: declararam junto ao FMI uma paridade do cruzeiro com o dólar insustentável, liquidaram as reservas internacionais acumuladas durante a guerra e confirmaram a nossa "vocação agrícola" com o estabelecimento de algumas empresas agroindustriais ligadas ao grande capital norte-americano (frigoríficos, óleos, moinhos e comercialização do algodão e do café), além da retomada de algumas empresas de mineração.

O projeto nacional-desenvolvimentista de industrialização pesada só foi iniciado verdadeiramente pelo segundo governo Vargas com a criação da Siderúrgica Nacional, a Fábrica Nacional de Motores, a Álcalis, a Petrobras e o BNDE, e continuou, depois de breve interrupção causada pela sua morte, através do plano de metas do governo JK. Não se tratava, portanto, de um projeto de desenvolvimento autônomo da burguesia nacional, que continuava dominantemente no agro*business* e nos bancos tanto em São Paulo quanto em Minas Gerais. Estava constituído desde o início por um forte núcleo industrial estatal, no qual tanto o capital estrangeiro como o nacional desempenhavam papéis complementares. Assim, apesar de ter apoiado a "burguesia imigrante" para encaixá-la no projeto da indústria metal-mecânica, ele era e continuou a ser a "pata fraca" do tripé (capital estatal, privado nacional e estrangeiro) sobre o qual estava montada a industrialização brasileira. É interessante notar que o chamado "capitalismo industrial associado", localizado, sobretudo, em São Paulo, não tinha praticamente nenhuma filial americana nova. As que já estavam instaladas desde a década de 1920 não avançaram muito na nova siderurgia nem na indústria de material de transporte, em que

276 Maria da Conceição Tavares: vida, ideias, teorias e políticas

eram dominantes as filiais europeias e japonesas. Basta dizer que a Ford limitou-se a concorrer na nova indústria automobilística apenas com o projeto Ford-Willys, de um veículo utilitário destinado, preferencialmente, ao uso em zonas agrícolas. Diga-se de passagem que as outras montadoras multinacionais tampouco aportaram capital inicial de grande vulto, financiando sua expansão sobretudo à custa de reinvestimento de lucros obtidos num mercado protegido e em crescimento rápido (Lessa, 1981).

Como era de se esperar, o Rio de Janeiro continuava centro do "projeto nacional", concebido originalmente pelo positivismo militar de Góes Monteiro durante o Estado Novo e levado adiante pela burocracia de Estado no segundo governo Vargas. O cerne do projeto "nacional-desenvolvimentista" mantém-se ancorado no Estado e desdobra-se com eixos claros de acumulação de capital e de ocupação do espaço territorial. O BNDES, a Petrobras, e suas encomendas à indústria naval e ao setor de bens de capital; a siderurgia, em conjunto com a mineração e a metalurgia de Minas Gerais, com o desdobramento regional dos projetos da Vale do Rio Doce e o sistema hidroelétrico e de construção rodoviária, foram núcleos estratégicos que deveriam dar apoio à burguesia industrial nacional durante três décadas. Esta, por sua vez, depois de ter um papel complementar na montagem do Plano de Metas deveria ser fortalecida mais tarde no II PND.

O Plano de Metas tratava de "nacionalizar" os programas setoriais de infraestrutura da falecida Comissão Mista Brasil-Estados Unidos com financiamento fiscal de um adicional de imposto de renda e mais tarde o imposto único de combustíveis e lubrificantes. Do ponto de vista ideológico, depois do entrevero de Roberto Simonsen travado com Gudin, o *establishment* paulista continuava sob influência liberal no seu horror ao Estado, enquanto no Rio de Janeiro o Iseb fornecia a ideologia nacional-desenvolvimentista. A Cepal no BNDE continuava pregando o seu programa de industrialização por substituição de importações, que só em Vargas tivera alguma audiência (ver Furtado, 1992).

Do ponto de vista da diplomacia, o Itamarati iniciou, com o apoio de Juscelino, a sua Operação Pan-Americana, destinada e neutralizar o pacto do Rio de Janeiro e a substituir a diplomacia OEA por uma doutrina de não intervenção de cunho terceiro-mundista, que foi reativada pelos regimes do governo militar depois de breve interrupção de quatro anos, 1964-1968. Nesse período adotou-se uma diplomacia pró-americana em pagamento aos bons serviços prestados ao golpe militar de 1964.

Hildete Pereira de Melo (Org.) 277

No período do Plano de Metas a acumulação do capital privado industrial prosseguia agora liderada pela industrialização pesada, com uma concentração crescente no espaço paulistano, sede do antigo complexo cafeeiro, o que provocou vários conflitos entre a burguesia cafeeira e a industrial, por causa da política do câmbio múltiplo que prejudicava a primeira e beneficiava a segunda. No que tange, porém, à grande burguesia nacional clássica, foi a interiorização do desenvolvimento que lhe permitiu, de novo, a sua forma favorita de acumulação mercantil: apropriação de terras e acumulação patrimonial-rentista. A associação entre empresários industriais nacionais e as empresas multinacionais não passava pela constituição de *joint ventures* ou outra forma de associação de "capital aberto". Tanto os grupos nacionais como as filiais das multinacionais mantiveram suas empresas de capital fechado (ver Miranda e Tavares, neste livro). Foi a montagem da matriz interindustrial, proporcionada pela política de "substituição de importações" do período JK, que propiciou o caráter complementar na divisão de trabalho entre empresas nacionais e empresas multinacionais de todos os continentes. O Plano de Metas, através dos seus grupos setoriais sediados no BNDE, contemplava a montagem de "complexos industriais", sobretudo o metal-mecânico, que ia da indústria automobilística à indústria naval, com predomínio do capital europeu e japonês nas montadoras e metalurgia, mantendo-se a indústria de autopeças e de bens de capital por encomenda preponderantemente nacionais.[6]

As filiais americanas de mais velha data concentraram sua acumulação no complexo agroindustrial, continuando a acreditar piamente na nossa vocação agrícola e agroexportadora, o que não significa que não tenham se beneficiado substantivamente do crescimento do mercado interno, propiciado pela articulação da expansão do grande complexo metal-mecânico de material de transporte e da expansão vigorosa do sistema de infraestrutura, sobretudo de energia e de transporte rodoviário.

A ruptura com o Fundo Monetário e o Bird foi provocada pela opção JK contra a política de estabilização Campos-Lucas Lopes e a favor da interiorização do desenvolvimento – a construção de Brasília, barragens e estradas continentais – que valorizou, do ponto de vista capitalista, consideráveis

---

6. Minha experiência profissional como economista começou no BNDE em 1958, quando participei com exaltação nacional-desenvolvimentista do Geimape (Grupo Especial da Indústria de Máquinas Pesadas).

278 Maria da Conceição Tavares: vida, ideias, teorias e políticas

extensões de terra no imenso território interior brasileiro. Essa expansão e apropriação privada do espaço continental deu lugar à ampliação de escala dos dois pilares clássicos da verdadeira burguesia nacional (até recentemente não associada ao capital estrangeiro), a saber: as construtoras e os bancos brasileiros. A questão das "reformas de base" proposta pelo governo de Jango no período de 1962-1964, ao incluir a reforma agrária ao longo dos principais eixos rodoviários que cortavam de Norte a Sul do país, levantou, como não podia deixar de ser, a oposição frontal da grande burguesia, e a reforma agrária terminou, como é sabido, com o golpe militar que depôs João Goulart.

No novo regime militar, mesmo as políticas liberais de estabilização dos ministros Bulhões-Campos nunca puseram em tela de juízo o apoio dos sucessivos governos autoritários ao capital estatal e ao capital privado nacional, fortalecendo inclusive a pasta estatal. Depois de 1964, foi promulgado o Decreto 400, que tornava mais autônoma a gestão das empresas estatais, e foi criado um fundo parafiscal (o FGTS) de poupança forçada dos trabalhadores, como instrumento público de financiamento à construção civil, com mecanismos de indexação das dívidas contratuais dos mutuários. Mais tarde, já no "milagre econômico" de Delfim Netto, foi criado o PIS-Pasep (novamente um fundo parafiscal), para dar financiamento privilegiado à grande empresa nacional através do BNDES.[7]

A expansão capitalista brasileira foi, portanto, apenas "associada" do ponto de vista de complementaridade tecnológico-produtiva com o capital estrangeiro, cuja concentração notória se deu nas montadoras dos complexos metal-mecânico e elétrico e em alguns segmentos pela agroindústria alimentar. A entrada de capital financeiro externo no período 1950-1970 foi insignificante; o financiamento da produção fez-se pela via dos bancos nacionais, públicos e privados, e a expansão das filiais multinacionais deu-se, sobretudo, por reinvestimento de lucros. Do ponto de vista do financiamento privado pela indústria nacional, a reforma do mercado de capitais do governo Castello Branco, que optou por copiar o modelo americano de sistema financeiro, nunca foi bem-sucedida. A tentativa de Roberto Campos de utilizar o sistema bancário nacional segmentado, associando o capital financeiro internacional através de bancos de investimento, fracassou exemplarmente.

---

7. O novo "S" agregado ao BNDE significa "Social", apenas porque os novos fundos eram legalmente dos trabalhadores e permitiam ao Banco Nacional de Desenvolvimento sair da armadilha de ter-se convertido apenas em financiador da Siderurgia Nacional, cujo financiamento os japoneses tinham abandonado na crise de 1964-1967.

Delfim Netto, que assumiu o Ministério da Fazenda em 1968 com o capital bancário paulista, reforçou o poder do sistema financeiro nacional, colocando os bancos comerciais como cabeça dos "conglomerados" financeiros que desenvolveram na prática os bancos múltiplos de capital nacional, mas sem a articulação entre empresas e bancos, característica do capitalismo organizado europeu e asiático. Esse sistema bancário não foi capaz de promover nenhum capitalismo financeiro digno desse nome e terminou por servir de intermediário (aproveitando a instrução 63) entre as empresas nacionais e o crédito externo, que se tornara abundante no mercado internacional de eurodólares a partir da crise do "padrão-dólar" de 1971. Aqui, sim, começou a verdadeira associação explícita, para não dizer promíscua, entre a burguesia nacional e o capital financeiro internacional, que nos levaria ao desastre da "ciranda financeira", que perturba o nosso pobre dinheiro até os nossos dias.

O processo de endividamento externo privado iniciado por Delfim Netto deixou com o banco central o risco cambial, prática que se tornaria habitual nos empréstimos externos de empresas e bancos, a partir dessa data até hoje, e levaria sempre a bons negócios privados e prejuízos públicos a cada desvalorização cambial das últimas três décadas. Já o endividamento externo ocorrido no período Geisel foi basicamente estatal, o que não deixa de ser paradoxal para um processo de industrialização pesada que se pretendeu guiado por um "plano nacional de desenvolvimento autônomo" – o II PND.[8]

Em conclusão, a chegada tardia do capitalismo brasileiro à primeira revolução industrial deu-se nas entranhas do complexo cafeeiro a partir do "encilhamento" do último quartel do século XIX. Já a implantação, igualmente tardia, da indústria pesada da segunda revolução industrial só foi iniciada a partir da década de 1950 e terminou com o governo Geisel, 30 anos depois. Nessa longa trajetória de mais de 100 anos de história da indústria de desenvolvimento tardio de forças produtivas especificamente capitalistas, não foi possível conduzir o país nem à condição de potência intermédia na ordem mundial, nem à geração de um núcleo endógeno de ciência e tecnologia capaz de imprimir ao Brasil o seu "destino manifesto" da modernidade desejada através do progresso. Este, apesar de colossal, não nos retirou da nossa condição de país subdesenvolvido, depois denominado sucessivamente como: em desenvolvimento, NIC (*New Industrialized Country*) ou mesmo "mercado emergente", conforme a evolução que os tecnocratas

---

8. Sobre o endividamento externo privado e público da década de 1970, ver Cruz (1984).

280 Maria da Conceição Tavares: vida, ideias, teorias e políticas

dos organismos multilaterais de financiamento houveram por bem fazer, de conceitos ambíguos, que supostamente designam esta combinação de Estado nacional-desenvolvimentista (excêntrico) e de economia capitalista (periférica). A ambiguidade de nossa "sociedade civil" heterogênea tampouco se desfez ao longo destes 100 anos de história capitalista, uma vez que as classes empresariais nunca terminam por constituir-se como burguesia autônoma e as classes subordinadas têm sempre sido designadas pela referência genérica de "povo", quer ele seja escravo ou livre, assalariado ou "por conta própria", incluído ou excluído nos poucos direitos que a "cidadania" foi capaz de garantir-lhe em forma permanente.

Passemos, porém, o resto do movimento histórico-estrutural do capitalismo brasileiro, que as três décadas de 1970, 1980 e 1990, experimentou novamente dois projetos igualmente fracassados: o de projeto nacional autônomo de potência e o de retorno à nova ordem liberal, interrompida, uma vez mais, tanto pela geopolítica e a geoeconomia mundiais quanto pelo fracasso de suas elites empresariais e políticas.

Sonho e fracasso de desenvolvimento como potência

O desenvolvimento econômico da segunda metade da década de 1970 merece uma nota à parte, porque permitiu uma alta taxa de crescimento da economia brasileira numa conjuntura de crise internacional. O país foi considerado pelo governo militar "uma ilha de prosperidade, cercada de crise por todos os lados", dando lugar a um sem-número de controvérsias, interpretações e teses que até hoje são difíceis de encaixar no lugar certo.

Com o distanciamento que só a história produz, vamos tentar fazer uma avaliação rápida deste período contraditório, que se seguiu ao "milagre" do primeiro ministério Delfim Netto e à primeira crise do petróleo. Geisel tentou executar um novo projeto de desenvolvimento nacional autônomo contra as tendências dos demais países latino-americanos não exportadores de petróleo e em plena crise recessiva da economia internacional.

O debate sobre o II PND

O II PND já estava sendo alvo de críticas não apenas pelos liberais conservadores, por seu caráter estatizante, mas também por vários expoentes progressistas do movimento de renovação dos economistas, antes mesmo de terminar o governo Geisel. As interpretações críticas não têm até hoje a unanimidade nem a consistência de que foi alvo o projeto Delfim Netto, merecendo por isso uma tentativa de síntese dos seus principais problemas.

A questão macroeconômica dos limites do endividamento externo e os riscos de atrelar o desenvolvimento de longo prazo do país à liquidez internacional extremamente volátil de um *non system* financeiro em mudança acelerada desde a ruptura do sistema de Bretton Woods foi feita, sobretudo, por Pedro Malan nos anos 1978-1980. São a sua lavra a utilização de expressões como *growth cum debt*, encontrada em um texto seu, escrito pelo Ipea em pleno período Geisel, e a adoção de uma expressão pouco acadêmica – "o rabo abanando o cachorro" –, referindo-se aos efeitos sobre a economia brasileira da escalada de juros internacionais e da crise da dívida externa que lhe seguiu. O fato de que havia "cachorros" tanto dentro quanto fora do país nunca foi devidamente sublinhado.

A crítica mais radical da economia política do projeto Geisel está contida na tese de titular do professor Carlos Lessa (1978). Começando pela natureza megalomaníaca e autoritária do II PND – "A nação potência como um projeto de Estado para o Estado" –, Lessa mostra com clareza as contradições entre a retórica e a implementação das diretrizes estratégicas e a debilidade estrutural do projeto de "substituição de importações" de bens de capital, que resultaria numa tentativa fracassada de fortalecimento do capital privado nacional como promotor autônomo da industrialização. Enfatiza também os limites das empresas estatais, através da sua política de encomendas, para promover a indústria nacional, e sublinha, com abundância de citações, a "ingratidão" dos empresários nacionais pelo financiamento subsidiado pelo BNDE. Para os empresários não bastavam as taxas de juros subsidiadas para a implantação dos projetos, já que o problema do financiamento corrente, da concorrência e do lucro produtivo encontravam dificuldades crescentes com a política macroeconômica restritiva de M. H. Simonsen. Queixavam-se, portanto, de que elevadas taxas de juros do mercado interno não permitiam às empresas nacionais obter capital de giro em condições de concorrer com as filiais multinacionais. Elas podiam endividar-se através do circuito matriz-filial, tinham a liberdade de importar equipamentos seriados financiados do exterior a taxas de juros baixíssimos e eram capazes de bater os empresários nacionais, pela mesma razão, no esforço promotor de exportação de manufaturas incentivadas pelo programa do Befiex.

282 Maria da Conceição Tavares: vida, ideias, teorias e políticas

O importante na tese de Lessa é que ele prevê o fracasso do II PND por razões completamente distintas das tradicionais. Não são apenas os limites do endividamento externo que levarão o Plano ao fracasso, mas suas próprias insuficiências estruturais dinâmicas e contradições político-econômicas.

Na minha tese de titular, "Ciclo e crise" (1978), coetânea e complementar à de Carlos Lessa, trato também da mesma questão, abordando-a de outro ângulo: a insuficiência estrutural da construção incompleta de um arremedo de "capitalismo monopolista de Estado" não conduziu a um crescimento autossustentado de base nacional. Ao discutir o financiamento público, no capítulo sobre o sistema financeiro, ressaltei a dimensão passiva e incompleta da intermediação financeira do Estado, em que o sistema financeiro público não participa como sujeito do processo de monopolização do capital que lhe é exterior. Essa última observação destinava-se a qualificar a minha divergência com Coutinho e Belluzzo (1982), que consideravam "que o sistema financeiro público e as grandes empresas estatais constituíam formas superiores de organização, cumprindo o papel desempenhado pelo capital financeiro nas industrializações avançadas". Tento explicar o ceticismo que perpassa tanto a tese de Lessa quanto a minha sobre a natureza "avançada" do processo de monopolização em curso, já que os "conglomerados financeiros" (montados a partir da política de Delfim Netto) não cumpriam a função de capital financeiro organizado em associação com o capital industrial (a exemplo do caso alemão e japonês). Na verdade não passavam de capital rentista e patrimonial, cuja dimensão de acumulação financeira não podia ser atrelada endogenamente à monopolização produtiva.[9]

O Estado brasileiro – ao não se realizar a constituição efetiva do capital financeiro privado e nacional, dado o fracasso da reforma do mercado de capitais e o caráter familiar e rentista dos grandes grupos bancários – tampouco intervinha, como agente ativo do processo de centralização do capital, com exceção do modelo de petroquímica, que implicava a integração produtiva do tripé (capital nacional, estatal e estrangeiro), sob o comando da Petroquisa, uma subsidiária da Petrobras. De modo geral, limitou-se a procurar a linha de menor resistência, utilizando o capital financeiro externo – sobre o qual não exercia qualquer controle – para financiar a infraestrutura, a expansão das estatais e conceder financiamento público barato

---

9. Para desdobramentos histórico-concretos desta minha tese, ver Miranda e Tavares (1999).

para promover o aumento de escala da indústria pesada da segunda revolução industrial. Com esse enlace entre endividamento externo e acumulação financeira privada interna, tanto o Estado quanto o grande capital industrial brasileiro ficavam vulneráveis às flutuações da liquidez internacional. Assim, o projeto de reforço das indústrias de base e de bens de capital sob o comando de poucos grandes capitães de indústria nacionais, de um lado, malbaratava os fundos de poupança forçada dos trabalhadores (o PIS-Pasep) e, de outro, deixava a autonomia financeira das estatais atrelada ao endividamento externo do Estado, ao mesmo tempo em que os "escândalos financeiros" pipocavam entre os "especuladores" que se agregaram à ciranda financeira interna (cf. Assis, 1983). Essa monopolização incompleta e espúria do grande capital nacional logo mostraria a sua verdadeira fraqueza com a crise da dívida externa e o encilhamento financeiro das finanças públicas de 1980-1982.

O maior fracasso, do ponto de vista da organização industrial, revelou-se, porém, na indústria de equipamentos, que não foi estruturada sequer para resistir a uma reversão cíclica. Qualquer queda no investimento estatal afetava mais que proporcionalmente a demanda por equipamentos sob encomenda, segmento no qual se especializou o empresariado nacional, enquanto o capital multinacional se voltou para a produção ou importação de equipamentos seriados, acompanhando o comportamento do ciclo, sempre com a garantia de financiamento do capital financeiro internacional.

Lessa tinha razão quando atribuía à debilidade na articulação estrutural da indústria nacional pesada com as empresas estatais e o BNDES, e não apenas à campanha liberal contra a estatização, a falta de apoio do empresariado nacional ao projeto Geisel.

A interpretação, *post-mortem*, otimista de Barros de Castro ao II PND encontra-se num trabalho que gerou grande controvérsia, *A economia brasileira em marcha forçada*, de 1985, que tenta racionalizar a experiência geiselista para apresentá-la, já na Nova República, como uma alternativa possível de crescimento, a ser continuada agora em plena vigência do regime democrático. O argumento de que a "substituição de importações" gerada no II PND teria levado espontaneamente ao saldo comercial de 1984 é francamente duvidosa.[10] Para a análise das exportações do período deve-se levar em conta não apenas a capacidade ociosa herdada de Geisel, mas, sobretudo, que

---

10. Ver a argumentação proposta por Carneiro (1991).

284 Maria da Conceição Tavares: vida, ideias, teorias e políticas

o mercado americano em crescimento, com o dólar sobrevalorizado, atuou como uma locomotiva comercial para todos os países – que dirá para o Brasil, com as sucessivas depreciações do cruzeiro! No ano de 1984 as nossas exportações para os Estados Unidos cresceram 50% e explicaram uma boa parte do crescimento industrial daquele ano.

O que a famosa "substituição de importações" do governo Geisel conseguiu, em resumo, foi um aumento extraordinário da capacidade de produção das indústrias pesadas, de insumos e de bens de capital, que elevou a nossa capacidade de exportar manufaturas industriais, a partir da forte depreciação do cruzeiro em relação ao dólar e da queda da demanda interna, em 1982-1983. Tanto a produção nacional quanto a importação de equipamentos foram sempre pró-cíclicas, mas a natureza dos equipamentos nacionais e estrangeiros sempre foi complementar e não substitutiva. Vale dizer, o acelerador da demanda de bens de capital tem um vazamento para o exterior mais forte. Por essa razão a importação agregada de equipamentos cai mais do que proporcionalmente à produção da indústria de bens de capital, sugerindo uma aparente "substituição de importações".

Mas o essencial no argumento de Castro em suas críticas ao pensamento conservador era correto: havia capacidade ociosa que poderia ser aproveitada para retomar o crescimento. Tanto havia, que ela foi utilizada intensamente no Plano Cruzado e permitiu ao país crescer até a moratória de 1987.

A combinação contraditória do projeto estatal de desenvolvimento com políticas macroeconômicas liberais que conduzem ao endividamento externo foi fatal para a sua continuidade, colocando-o *sub judice*, periodicamente interrompido pelos *avatares* do capital financeiro internacional.

Iluminados esses pontos de conflito de interpretações sobre o projeto de Geisel, é forçoso concluir que ele foi de fato uma tentativa de levar adiante um "projeto nacional de desenvolvimento" que combinava as duas estratégias fundamentais que têm presidido a expansão do capitalismo no Brasil: a ocupação econômica através duma tentativa de integração do nosso espaço continental e a resposta geopolítica de buscar, através de uma diplomacia própria, desviar-se da proposta do Império.

Ao contrário, fazer do Brasil uma plataforma de expansão do capital industrial e financeiro internacional e reafirmar as nossas "vantagens comparativas" é uma proposta liberal recorrente das potências imperiais dominantes desde o século XIX, que volta periodicamente através de elites tecnocráticas e políticas conservadoras em aliança, quase sempre espúria e predatória, com o nosso capital bancário nacional. Na verdade, é o capital bancário nacional que, mais do que o industrial, mereceria a designação de "burguesia associada", quando se trata de situações de "submissão" à ordem liberal, tanto no desenvolvimento do complexo cafeeiro quanto nos últimos 20 anos, com interrupção apenas dos períodos de controles cambiais severos, e sem entrada de capital financeiro internacional.

Percalços da geopolítica

O Brasil teve dois projetos estatais autoritários de desenvolvimento nacional explícitos. O primeiro foi de caráter defensivo, do Estado Novo de Vargas, aproveitando a mudança de guarda dos centros hegemônicos mundiais. O segundo foi o do general Geisel, de natureza ofensiva na sua política de enfrentamento com a diplomacia mundial dos Estados Unidos, tentando abrir espaço num mundo que se configurava àquela época como trilateral.

Depois do Acordo de Washington em 1939, em que finalmente negociamos com os americanos, a ambição máxima de Vargas em matéria de geopolítica, além de negociar em simultâneo com as potências do Eixo e com os Estados Unidos, era reunir o ABC (Argentina, Brasil e Chile), a versão antecipada do Mercosul, aparentemente sem pretensões hegemônicas, dado o nosso subdesenvolvimento relativo frente à Argentina e ao próprio Chile. A crise política e econômica do ABC, apesar de ter a mesma origem – a ruptura do modelo exportador e do pacto oligárquico –, apresentou desdobramentos políticos e econômicos completamente diferentes para os três países. Mais tarde, quando voltou ao poder em 1954, Vargas só poderia contar com Perón na Argentina, um aliado de pouca valia, porque já estava configurada a nova ordem mundial. Assim mesmo aproveitou a guerra da Coreia e a alta dos preços do café para derrubar a paridade fixa com o dólar de 1947 e instalar o novo regime cambial de quotas e taxas múltiplas de câmbio, que aguentou o suficiente para terminar o Plano de Metas de JK.

O projeto do governo de Geisel foi de caráter nitidamente ofensivo. Tentou enfrentar a potência no Continente Sul, no vácuo da suposta decadência norte-americana, desde a ruptura do sistema de Bretton Woods e da perda de competitividade para o Japão e a Alemanha. Desse projeto geopolítico decorreram: o projeto nuclear com a Alemanha, a ruptura do pacto militar Brasil-Estados Unidos, a diplomacia africana, o reatamento das relações com

286   Maria da Conceição Tavares: vida, ideias, teorias e políticas

a China e a mudança diplomática em Cuba. Num mundo que se desenhava multipolar – com a Alemanha e o Japão desempenhando novamente um papel geoeconômico relevante –, o Brasil deveria ocupar o seu lugar no concerto das grandes nações.[11] Deveria ampliar também suas relações geoeconômicas e políticas com o chamado Terceiro Mundo.

O primeiro projeto, o de Vargas, podia ser continuado através de um "capitalismo associado", que requeria apenas um sistema de crédito interno público e renegociar periodicamente os *supplycredit's* com os bancos internacionais que davam apoio comercial às filiais multinacionais. Já o segundo, o de Geisel, requeria muito mais do que isso, requeria um capitalismo financeiro nacional que nunca existiu (ver Tavares, 1972 e 1978).

O II PND tinha tarefas demais. Do ponto de vista geoeconômico deveria lograr os seguintes objetivos:

– Construir um núcleo tecnológico endógeno, composto de um setor de bens de capital (com capacidade de renovação tecnológica), de reserva de mercado para a indústria de informática e de construção de um sistema nacional integrado de telecomunicações. Esses setores em conjunto garantiram um *upgrading* da nossa capacidade tecnológica que nos permitiriam entrar na terceira revolução industrial;

– Tornar-se um *global trader*, abrindo o caminho das exportações de manufaturas para várias áreas do mundo, com o apoio do capitalismo associado de algumas filiais multinacionais, das indústrias metal-mecânica e eletroeletrônica, e expandindo o complexo agroindustrial em disputa por mercados mundiais;

– Mudar o *mix* de importações de petróleo, enquanto não se avançava o suficiente na autossuficiência, concentrando-se no Norte da África, para onde levou as grandes construtoras e armas. A presença brasileira no Norte da África manteve-se contra ventos e marés, com lucros privados e prejuízos públicos, até ser inviabilizada pela Guerra do Golfo de 1991 e a reviravolta liberal interna;

– Colocar sob controle o complexo exportador internacionalizado, promovendo os grandes projetos para competir com os Estados Unidos na disputa de mercados da Ásia. Nesse continente o Brasil tinha como parceiros os japoneses, com seu projeto dos Cerrados, além do complexo exportador mineral encampado pela Vale Rio Doce em Carajás. O Japão vinha reafirmando a sua vocação

---

11. Geisel nunca visitou os Estados Unidos e fez visitas (que depois se revelaram pouco produtivas) ao Japão e à Alemanha.

de potência nacional autônoma, mesmo em 1975, depois do primeiro choque de petróleo, quando ainda estava disposto a promover uma nova divisão internacional do trabalho, na Ásia e na América do Sul, e considerava o Brasil uma economia complementar à japonesa e a ser disputada à zona de influência dos Estados Unidos. O Japão encontrava-se, porém, mergulhado num processo de reajuste estrutural interno em que – a partir do segundo choque do petróleo e do choque de juros de 1979 – a Ásia e os Estados Unidos passaram a ser peças fundamentais para a sua inserção internacional. O Brasil deixa de ser parceiro prioritário tanto na indústria metal-mecânica quanto no projeto dos Cerrados, e muito menos ainda na indústria de informática.

Geisel teve uma visão estratégica de longo prazo que resultou impraticável pelas imprevistas mudanças da geopolítica mundial. Além disso, cometeu alguns equívocos táticos nas negociações com a Alemanha no pacto nuclear e atritou-se precocemente com o Japão, através do contencioso da Usiminas, depois de sua visita pessoal a Tóquio. Superestimou o potencial da China, como potência multipolar emergente, de se tornar rapidamente um parceiro comercial relevante para o Brasil. Essa prioridade continuava até há pouco tempo na agenda do Itamarati, antes que ele se engolfasse na questão do Mercosul e da Alca. Além disso, criou uma área de atrito permanente com os Estados Unidos ao assinar o acordo militar Brasil-Estados Unidos.

Mas o equívoco maior, porque previsível, foi do ponto de vista econômico, a megalomania de um projeto que se pretendia autônomo e dependia para sua inserção internacional tanto de decisões privadas do capital financeiro externo quanto da expansão de mercados e associações tecnológicas. Estas, por sua vez, eram contraditórias com os determinantes da geoeconomia mundial, em áreas vitais para a manutenção dos interesses do capitalismo americano. Quanto à burguesia nacional, desta obteve pouca cooperação política e uma parte dela passou a compor a "frente ampla democrática", que começava a construir-se na segunda metade da década de 1970.

Assim o sonho da grande potência transformou-se em fracasso, às vésperas da reafirmação completa da hegemonia americana e do começo da nossa transição democrática lenta, gradual e insegura. O fracasso deu-se menos pelo território e mais pelo dinheiro e, sobretudo, pelo Império, já que enfrentou em simultâneo as contradições internas de seu sistema militar, da sua aliança com a "burguesia nacional" e da sua tentativa de desfiliação ao sistema imperial americano.

O fracasso do dinheiro na transição econômica: do fim do regime militar à Nova República

O fracasso do dinheiro estourou com enorme violência financeira com o episódio do choque de juros, da chamada "diplomacia do dólar forte", iniciada em 1979-1980, que multiplicou por três o tamanho da dívida externa do Brasil e levou a periferia capitalista à crise da dívida externa e o planeta à crise mundial de 1980-1982.

Com o choque de juros e o esgotamento das reservas que sobreveio com a crise da dívida externa, o capital financeiro internacional começou a retirar-se do Brasil. Delfim Netto, novamente no poder, tratou de salvar os bancos e os empresários nacionais da sua política de desvalorizações cambiais, "estatizando a sua dívida externa". A pretexto de combater a inflação, tentou controlar as tarifas públicas das empresas estatais, obrigando-as a buscar *relending* de curto prazo da sua dívida externa acumulada de médio e longo prazo, casando operações de transferência de títulos externos com a emissão de créditos internos a favor das estatais, através das operações de avisos MF-30 do Ministério da Fazenda.

O problema de restrição ao crescimento na década de 1980 não era de "poupança" interna ou externa, mas de falta de financiamento interno e de reescalonamento da dívida externa. Os miniciclos de consumo atravessaram, como atravessam até hoje, os planos heterodoxos de estabilização e esgotavam-se com medidas ortodoxas de restrição ao crédito interno e arrocho salarial que sempre se seguiam ao fracasso de cada plano.

Do ponto de vista do capital financeiro – que tinha como lastro o endividamento público tanto em dólares como em cruzeiros – o problema se agrava com a crise da dívida externa pelo aumento brutal da exposição dos bancos norte-americanos, provocado pelo afastamento dos demais credores internacionais. A partir das sucessivas crises financeiras internas privadas e públicas, os banqueiros afastam-se da América Latina, passando a cobrar uma transferência de recursos para o exterior superior a 200 bilhões de dólares (cf. Cepal, 1987).

O problema da dívida externa agravado com a subida de juros e a escassez de novos recursos não podia ser resolvido com o aumento do superávit comercial, e a Nova República não teve coragem de ir à moratória senão quando se esgotaram completamente as reservas. A queda de Funaro depois da "moratória técnica" e a retomada dos pagamentos externos, através da reciclagem da dívida, com encurtamento de prazos, levada a cabo por Maílson da Nóbrega, provocaram o encilhamento do setor público e levaram a uma nova moratória logo em seguida, no governo Collor.

Esta tem sido a regra geral de endividamento nas três últimas décadas: endividamento externo com as consequentes repercussões no endividamento interno do Estado brasileiro em todas as suas órbitas. É um processo pelo qual se atrela a ciranda financeira internacional com a interna, o que a rigor temos feito desde a década de 1970, com a criação do nosso peculiar mercado de *open market*, que se converteu em *overnight* de forma peculiar e maligna, por sua relação com a dívida pública. A contribuição decisiva para a conformação e ampliada do nosso "mercado monetário" foi dada pelo ministro Mário Henrique Simonsen e seus discípulos e posteriormente aperfeiçoada pelos tecnocratas banqueiros que ocuparam o Banco Central a partir da Nova República e do fracassado Plano Cruzado. A regra de ouro tem sido combinar juros altos e restrição de crédito líquido interno para atrair, ou pelo menos reciclar, o capital externo através da emissão de dívida pública com prazos cada vez mais curtos, a qual termina dolarizada ou indexada ao câmbio, até chegarmos a uma crise cambial.

Esgotadas as possibilidades dinâmicas de endividamento externo para expandir o setor produtivo estatal e do autofinanciamento por meio da correção tarifária, as estatais foram submetidas, em pouco mais de uma década de restrição externa e ajuste fiscal compulsório, ao desastre das privatizações e ao sucateamento da infraestrutura sistêmica que servia de suporte à expansão territorial do capitalismo brasileiro. Uma vez mais, para completar gloriosamente o fim do século, grandes negócios privados e enormes prejuízos públicos.

É fácil olhar da perspectiva de hoje o que significou a falta de um núcleo endógeno de financiamento público e privado nacional capaz de se articular sem passar pelo endividamento externo. Sem um verdadeiro capitalismo financeiro endógeno, os bancos brasileiros foram se convertendo em parasitas do Estado e beneficiários da inflação, produzindo de forma precoce e original a armadilha do "dinheiro indexado", que nos valeu uma década de superinflação, e crises cambiais recorrentes, e converteu o Banco Central no papel de bancador e jogador principal do cassino da ciranda financeira interna acoplada à ciranda financeira internacional.

Não se tratava então, como não se trata até hoje, de absorver "poupança externa" ou de obter, através de restrições ao consumo, uma poupança in-

290 Maria da Conceição Tavares: **vida, ideias, teorias e políticas**

terna capaz de financiar o desenvolvimento.[12] Tratava-se, então como hoje, de realizar o que foi o maior fracasso público de nossa história financeira: a falta de instituições públicas e privadas capazes de garantir endogenamente a intermediação financeira adequada ao nosso próprio potencial de poupança. O poder público deveria, pois, ser capaz de impedir a esterilização de nossa poupança interna (das famílias e dos trabalhadores) pelo "moinho satânico" da especulação patrimonial e financeira dos dois maiores poderes privados associados na história da República: o capital financeiro privado nacional e o internacional.

A minha obsessão sobre a intermediação financeira interna e a falta de um capitalismo financeiro digno deste nome, que permitisse à monopolização produtiva evoluir para uma eficaz centralização de capital, percorrem todos os meus ensaios, desde 1967 até os mais recentes. Nenhuma das soluções encontradas pelos sucessivos governos do país, de JK em diante, se revelou satisfatória. Todos foram esquemas provisórios, inventados como expedientes para tocar para frente os projetos, públicos e privados, associados ou não ao capital estrangeiro, utilizando fundos da natureza parafiscal, que, além de se revelarem estruturalmente ineficazes, padeciam do vício expropriatório, no caso da poupança forçada dos trabalhadores, e patrimonialista, no caso da sua utilização pela burguesia nacional e internacional.

A precariedade estrutural da articulação financeira entre o capital nacional (mercantil, agrário e industrial) e o financiamento público e privado conduzia sempre, ao final de cada ciclo de negócios, a uma "socialização dos prejuízos", que periodicamente destruía as finanças públicas, alimentava a inflação e induzia os governantes de todos os matizes a recorrer novamente ao endividamento externo, como uma tábua de salvação. Desse modo, o rentismo financeiro e a especulação sempre presidiram, de forma caótica e inorgânica, à acumulação de capital no país, além de frear, ao sabor do movimento internacional de capitais, o desenvolvimento interno das famosas forças produtivas. Neste aspecto estrutural reside o núcleo permanente do caráter "associado" de nossa burguesia nacional, sempre dependente das finanças públicas e das benesses do Estado e usando como lhe apraz através das "nossas" autoridades monetárias a inconversibilidade efetiva da moeda brasileira.

---

12. Ver crítica ao "modelo dos dois hiatos" feita por Pereira (1974). Este modelo dos dois hiatos de poupança continua assombrando a mente dos economistas de todas as tendências ideológicas.

A indexação da dívida pública, os fundos parafiscais e os próprios fundos de pensão das estatais foram instrumentos poderosos de acumulação financeira de capital que, apesar de serem "generosamente" utilizados para subsidiar a burguesia nacional, nunca conseguiram impedir que ela deixasse de ser a "pata fraca" do tripé, isto é, que deixasse de ser parasitária do Estado, e condenada a seu eterno papel de "burguesia associada".

O entendimento analítico deste problema nos pouparia de buscar explicações éticas ou culturais para o comportamento predatório e o horizonte temporal de curto prazo de nossa burguesia nacional, ao mesmo tempo em que evitaria o comportamento ciclotímico das contraelites progressistas, que ora buscam aliar-se a ela, para cumprir as tarefas duma "revolução democrático--burguesa tardia", ora concedem que só um Estado centralizador e autoritário é capaz de cumprir as tarefas do desenvolvimento nacional.

Liberalização e globalização financeira

A década de 1990 inaugura-se sob a égide da globalização financeira dos chamados mercados emergentes, designação que coube àqueles países das periferias asiática e latino-americana que passaram a ser invadidos por uma onda de capital financeiro internacional especulativo, cuja única exigência inicial era a liberalização cambial e dos mercados financeiros privados, independentemente do modelo de desenvolvimento adotado por cada país.

É necessário um breve registro dos acontecimentos recentes que levaram o Brasil a ingressar no cassino global, sob a pretensão falsa de que estávamos preparando uma nova etapa de desenvolvimento.

O Brasil foi, dentre os países latino-americanos, aquele que adotou mais tardiamente as políticas neoliberais recomendadas pelo FMI e o Banco Mundial, por ocasião da renegociação da dívida externa mexicana de 1982, chamadas na década de 1980 de "condicionalidades cruzadas" para a adoção do plano Brady de reescalonamento da dívida.

O neoliberalismo tardio

Só no começo da década de 1990, com o governo Collor, em meio ao agravamento da crise financeira e cambial herdada da década anterior, se iniciou o processo de liberalização e desregulamentação financeira que permitiu atrair montantes consideráveis de capital financeiro especulativo internacional, em

292 Maria da Conceição Tavares: vida, ideias, teorias e políticas

pleno período de grave instabilidade política e macroeconômica. O resto das medidas de liberalização – comercial, flexibilização do mercado de trabalho, reformas econômicas e do Estado e privatizações que constam do catálogo do chamado Consenso de Washington – foi executado de forma acelerada pelo governo FHC em menos de cinco anos.

As primeiras medidas de política econômica do governo Collor foram tomadas depois dos vários "planos" de estabilização fracassados da década de 1980. As novas medidas foram empreendidas sem o comando do FMI, uma vez que se tratava de uma moratória externa unilateral e do "confisco" de ativos financeiros que levaram à depreciação da dívida interna.

A liberalização dos mercados de câmbio e de capitais – através dos famosos Anexos IV e V da legislação do mercado de capitais e da nova regulamentação do capital estrangeiro – foi executada por um jovem economista, Armínio Fraga, na direção de câmbio do Banco Central, seguido por Gustavo Franco, que completou o processo de liberalização cambial.[13]

O entusiasmo dos banqueiros internacionais com a desregulamentação do mercado de capitais levada à prática em 1991 foi tão grande que não hesitaram em entrar no novo "mercado emergente", a despeito do caos econômico, social e político em que tinha se convertido o governo de Collor. Para enfrentar a inflação galopante exigiram, porém, a indexação ao dólar dos títulos da dívida pública que serviam de lastro à articulação interna e externa da moeda brasileira. Depois de indexados todos os contratos e preços em dólar (que levaram a uma hiperinflação programada, através da URV), criou-se finalmente a nova moeda, o Real, supostamente "forte e conversível". Dada a âncora cambial, produziu-se uma sobrevalorização do Real em relação ao dólar que acompanhou a política de juros altos e de entrada de capitais especulativos que serviram de base para a acumulação de reservas. Estas não pararam de subir, interrompidas apenas pelas sucessivas crises cambiais dos chamados países emergentes: México (94), Ásia (97), Rússia (98) e novamente Brasil (98-99).

O amplo pacto conservador que elegeu Fernando Henrique Cardoso, não foi percebido como tal, graças ao sucesso do Plano Real, e o presidente manteve-se no poder da desmontagem drástica da Constituição nos seus principais capítulos econômicos e de direitos sociais e, *last but not least*, da emenda que autorizou a sua reeleição.

---

13. Sobre a natureza dos anexos e do processo de liberalização financeira no Brasil, ver Miranda e Tavares (1999).

A abertura radical da economia, o processo de reformas e as operações de privatização de empresas estatais, desnacionalização dos bancos e o desmonte do Estado foram empreendidos com uma velocidade espantosa, aproveitando as experiências bem ou malsucedidas de outros países da América Latina: do Chile de Pinochet ao México de la Madrid e Salinas; da Argentina de Martinez de Hoz, Cavallo e Menen, aos desastres da Venezuela, Bolívia, Peru e Equador (ver Cano, 1999). O neoliberalismo tardio do Brasil forçou a aceleração drástica da implementação das medidas do chamado "Consenso de Washington", depois da crise do México de 1994 (ver Fiori, 1994). Em menos de cinco anos conseguimos compactar a abertura econômica, as políticas de estabilização, o pacote das reformas neoliberais e as privatizações e desnacionalização em um ritmo, extensão e profundidade que levaram no México, o país livre-associado aos Estados Unidos, mais de 14 anos para se completar.

O ciclo longo de endividamento interno e externo já dura mais de 30 anos, acompanhando os movimentos da liquidez internacional. Foi avançando com idas e vindas à custa de moratórias, concessões negociadas e posterior liberalização do mercado de câmbio e de capitais. Esta última terminou provocando uma onda de endividamento externo privado, de curto prazo, que atingiu mais de 140 bilhões de dólares, que se sobrepõe à dívida pública externa e alcançou mais de 130 bilhões de dólares, com o empréstimo do FMI/BIS. Em cada período de reversão da entrada de capitais especulativos, a inflação e a crise cambial tendem a se tornar explosivas: já atravessamos a crise cambial de 1982, uma moratória externa (em 1987), uma ameaça de hiperinflação (em 1989), seguida de uma nova moratória externa e outra interna em 1991. A política cambial e a liberdade de entrada e de saída de capitais, interrompida temporariamente pela crise cambial de janeiro de 1999, acabaram tornando o Brasil da década de 1990 o paraíso dos especuladores, disputando com outros "mercados emergentes", da Ásia e da Rússia, o tamanho da catástrofe.

O aumento brutal da dívida pública interna e do endividamento externo do setor privado tornou-se novamente explosivo em 1998, depois da crise da Rússia, e o período de sobrevalorização cambial, decorrente da "âncora cambial", terminou com uma crise cambial profunda e uma desvalorização abrupta em janeiro de 1999. O regime cambial mudou, e o Bacen passou a deixar o câmbio flutuar "livremente", sempre que a perda de reservas não ultrapasse os 20 bilhões de dólares, cláusula de contenção colocada pelo FMI sobre as reservas. Em menos de um mês verificou-se uma retomada da entra-

294   Maria da Conceição Tavares: vida, ideias, teorias e políticas

da de capitais para o mercado de ações, começando com as ADR na praça de Nova York e seguida de novas aplicações de capital estrangeiro em fundos de renda fixa. O lucro obtido pelos bancos com o ataque especulativo do real foi suficiente para garantir a sua participação na terceira onda de privatizações.

Essa ligação entre sobrevalorização periódica do câmbio e entrada de capitais especulativos tem constituído o mecanismo através do qual o endividamento interno do setor público lastreou o endividamento externo das empresas e dos bancos, atingindo, porém, dimensões gigantescas que praticamente explodiram com a desvalorização, o que fez o conjunto da dívida (externa e interna) chegar a um valor superior ao PIBD. Essa situação tem como limite duas perspectivas. A primeira é continuarmos sob "domínio" do capital financeiro internacional, dessa vez claramente conduzido pelos grandes bancos norte-americanos, aprofundando a submissão aos desideratos da potência hegemônica e caminhando na direção da dolarização com *currency board* de bancos estrangeiros e desnacionalização completa do sistema bancário, numa situação semelhante à da Argentina, que liquidificou previamente a sua dívida interna. A alternativa seria aceitar um controle de câmbio e de movimento de capitais severíssimo, que terminaria muito provavelmente na inconversibilidade de nossa moeda e numa moratória definitiva.

Nesta última perspectiva, tanto a estabilização quanto a retomada do desenvolvimento requereriam uma mudança substantiva no pacto de poder político liberal-conservador que atualmente administra a crise brasileira. Só um novo bloco de poder político seria capaz de pôr em funcionamento, sob restrição externa severa, a atual capacidade produtiva ociosa do país, através da criação de um novo sistema de crédito interno e de um novo tipo de inserção internacional, que só aceitasse o comércio e o investimento produtivo e excluísse de vez a nossa participação na "ciranda financeira internacional". Uma experiência deste tipo, orientada para o mercado interno e o comércio internacional requerido pelo crescimento endógeno, teria grandes resistências do setor financeiro, a menos que a severidade da crise internacional o tivesse posto em condições tão precárias de liquidez internacional e de risco de falência que tivesse disposto, para salvar a pele, a entregar-se à orientação de um novo banco central verdadeiramente independente do sistema financeiro, capaz de regular a reestruturação dos ativos e passivos bancários. Os primeiros são a própria dívida pública interna, e os segundos correspondem a devedores privados em dólar.

A globalização financeira sob hegemonia do dólar

O projeto hegemônico naturalmente caminha em direção oposta à autonomia das políticas econômicas dos Estados nacionais em crise. Os seus porta-vozes "acadêmicos" pretendem manter e ampliar o domínio do dólar no mundo, ao mesmo tempo em que pregam a diminuição de "moedas" nacionais, as quais, para se tornarem "conversíveis", deveriam na verdade ser reduzidas a pouco mais de três, de preferência o dólar, o euro e o iene, e convertendo os demais bancos centrais em *boards* da moeda dominante, sem qualquer autonomia na política monetária e cambial.[14] O problema desta formulação ultraliberal seria porém gigantesco nas áreas que disputam a hegemonia com o dólar. A coordenação de áreas monetárias que estabilizasse a relação do dólar com as demais moedas implicaria um acordo difícil de conquistar na atual situação da Europa, com as pretensões de autonomia do euro e, sobretudo, com o iene atravessando uma crise relacionada à própria crise estrutural da economia japonesa. Nas relações entre os Estados Unidos e a Europa está claro tanto o jogo financeiro quanto a hierarquia de poder, dada pela supremacia da política diplomática e militar norte-americana e auxiliada pelo alinhamento da Inglaterra com os desígnios da potência hegemônica com o Japão e a China. Sobra ainda o problema não trivial de como operacionalizar o jogo com países continentais tão assimétricos em poder militar e financeiro, como Índia e Rússia, e como regular de vez o "padrão monetário" da América Latina, sobretudo o do próprio Brasil. Como se vê, o problema de organizar uma nova ordem mundial está longe de ser resolvido.

Este é o panorama, visto da "periferia", das tentativas de regular a "globalização financeira" novamente sob hegemonia do dólar, que, no caso da América Latina, depois dos efeitos destruidores da desregulação, já começou a ganhar os seus adeptos da dolarização. Enquanto a nova ordem global não chega, o fenômeno da desregulação financeira dos mercados e instabilidade cambial continua produzindo as suas vítimas na periferia, o que tem sido útil para pavimentar o caminho da "diplomacia do dólar" *vis-à-vis* as demais potências econômicas. As ondas de valorização e depreciação das principais moedas internacionais ainda não terminaram, uma vez que

---

14. Ver pronunciamento de Dornbush (professor do MIT). O próprio Volker (ex-presidente do FED e atualmente lecionando em Stanford), em palestra recentemente pronunciada no Brasil, esposou a mesma ideia, que tem voltado ao debate entre alguns dirigentes do FMI e do governo norte-americano.

296 Maria da Conceição Tavares: vida, ideias, teorias e políticas

o equilíbrio estrutural entre as operações financeiras realizadas em dólar, euro e iene, com regimes de taxas de câmbio flutuantes, tem se revelado impossível, além de ser altamente favorável à financeirização da riqueza global (ver Tavares, 1985; Braga, 1997; Belluzzo, 1997, e Miranda, 1997). As trajetórias de crescimento e de balanço de pagamentos dos grandes países são cada vez mais divergentes e não conseguem ser compatibilizadas, mesmo com uma taxa de juros convergente e declinante, num mercado financeiro globalizado, que não pode se autorregular. Com mais forte razão os mercados americanos emergentes, mesmo adotando a dolarização, não conseguem aplicar mecanismos de ajuste automático de balanço de pagamentos, qualquer que seja o regime cambial pelo qual se regem, ou sejam forçados a optar; *currency board*, paridade fixa, banda de flutuação estreita ou larga, ou câmbio livre. Para estabilizar a sua moeda e torná-la conversível por algum tempo, os países periféricos têm sido obrigados a elevações fortíssimas das taxas de juro internas, para permitir o jogo da "arbitragem" que lhes é imposto no cassino global, e têm sido periodicamente conduzidos a desvalorizações brutais não desejadas.

Convém relembrar que o padrão ouro-libra acomodava as desvalorizações do câmbio entre os principais parceiros do centro capitalista e descarregava o ônus da sustentação do padrão nos ajustes de preços e de nível de atividade dos países da periferia, provocando uma deflação de preços. A deterioração dos termos de troca e do ciclo de investimento internacional provocou uma queda na renda nacional e a deterioração das finanças públicas na periferia. Estes movimentos davam ao capital mercantil e financeiro inglês a folga suficiente para fazer o ajuste monetário do balanço de pagamentos que lhe permitia acomodar as demais moedas dos centros industriais (ver Triffin, 1972). No caso da Ásia, onde a Inglaterra concentrava boa parte do seu volume de comércio, o padrão-ouro ancorava os *boards* das praças financeiras abertas, Hong Kong e Cingapura, na libra, arbitrando o valor das demais moedas de conversibilidade forçada em libra, com ou sem lastro em ouro. Este mecanismo "automático" é que dava a impressão de que o sistema era autorregulado.

O padrão-dólar, porém, nunca funcionou de forma "autorregulada", mesmo na vigência do sistema de Bretton Woods, já que sempre houve uma assimetria muito grande entre o poder econômico e político dos Estados Unidos e dos demais países do G-7. O sistema nunca conseguiu se ajustar "automaticamente" nem na Europa, onde produziu primeiro escassez e depois excesso de dólares; muito menos nos países da periferia, onde a maioria das moedas era inconversível e sua referência foi passando de forma crescente a ser o dólar, independentemente de seu padrão de comércio, na medida em que se tornou a moeda financeira "globalizada", por excelência.

Desse modo, os ajustes clássicos, fiscais e monetários de balanço de pagamentos perdem qualquer eficácia, já que os mercados globalizados de câmbio são gigantescos, concentrados e independem do volume e do padrão de comércio internacional. Sua própria dimensão e volatilidade provocam mudanças de "paridade" entre o dólar, o iene e as moedas europeias que não permitem que o ajuste recessivo da periferia do sistema capitalista tenha qualquer função estabilizadora sobre os países centrais (ver Serrano e Medeiros, 1999).

Mesmo o país emissor da moeda e da dívida pública dominantes no mercado financeiro internacional, os Estados Unidos, através do FED e do Tesouro, não conseguem evitar a contaminação em cadeia das perturbações que atingem os países periféricos a partir da depreciação, ou valorização cambial de uma das moedas fortes da "ex-tríade". A coordenação de políticas macroeconômicas dos países centrais, empreendidas a partir da década de 1980, foi feita sempre em benefício dos Estados Unidos. Não tem, porém, logrado estabilizar o câmbio, nem outros mercados de ativos, nos principais países, mesmo com viés deflacionário. O que dizer da periferia, onde vem provocando ondas de choque devastadoras desde 1979-1980...?

Assim, ao contrário da "boa doutrina", não há garantia de estabilidade com os mercados financeiros livres, independentemente da existência, ou não, de "fundamentos macroeconômicos" equilibrados. Numa economia mundial em que o cassino se tornou global, a "eutanásia do rentista" de Keynes é impraticável e os desequilíbrios patrimoniais dos agentes econômicos são muito mais relevantes que os desequilíbrios de renda e emprego da versão nacional dos modelos keynesianos.

Deste modo, tanto as "oportunidades" quanto as "restrições" externas ao desenvolvimento dos países tornam-se intratáveis do ponto de vista da política macroeconômica keynesiana. O velho monetarismo liberal, por sua vez, sob a égide das políticas do FMI, é apenas um chicote que se aplica aos países sem poder econômico e político, e que os obriga a um "ajuste" permanente, do qual não se vislumbra perspectiva de saída estável.

298 Maria da Conceição Tavares: vida, ideias, teorias e políticas

A partir da década de 1990 aumenta a impossibilidade de autogerenciamento dos países, tanto pela via fiscal quanto pela via do crédito interno, e está ocorrendo uma tendência estagnacionista da produção, mesmo em países desenvolvidos centrais. As projeções da produção europeia e asiática no final da década de 1990 demonstram isso de forma clara, o que prejudica seriamente os esforços exportadores das economias periféricas, com qualquer taxa de câmbio (ver o recente caso da Coreia e o atual do Brasil).

O movimento macrodinâmico instável do sistema tem sido mantido sem ruptura nos elos mais fortes porque a potência hegemônica vem crescendo o dobro de seus parceiros do G-7 e mantém um déficit permanente e crescente em transações correntes com Ásia (sobretudo com o Japão e a China). Qualquer perturbação na valorização no centro do sistema tem provocado deslocamentos fortes no movimento de entrada ou saída de capitais nos chamados mercados emergentes, tanto de investimento direto quanto de capital especulativo. Nas últimas três décadas a direção dos fluxos de capital já se inverteram nas várias vezes, provocando flutuações acentuadas no balanço de pagamentos entre as regiões.

No caso da América Latina ela foi globalmente deficitária e absorvedora líquida de recursos na década de 1970. Depois da crise da dívida externa, na década de 1980, passou a ser globalmente superavitária na balança comercial e transferidora líquida de recursos para o centro, mas manteve o seu balanço de pagamentos desequilibrado por causa do pagamento da dívida. Finalmente na década de 1990 voltou a ser globalmente deficitária na balança comercial, sobretudo com os Estados Unidos, mas a absorção líquida de recursos tornou-se instável, levando a sucessivas crises cambiais, no México, na Argentina, na Venezuela, no Brasil e em outros países menores.

A tendência à sobrevalorização ou à depreciação das moedas latino-americanas tem sido periódica e independente do regime cambial. Os regimes cambiais da paridade nominal fixa, de banda deslizante ou de livre flutuação, não impedem que o sistema financeiro esteja mais ou menos dolarizado e que sofra pressões periódicas de *credit crunch*, inadimplência e falência financeira. O país que melhor tem sobrevivido desde 1986 tem sido o Chile, porque foi praticamente o único que adotou controle de câmbio na década de 1990, ao contrário do Brasil, que depois de uma longa tradição de controle é hoje um dos países mais desregulados da América Latina, o que o levou à crise cambial do início de 1999.

O impasse brasileiro

Ao entrar periodicamente numa dinâmica de acumulação com endividamento externo, o Brasil tem estado sujeito – no final de cada grande ciclo largo de expansão do capital internacional – a incorrer em moratória com seus credores internacionais, como mostram as três grandes moratórias brasileiras, que se deram com intervalos de 50 anos. A primeira ocorreu durante a plena vigência do padrão-ouro, em 1897.

A segunda, a moratória de 1937, verificou-se – em plena decadência do liberalismo, do padrão-ouro e da hegemonia inglesa – num clima de intervenção de um estado nacional autoritário, às vésperas da Segunda Guerra Mundial. O Estado Novo, conduzido pelo primeiro governo de Vargas, aproveitou as brechas geopolíticas da luta das grandes potências europeias, já sob influência crescente e decisiva nos negócios mundiais da potência norte-americana, para conceber um projeto "nacional-desenvolvimentista" que, com todos os desvios de rotas e arbítrios políticos, durou quase 50 anos.

A terceira moratória dá-se em 1987, depois da crise geral da dívida externa de 1980-1982, que atingiu todos os países periféricos, embora o ajuste liberal brasileiro – semelhante ao acordo no final do século passado – só viesse a repetir-se depois da segunda moratória, no início da década de 1990, e com a adesão tardia do Brasil ao projeto de neoliberalismo global sob a hegemonia do "Consenso de Washington".

A situação de impasse em que se encontra o capitalismo brasileiro tende a ser prolongada, se forem levadas em conta apenas as determinações externas da geopolítica e da geoeconomia.

Do ponto de vista geopolítico, o governo brasileiro não pode recorrer ao conflito entre potências, como em 1939, para obter uma negociação favorável com o governo norte-americano, já que os Estados Unidos se converteram, de potência hegemônica capaz de organizar as relações econômicas mundiais, em potência imperial global. A ordenação assimétrica da *Pax* Americana está desfazendo o sonho do "equilíbrio multipolar" da tríade e reforçando sua dominação política e ideológica na América Latina. No Brasil, a submissão ao *desideratum* do Grande Irmão do Norte está provocando a destruição, a partir da década de 1990, da economia, da ideologia e da diplomacia nacionais que conduziram, com raras interrupções liberais, o caminho do Estado brasileiro no mundo desde a década de 1930.

300 Maria da Conceição Tavares: vida, ideias, teorias e políticas

Do ponto de vista geoeconômico, nossa inserção subordinada na globalização financeira nos torna prisioneiros de uma situação de endividamento externo que não tende a se resolver facilmente, uma vez que não existe a possibilidade de substituição dos credores privados, todos os países do G-7. Tampouco está à vista qualquer *fundingloan* definitivo, como o obtido na crise neste final do século XX não guarda nenhuma semelhança com a existente na *city* de Londres há cem anos. Wall Street, apesar de ser a praça financeira dominante, não tem um poder de coordenação equivalente à do padrão-ouro, já que o poder mundial do dólar reside exatamente no seu oposto, a desregulação do capital financeiro internacional.

O acordo "preventivo" do FMI com a colaboração do BIS (um arremedo de banco internacional de compensação) foi obtido precariamente, em condições draconianas impostas pelo FED e pelo Tesouro norte-americano. O período de financiamento é curto, de apenas três anos, e requer *road-shows* permanentes dos nossos tecnocratas de plantão, que mal sobrevivem aos vencimentos recorrentes dos compromissos com o capital especulativo. Este último é operado através do interbancário mundial, dos mercados futuros e de redes *offshore*, tornando impossível distinguir as dívidas dos "residentes" e dos "não residentes". Foi tamanha a liquefação das nossas regras de controle pelo Banco Central que ele mesmo é posto em xeque periodicamente pela entrada e saída recorrente de capitais sem registro de propriedade e procedência.[15]

Por outro lado, o desequilíbrio estrutural do nosso balanço em transações correntes não se alterou nos seus "fundamentos", nem por força do acordo com o FMI, com a sua política recessiva explícita, nem por conta da desvalorização cambial ocorrida no início de 1999. Já no que tange às amortizações, a situação piorou de dois pontos de vista: a dívida pública externa, que já era de 90 bilhões de dólares em 1998 subiu mais de 40 bilhões de dólares com o novo empréstimo, que obteve a "colaboração" de todos os países do G-7. A dívida privada, num montante de 140 bilhões de dólares ao final de 1998, parece ter alcançado o seu limite de expansão e mantém-se, rolando a curto prazo, à custa de entradas sucessivas de capital especulativo. Assim mesmo a captação "voluntária" de capital internacional só funciona para aquelas empresas e bancos que ou já foram desnacionalizados, ou têm boas possibilidades de sê-lo, por representa-

---

15. Na última crise ambiental de janeiro de 1999, estima-se que só nas Bahamas existiam mais de 30 bilhões de dólares em contas de "brasileiros". Isto significa que não há muito o que esperar da nossa "burguesia nacional", convertida em rentista, para o enfrentamento da atual crise.

rem "bons negócios". A maioria dos operadores locais só entra no jogo quando bancados pelo Banco Central, isto é, praticamente sem risco.

Trata-se, pois, de uma situação extrema, cujo desenlace fica difícil de prever. Ou existem forças "políticas" internas, surgidas da própria crise brasileira capazes de mudar a natureza do atual pacto político de dominação, ou seremos aniquilados enquanto esperamos uma nova rodada de agravamento das crises asiática, russa e latino-americana, que liquidem de vez o "Consenso de Washington" e o nosso cassino financeiro.

A continuarem as tendências à desnacionalização e à submissão ao capital especulativo, o Estado nacional brasileiro será totalmente desmantelado, e corremos o risco a médio prazo de acabar como "domínio" dos Estados Unidos. Nessa direção, vem sendo muito debatida a adoção de uma moeda única (o dólar) juntamente com o Mercosul, como propõem, além de Cavallo (ex-ministro da Fazenda da Argentina) e Dornbusch (professor do MIT), algumas autoridades americanas. Esta "solução" padece dos mesmos vícios da dolarização simples, apenas ampliaria a área de segurança do Cone Sul para o "abraço mortal" do capital financeiro internacional e retiraria do Mercosul qualquer possibilidade de ser uma alavanca para uma melhor inserção no projeto da Alca da potência dominante.

A dolarização definitiva criaria ainda mais problemas que os já existentes para a nossa economia debilitada, porque operar um *board* de moeda única desvalorizada num país das dimensões continentais do Brasil (e com um "pacto" federativo, ainda que precário) não é o mesmo que operar uma praça financeira. Seria uma opção suicida do ponto de vista nacional, não apenas porque reduziria globalmente a atividade econômica e o nível de emprego já deprimido na atual conjuntura, mas porque limitaria as possibilidades de regulação futura do nosso espaço econômico regional e continental. Significaria aceitar a desintegração do espaço econômico brasileiro e perder simultaneamente o controle do território nacional e do dinheiro público.

O Brasil encontra-se, pois, num verdadeiro impasse. Pela primeira vez na história do capitalismo brasileiro, não temos modelo de crescimento, nem "para fora" nem "para dentro", compatível com o tamanho do "encilhamento" financeiro em que nos metemos desde a crise da dívida externa do início da década de 1980, agravada pela liberalização financeira e comercial.

Não há nenhum "ajuste automático" de balanço de pagamentos possível, qualquer que seja a política cambial, uma vez que a estrutura de comércio

302 Maria da Conceição Tavares: vida, ideias, teorias e políticas

exterior é desfavorável a uma inserção comercial dinâmica. As exportações estão baseadas em *commodities* agrícolas e industriais que não reagem às desvalorizações, dada a situação internacional e o excesso de oferta de países concorrentes na América, na Ásia e na Oceania.

O excesso de endividamento, rolado a taxas de juros sem precedente histórico, compromete de vez tanto as finanças públicas como o serviço da dívida externa. A desnacionalização das principais atividades agrícolas, industriais, bancárias e de infraestrutura é apenas um grande negócio patrimonial e rentista. Não permite a ampliação das forças produtivas nem a sua articulação territorial interna, além de comprometer o balanço de pagamentos com fluxos crescentes de remessas de lucros, sem melhorar a inserção internacional do país. Não implica, portanto, nenhum dinamismo, seja "para dentro", seja "para fora".

No que se refere às transações com o exterior, não se consegue vislumbrar, temporariamente, nenhuma solução melhor, do ponto de vista nacional, do que deixar a nova moeda tornar-se inconversível e retomar a expansão de crédito interno sem lastro em dólar, usando uma centralização cambial estrita para monitorar os fluxos de pagamentos com o exterior.

Estou convencida de que o atual nó financeiro só será desfeito depois de uma moratória final, numa crise ainda prolongada. A dúvida que prevalece é se essa moratória se dará como um "negócio privado", depois da desnacionalização completa do sistema bancário, sob o comando de um conjunto de bancos internacionais, transformados explicitamente no *board* da moeda dolarizada, ou, se ao contrário, nos sucessivos ataques especulativos à nossa moeda "flutuante", o enfrentamento da crise cambial recorrente se fará, finalmente, sob a forma de uma moratória soberana, buscando novos "caminhos e fronteiras" para a regeneração do Estado e da economia nacional.

Referências

ASSIS, J. C. *A chave do tesouro – Anatomia dos escândalos financeiros no Brasil.* Rio de Janeiro: Paz e Terra, 1983.

BELLUZZO, L. G. "Dinheiro e as transfigurações da riqueza", *in:* FIORI, J. L. e TAVARES, M. C. *Poder e Dinheiro – Uma economia política da globalização.* Petrópolis: Vozes, 1997.

Hildete Pereira de Melo (Org.)

303

BRAGA, J. C. "Financeirização global – o padrão sistêmico da riqueza do capitalismo contemporâneo" *in:* FIORI, J. L. e TAVARES, M. C. *Poder e dinheiro – Uma economia política da globalização.* Petrópolis: Vozes, 1997.

CANO, W. *Raízes da concentração industrial em São Paulo.* São Paulo: T. A. Queiroz, 1981.

_____. (1999). "América Latina: da industrialização ao neoliberalismo", neste volume.

CARDOSO DE MELLO, J. M. *Capitalismo tardio.* São Paulo: Ed. Brasiliense, 1982.

CARNEIRO, R. "Crise, estagnação e hiperinflação: A economia brasileira nos anos 80". Tese de doutorado. Campinas: Instituto de Economia da Unicamp, 1991.

CASTRO, A. B. *A economia brasileira em marcha forçada.* Rio de Janeiro: Paz e Terra, 1985.

CEPAL. *Informe de la Reunión sobre Crisis Externa.* Santiago do Chile, 1987.

COUTINHO, L. G. e BELLUZZO, L. G. "Política econômica, inflexões e crise: 1974-1981", *in:* BELLUZZO, L. G. e COUTINHO, R. *Desenvolvimento capitalista no Brasil – Ensaios sobre a crise.* São Paulo: Brasiliense, 1982.

CRUZ, P. R. D. *A dívida externa e política econômica – A experiência brasileira nos anos 70.* São Paulo: Ed. Brasiliense, 1984.

FIORI, J. L. "Instabilidade e crise do estado brasileiro". Tese de doutorado. USP, São Paulo, 1984.

_____. *"Os moedeiros falsos", Folha de S.Paulo,* caderno Mais!, julho de 1994.

FURTADO, C. *Formação econômica do Brasil.* Rio de Janeiro: Fundo de Cultura, 4ª ed., 1961.

_____. *A fantasia organizada.* São Paulo: Paz e Terra, 1992.

LESSA, C. "A estratégia de desenvolvimento 1974-76 – Sonho e fracasso", Tese de titular apresentada à FEA/UFRJ, 1978.

_____. *Quinze anos de política econômica.* São Paulo: Ed. Brasiliense, 1981.

MIRANDA. J. C. "Dinâmica financeira e política macroeconômica", *in:* FIORI, J. L. e TAVARES, M. C. *Poder e dinheiro – Uma economia política da globalização.* Petrópolis: Vozes, 1997.

_____ e TAVARES, M. C. (1999). "Estratégias de conglomeração", neste volume.

PEREIRA, C. E. *Financiamento externo e crescimento econômico no Brasil:* 1966-1973. Rio de Janeiro: Ipea/Inpes, 1974.

PRADO JR., C. *Formação do Brasil contemporâneo.* São Paulo: Brasiliense, 1942.

PREBISCH, R. "O desenvolvimento econômico da América Latina e alguns dos seus principais problemas". *Revista Brasileira de Economia,* 1949.

304 Maria da Conceição Tavares: vida, ideias, teorias e políticas

SERRANO, F. e MEDEIROS, C. (1999). "Padrões monetários internacionais e crescimento", neste volume.

TAVARES, M. C. "Auge e declínio do processo de substituição de importações no Brasil", *in: Da substituição de importações ao capitalismo financeiro*. Rio de Janeiro: Zahar, 1972.

_____. (1978). "Ciclo e crise", *in:* IE/Unicamp – 30 anos de economia, 1998.

_____. (1985). "A retomada da hegemonia norte-americana", *in:* TAVARES, M. C. e FIORI, J. L. (org.). *Poder e dinheiro – Uma economia política da globalização.* Petrópolis: Vozes, 1997.

TRIFFIN, R. *O sistema monetário internacional.* Rio de Janeiro: Editora Expressão e Cultura, 1972.

PARTE 4
FASE RECENTE

Restaurar o Estado
é preciso[1]

Maria da Conceição Tavares

Vivemos sob a penumbra da mais grave crise da história do Brasil, uma crise econômica, social e política. Enfrentamos um cenário que vai além da democracia interrompida. A meu ver, trata-se de uma democracia subtraída pela simbiose de interesses de uma classe política degradada e de uma elite egocêntrica, sem qualquer compromisso com um projeto de reconstrução nacional – o que, inclusive, praticamente aniquila qualquer possibilidade de pactuação.

Hoje, citar um político de envergadura com notória capacidade de pensar o país é um exercício exaustivo. O Congresso é tenebroso. A maioria está lá sabe--se bem com que fins. O elenco de governadores é igualmente terrível. Não há um que se sobressaia. E não vou nem citar o caso do Rio porque aí é covardia. O "novo" na política, ou o que tem a petulância de se apresentar como tal, é João Doria, na verdade um representante da velha extrema direita.

A ditadura, à qual devemos repudiar por outros motivos, não era tão ordinária nesse sentido. Não sofríamos com essa escassez de quadros que vemos hoje. O mesmo se aplica a nossos dirigentes empresariais, terra da qual não se vê brotar uma liderança. A velha burguesia nacional foi aniquilada. Eu nunca vi uma elite tão ruim quanto esta aqui. E no meio dessa barafunda ainda temos a Lava Jato, uma operação que começou com os melhores propósitos e se tornou uma ação autoritária, arbitrária, que atenta contra as justiças democráticas, para não citar o rastro de desemprego que deixou em importantes setores da economia.

É de infernizar a paciência que a Lava Jato tenha se tornado símbolo da moralização. Mas por quê? Porque nada está funcionando. Ela é uma resposta

---

1. Artigo: TAVARES, Maria da Conceição. "Restaurar o Estado é Preciso" *Inteligência*, Rio de Janeiro, out-dez. 2017.

308 Maria da Conceição Tavares: vida, ideias, teorias e políticas

à inação política. Conseguiram transformar a democracia em uma esbórnia, em que ninguém é responsável por nada. Não há lei ou preceitos do estado de direito que estejam salvaguardados. O futuro foi criminalizado.

Não estou dizendo que o cenário internacional seja um oásis. O resto do mundo não está nenhuma maravilha, a começar pelos Estados Unidos. Convenhamos, não é qualquer país que é capaz de produzir um Trump. Eles capricharam. Na Europa, como um todo, a situação também é desoladora. E a China, bem, a China é sempre uma incógnita... Mas, voltando ao nosso quintal, o centro medíocre se ampliou de uma maneira bárbara no Brasil. Não há produção de pensamento contra a mediocridade, de lado algum, nem da direita, nem da esquerda. Faltam causas, bandeiras, propósitos, falta até mesmo um *slogan* que cole na sociedade. O mais impressionante é que não estamos falando de um processo longo, de uma ou duas décadas, mas, sim, de um quadro de rápida deterioração em um espaço razoavelmente curto de tempo. Estou no Brasil desde 1954 e jamais vi tamanho estado de letargia. Na ditadura, havia protesto. Hoje, mal se ouve um sussurro.

Por outro lado, também não se acham soluções pela economia, notadamente o setor produtivo. A indústria brasileira "africanizou", como há muito já previra o saudoso Arthur Candal. Rendemo-nos à financeirização, sem qualquer resistência. A ideia do Estado indutor do desenvolvimento foi finalmente ferida de morte pela religião de que o Estado mínimo nos levará a um estado de graça da economia. Puro dogma. Estamos destruindo as últimas forças motrizes do crescimento econômico e de intervenção inclusiva e igualitária no social.

Essa minha indignação, por vezes misturada a um indesejável, mas inevitável estado de pessimismo poderia ser atribuída à minha velhice. Mas não acho que seja, não. Estou velha há muito tempo. Luto para não me deixar levar pelo ceticismo. Não é simples pelo que está diante de meus olhos.

Lamento, mas não me dobro; sofro, mas não me entrego. Jamais fugi ao bom combate e não seria agora que iria fazê-lo. Há saídas para esse quadro de entropia nacional e estou convicta de que elas passam pelas novas gerações. Como diria Sartre, não podemos acabar com as ilusões da juventude. Ao contrário, temos de estimulá-las, incuti-las. Por ilusão, em um sentido não literal, entenda-se a capacidade de mirar novos cenários, a profissão de fé de que é possível, sim, interferir no *status quo* vigente, o forte desejo de mudança, associado ao frescor, ao ímpeto e ao poder de mobilização necessário para que ela ocorra. Só consigo enxergar alguma possibilidade de cura desse estado de astenia e de reordenação das bases democráticas a partir de uma maciça convocação e ação dos jovens.

Por mais íngreme que seja a caminhada, não vislumbro saídas que não pela própria sociedade, notadamente pelos nossos jovens. Não os jovens de cabeça feita, pré-moldada, como se fossem blocos de concreto empilhados por mãos alheias. Esses mal chegaram e já estão a um passo da senectude. Estou me referindo a uma juventude sem vícios, sem amarras, de mente aberta, capaz de se indignar e construir um saudável contraponto a essa torrente de reacionarismo que se espraia pelo país. Há que se começar o trabalho de sensibilização já, mas sabendo que o tempo de mudança serão décadas, sabe--se lá quantas gerações.

Não consigo vislumbrar outra possibilidade para sairmos dessa geleia geral, dessa ausência de movimentos de qualquer lado, qualquer origem, seja de natureza política, econômica, religiosa, senão por uma convocatória aos jovens. Até porque, se não for a juventude, vai se falar para quem? Para a oligarquia que está no poder? Para a burguesia cosmopolita – que foi a que sobrou – com sua conveniente e perversa indiferença? Para uma elite intelectual rarefeita e um tanto ou quanto aparvalhada?

Ao mesmo tempo, qualquer projeto de costura dos tecidos do país passa obrigatoriamente pela restauração do Estado. É urgente um processo de rearrumação do aparelho público, de preenchimentos das graves lacunas pensantes. Nossa própria história nos reserva episódios didáticos, exemplos a serem revisitados. Na década de 1930, durante o primeiro governo de Getúlio Vargas, guardadas as devidas proporções, também vivíamos uma dura crise. Não íamos a lugar algum. Ainda assim, surgiram medidas de grande impacto para a modernização do Estado, como, por exemplo, a criação do Dasp – Departamento Administrativo do Serviço Público –, comandado por Luis Simões Lopes.

Na esteira do Dasp, cabe lembrar, vieram os concursos públicos para cargos no governo federal, o primeiro estatuto dos funcionários públicos do Brasil, a fiscalização do orçamento. Foi um soco no estômago do clientelismo e do patrimonialismo. O Dasp imprimiu um novo *modus operandi* de organização administrativa, com a centralização das reformas em ministérios e departamentos e a modernização do aparato administrativo. Diminuiu também a influência dos poderes e interesses locais. Isso para não falar do surgimen-

310 Maria da Conceição Tavares: **vida, ideias, teorias e políticas**

to, nas fileiras do Departamento, de uma elite especializada que combinou altíssimo valor e conhecimento técnico ao comprometimento com uma visão reformista da gestão da coisa pública.

Faço esse pequeno passeio no tempo para reforçar que nunca fizemos nada sem o Estado. Não somos uma democracia espontânea. O fato é que hoje o nosso Estado está muito arrebentado. Dessa forma, é bastante difícil fazer uma política social mais ativa. Não é só falta de dinheiro. O mais grave é a falta de capital humano. O que se assiste hoje é um projeto satânico de desconstrução do Estado, vide Eletrobras, Petrobras, BNDE...

Restauração

O Estado sempre foi a nobreza do capital intelectual, da qualidade técnica, da capacidade de formular políticas públicas transformadoras. O que se fez no Brasil é assustador, uma calamidade. É necessário um profundo plano de reorganização do Estado até para que se possa fazer políticas sociais mais agudas. Chegamos, a meu ver, a um ponto de bifurcação da história: ou temos um movimento reformista ou uma revolução. A primeira via me soa mais eficiente e menos traumática. Ainda assim, reconheço, precisaremos de doses cavalares do medicamento para enfrentarmos tão grave enfermidade. Os sintomas são de barbárie. Parece um fim de século, embora estejamos no raiar de um. Em uma comparação ligeira, lembra o começo do século XX. Os fatos levaram às duas Guerras Mundiais. Aliás, a guerra, ainda que indesejável, é uma maneira de sair do impasse.

Por isso, repito: precisamos de uma ação restauradora. O que temos hoje no Brasil não é uma feridinha à toa que possa ser tratada com um pouco de mertiolate ou coberta com um esparadrapo. O Estado e a sociedade brasileira estão em uma mesa de cirurgia. O corte é profundo, órgãos vitais foram atingidos, o sangramento é dramático. Este ressurgimento não deverá vir das urnas. Não vejo a eleição como um evento potencialmente restaurador, capaz de virar a página, de ser um marco da reconstrução.

Com o neoliberalismo não vamos a lugar algum. Sobretudo porque, repito: historicamente o Brasil nunca deu saltos senão com impulsos do próprio Estado. Esses últimos dois anos têm sido pavorosos, do ponto de vista econômico, social e político. Todas as reformas propostas são reacionárias, da trabalhista à previdenciária. Vivemos um momento de "acerto de contas" com Getúlio, com uma sanha inquisidora de direitos sem precedentes. Trata-

Hildete Pereira de Melo (Org.)

se de um ajuste feito em cima dos desfavorecidos, da renda do trabalho, da contribuição previdenciária, da mão de obra. O Brasil virou uma economia de rentistas, o que eu mais temia. É necessário fazer uma eutanásia no rentismo, a forma mais eficaz e perversa de concentração de riquezas.

Renda mínima

Causa-me espanto que nenhum dos principais candidatos à presidência esteja tratando de uma questão visceral como a renda mínima, proposta que sempre teve no ex-senador Eduardo Suplicy o seu mais ferrenho defensor e propagandista no Brasil. Suplicy foi ridicularizado, espezinhado por muitos, chamado de um político de uma nota só. Não era, mas ainda que fosse, seria uma nota que daria um novo tom à mais trágica de nossas sinfonias nacionais: a miséria e desigualdade.

Mais uma vez, estamos na contramão do mundo, ao menos do mundo que se deve almejar. Se, no Brasil, a renda mínima é apedrejada por muitos, mais e mais países centrais adotam a medida. No Canadá, a província de Ontario deu a partida no ano passado a um projeto-piloto de renda mínima para todos os cidadãos, empregados ou não. A Finlândia foi pelo mesmo caminho e começou a testar um programa também em 2017. Ao que se sabe, cerca de dois mil finlandeses passaram a receber algo em torno de 500 euros por mês.

Na Holanda, cerca de 300 moradores da região de Utrecht passaram a receber de 900 a 1.300 euros por mês. O nome do programa holandês é sugestivo: Weten Wat Werkt ("Saber o que funciona"). Funcionaria para o Brasil, tenho certeza.

O modelo encontrou acolhida até nos Estados Unidos. Desde a década de 1980, o Alasca paga a cada um de seus 700 mil habitantes um rendimento mínimo chamado Alaska Permanent Fund Dividend. Os recursos vêm de um fundo de investimento lastreado nos *royalties* do petróleo.

É bom que se diga que dois dos fundamentalistas do liberalismo, os economistas F. A. Hayek e Milton Friedman, eram defensores da renda básica e até disputavam a primazia pela paternidade da ideia. Friedman dizia que a medida substituiria outras ações assistencialistas dispersas.

No Brasil, o debate sobre a renda básica prima pela sua circularidade. O Bolsa-Família foi o *proxy* de uma construção que não avançou. Segundo o FMI, a distribuição de 4,6% do PIB reduziria a pobreza brasileira em espetaculares 11%.

Essa é uma ideia que precisa ser resgatada, uma bandeira à espera de uma mão. Entre os candidatos à presidência, só consigo enxergar o Lula como alguém identificado com a proposta. Se bem que a coisa está tão ruim que, mesmo que ele possa se candidatar e seja eleito, teria enorme dificuldade de emplacar projetos realmente transformadores. O PT não tem força suficiente; os outros partidos de esquerda não reagem.

Lula sempre foi um grande conciliador. Mas um conciliador perde o seu maior poder quando não há conflitos. E uma das raízes da nossa pasmaceira, desta letargia, é justamente a ausência de conflitos, de contrapontos. Não tem nada para conciliar. Mais do que conflitiva, a sociedade está anestesiada, quase em coma induzido. O que faz um pacificador quando não há o que pacificar?

CRONOLOGIA

1930 – 24 de abril, **Maria da Conceição de Almeida Tavares** nasce na Freguesia de São Lourenço do Bairro, Concelho de Anadia, Portugal. Filha de Maria Augusta Caiado de Almeida Tavares e Fausto Rodrigues Tavares. Ela, natural da Freguesia de Mamarrosa, Concelho de Oliveira do Bairro, e ele, natural da Freguesia de São Lourenço do Bairro, Concelho de Anadia. É a única filha do casal.

1939 – Sua família muda-se para Lisboa, capital de Portugal, devido aos negócios da família e também para que ela prosseguisse nos estudos.

1940 – Inicia os estudos secundários no Liceu Filipa de Lencastre, Lisboa. No liceu, foi colega de Maria de Lourdes Pintasilgo (1930-2004), eminente política portuguesa, tendo sido primeira-ministra de Portugal entre os anos de 1979-1980.

1946 – Laureada pelo Liceu Filipa de Lencastre com o Prêmio Descartes de Filosofia.

1949 – Ingressa no Instituto Superior Técnico de Lisboa, Portugal, para cursar Engenharia Químico-Industrial. Era uma turma com 250 estudantes e apenas três alunas, ela e suas colegas do liceu Maria de Lourdes e Dalia.

1950 – Transfere-se para a Faculdade de Ciências Matemáticas da Universidade de Lisboa.

1951 – 23 de agosto, casou-se na Igreja Nossa Senhora do Rosário de Fátima, em Lisboa, com o estudante de Engenharia, Pedro José Serra Ribeiro Soares (1930-). Como seus pais estavam se transferindo para o Brasil, veio passar a lua de mel no Brasil.

1953 – 3 de novembro, cola grau em Licenciatura de Ciências Matemáticas e Estatísticas, na Universidade de Lisboa, Portugal.

1954 – Fevereiro, o casal emigrou para o Brasil, radicando-se no Rio de Janeiro. Seu marido recém-diplomado em Engenharia veio contratado para trabalhar na empresa de construção civil Saturnino de Britto.

1954 – 2 de agosto, nasce, no Rio de Janeiro, sua filha Laura Tavares Ribeiro Soares.

1955 – Aprovada na seleção do Instituto Nacional de Imigração e Colonização (Inic), atual Instituto Nacional de Colonização e Reforma Agrária (Incra) para o cargo de analista estatística.

1956 – Aprovada no vestibular, ingressa na Faculdade de Ciências Econômicas e Administração da Universidade do Brasil para cursar Ciências Econômicas.

316 Maria da Conceição Tavares: **vida, ideias, teorias e políticas**

1956 – Desquita-se do seu marido Pedro José Serra Ribeiro Soares.

1957 – Naturaliza-se brasileira.

1958 – Transferiu-se para o Banco Nacional do Desenvolvimento Econômico (BNDE) para exercer a função de analista matemática e estatística, onde permaneceu até 1960.

1960 – 23 de dezembro, cola grau com o bacharel em Ciências Econômicas, pela Faculdade de Ciências Econômicas da Universidade do Brasil, atual Universidade Federal do Rio de Janeiro (UFRJ). Graduada com *summa cum laude,* recebeu o Prêmio Visconde de Cairu da Universidade do Brasil.

1961 – Pede exoneração do Inic e inicia sua carreira docente como Professora auxiliar de ensino na Faculdade Nacional de Ciências Econômicas/Universidade do Brasil.

1961 – Contratada como economista da Comissão Econômica para a América Latina (Cepal), órgão das Nações Unidas (ONU). Sediada no escritório do Rio de Janeiro.

1965 – 17 de maio, nasce, no Rio de Janeiro, seu filho Bruno Tavares Magalhães Macedo, fruto de sua união com o geólogo Antônio Carlos Magalhães Macedo, do Museu Nacional/UFRJ.

1965 – Professora visitante da Fundação Getúlio Vargas (FGV) do Rio de Janeiro até 1967.

1968 – Licenciou-se da UFRJ e foi transferida para o escritório da Cepal do Brasil para o do Chile.

1968 – Professora visitante no Programa de Estudos de Pós-Graduação da Faculdade de Economia da Universidade do Chile (Escolatina) e da Escola Latino-Americana de Sociologia da Faculdade Latino-Americana de Ciências Sociais (Elas-Flasco), em Santiago/Chile, até o ano de 1972.

1969 – Assina o divórcio de Pedro José Serra Ribeiro Soares, em Santiago/Chile.

1971 – Nomeada assessora econômica do governo do presidente da República do Chile, Salvador Allende, até o ano de 1972.

1972 – Volta ao Brasil para reassumir sua vaga na Universidade Federal do Rio de Janeiro. Três meses depois, convidada pela recém-fundada Universidade de Campinas (Unicamp), pede nova licença e assume a coordenação da Pós-Graduação (Depe) de Economia desta Universidade. Neste cargo fica até 1974.

1973 – Convidada como Professora visitante pela Universidade de Paris VII, França, passa os meses de janeiro/março nesta universidade.

1973 – Neste mesmo ano foi também Professora visitante da Universidade do México (Unam) até 1974.

1973 – Reassume sua função como Professora da Faculdade de Economia e Administração da Universidade Federal do Rio de Janeiro, exercida em simultâneo com a docência na Unicamp.

1974 – Foi Professora visitante no Centro de Investigación y Docencia Económicas (Cide), na Cidade do México.

1974 – No segundo semestre, nas suas idas e vindas entre o Rio de Janeiro, Chile e México, foi presa na hora do embarque para Santiago/Chile no Aeroporto do Galeão. Presa pelo Doi-Codi, passou alguns dias desaparecida e por intervenção do Ministro Mário Henrique Simonsen junto ao Presidente Ernesto Geisel, depois de dois dias foi solta sem processo.

1974 – Volta ao Brasil para assumir sua docência na UFRJ e realiza pesquisas como consultora econômica da Financiadora de Estudos e Projetos (Finep), no Rio de Janeiro. Nesta instituição permaneceu até o ano de 1979.

1974 – Solicita sua aposentadoria na Cepal/ONU.

1975 – Coordena a Graduação da FEA/UFRJ até o ano de 1977. Neste mesmo ano defende a tese *Acumulação de capital e industrialização no Brasil*, obtém o título de "doutora e livre-docente" da Universidade Federal do Rio de Janeiro (UFRJ).

1978 – Presta concurso público para a vaga de professor titular na Universidade Federal do Rio de Janeiro, com a Tese *Ciclo e Crise: o movimento recente da economia brasileira*. Aprovada, foi nomeada Professora titular da UFRJ.

1978 – Eleita membro do Conselho de Ensino de Graduação da UFRJ para o quadriênio 1978/1982.

1979 – O Conselho Universitário cria o Instituto de Economia Industrial (IEI) com a finalidade de desenvolver as atividades de ensino e pesquisa da pós-graduação em cooperação com a FEA/UFRJ. A Professora Maria da Conceição Tavares foi nomeada coordenadora do IEI/UFRJ e neste cargo permaneceu até 1980.

1980 – Filiada ao Partido do Movimento Democrático Brasileiro (PMDB), foi eleita membro da Executiva Nacional deste Partido. Participou da Executiva Nacional do PMDB até o ano de 1988.

1980 – Eleita Presidente do Instituto de Economistas do Rio de Janeiro (IERJ/RJ) no biênio 1981/1982.

1986 – Dirige o Instituto de Economia da UFRJ no quadriênio 1986/1989.

318   Maria da Conceição Tavares: vida, ideias, teorias e políticas

1986 – Em 21 de abril, agraciada com a Medalha de Honra da Inconfidência, Governo de Minas Gerais.

1986 – Em maio, agraciada com a Condecoração no Grau de Oficial da Ordem de Rio Branco, Ministério das Relações Exteriores da República do Brasil.

1987 – Aposenta-se como Professora titular da Unicamp.

1987 – Professora visitante na Faculdade Latino-americana de Ciências Sociais (Flacso), em Buenos Aires/Argentina.

1987 – Consultora da ONU até o ano de 1991.

1987 – Recebe a Medalha no Grau de Comendadora do Governo de Portugal e a Ordem ao Mérito do Trabalho, do Ministério do Trabalho do Governo do Brasil.

1990 – Aposenta-se como professora titular da UFRJ.

1992 – Concorre mais uma vez à presidência do Instituto de Economistas do Rio de Janeiro (IERJ).Eleita para o biênio 1992/1994.

1993 – Recebe do Conselho Universitário da UFRJ o título de professora emérita desta Universidade.

1993 – Em junho, aceita o convite para escrever, para o jornal *Folha de S.Paulo*, a coluna Lições Contemporâneas. Escreveu esta coluna até setembro de 2004. Inicialmente, publicava artigos semanais, mais tarde dividiu a coluna com seus colegas economistas Luiz Gonzaga de Mello Belluzzo, Luciano Coutinho e Aloizio Mercadante.

1994 – Filia-se ao Partido dos Trabalhadores (PT) e candidata-se a uma vaga de deputada federal pelo PT do Rio de Janeiro nas eleições deste ano.

1994 – 3 de outubro, no pleito deste dia foi vitoriosa, mas o Tribunal Regional Eleitoral do Rio de Janeiro anulou esta eleição legislativa por comprovação de fraude eleitoral na votação para os cargos legislativos. Um segundo turno foi convocado para o dia 15 de novembro do mesmo ano.

1994 – 15 de novembro, Maria da Conceição Tavares foi eleita novamente e obteve uma votação maior do que tinha recebido no pleito de 3 de outubro. Assim, foi eleita deputada federal pelo PT/RJ, com 40.409 votos, representando 0,89% do eleitorado fluminense.

1995 – 1º de fevereiro, diplomada deputada federal para a 50ª Legislatura da Câmara Federal, pelo Partido dos Trabalhadores (PT) do Estado do Rio de Janeiro.

1998 – Recebeu o "Prêmio Jabuti – Economia, Administração, Negócios e Direito", pela publicação do livro *Poder e Dinheiro – uma economia política da globalização*, organizado por ela em parceria José Luís Fiori, Petrópolis, Editora Vozes, Coleção Zero à Esquerda, 1997.

1998 – Recebeu a Ordem de Bernardo O'Higgins, Gran Oficial, do Governo do Chile.

2000 – Em junho recebe a Medalha Pedro Ernesto, na Câmara Municipal do Rio de Janeiro (RJ).

2001 – Agraciada com o título de *Doutor Honoris Causa*, da Universidade de Buenos Aires, Argentina.

2003 – Participa do Conselho de Administração da Eletrobrás, no biênio 2003-2005. Exerce a função de assistente parlamentar do Senado Federal, até o ano de 2006.

2005 – 22 de novembro, eleita presidente acadêmica do Centro Internacional Celso Furtado de Políticas para o Desenvolvimento (Cicef), exerceu este mandato até 30 de junho de 2007.

2011 – Agraciada com o Prêmio Almirante Álvaro Alberto para a Ciência e Tecnologia – edição 2011 – na Grande Área do Conhecimento: Ciências Humanas e Sociais, Letras e Artes, concedido pelo Conselho Nacional de Desenvolvimento Científico e Tecnológico (CNPq), Fundação Conrado Wessel e Marinha do Brasil.

2018 – 24 de abril, lançamento do filme *Livre Pensar – Cinebiografia de Maria da Conceição Tavares*, dirigido pelo cineasta José Mariani e produzido pela Andaluz. O filme foi lançado no Auditório João Calmon do Instituto de Economia da Universidade Federal do Rio de Janeiro.

SOBRE OS TEXTOS

Os livros selecionados estão apresentados por fase, e os textos estão apresentados em ordem cronológica.

FASE CEPAL

Livro

TAVARES, Maria da Conceição. *Da substituição de importações ao capitalismo financeiro, ensaios sobre a economia brasileira*. Rio de Janeiro: Editora Zahar, 1972.

Foram escolhidos os seguintes textos:

– *Transformações do modelo de desenvolvimento na América Latina*, p. 29-58.

– *Estagnação ou crise?*, p. 157-173.

– *Acumulação financeira, concentração e centralização do capital*, p. 234-240.

– *O caso brasileiro – A acumulação financeira e seu significado na atual etapa*, p. 240-255.

FASE UNICAMP

Livro

TAVARES, Maria da Conceição. *Acumulação de capital e industrialização no Brasil*. Campinas: Editora da Unicamp, IE, 1985 (1ª ed.), 1986 (2ª ed.) e 1998 (30 Anos da Unicamp).

Foram escolhidos os seguintes textos:

– *Problemas de acumulação oligopólica em economias semi-industrializadas*, p. 79-120.

– *Problemas de inflação e de balanço de pagamentos no ciclo de expansão*, p. 184-195.

Livro

TAVARES, Maria da Conceição. *Ciclo e crise e o movimento recente da industrialização brasileira*. Campinas: Editora da Unicamp, IE, 1998 (30 Anos da Unicamp).

Foi escolhido o seguinte texto:

– *A dinâmica da industrialização recente no Brasil*, p. 77-117.

Livro

TAVARES, Maria da Conceição. "O sistema financeiro brasileiro e o ciclo de expansão recente". In: BELLUZO, L. G. de M.; COUTINHO, Renata (orgs.). *Desenvolvimento Capitalista no Brasil – Ensaios sobre a Crise*, v. 2. Campinas: Unicamp, 1998, 4ª. ed.

Foi escolhido o seguinte texto:

– *A liquidez geral da economia e a crise financeira*, p. 143-154.

FASE UFRJ

Livro

TAVARES, Maria da Conceição e FIORI, José Luis (orgs.). *Poder e Dinheiro – Uma economia política da globalização*. Petrópolis: Vozes, 1997, 2ª ed.

Foram escolhidos os seguintes textos:

– *A retomada da hegemonia norte-americana*, p. 27-53.

– *Pós-escrito 1997: A reafirmação da hegemonia norte-americana*, p. 55-86.

Livro

FIORI, José Luis (org.). *Estado e moedas no desenvolvimento das nações.* Petrópolis: Vozes, 1999, 1ª ed.

Foi escolhido o capítulo de sua autoria:

– *Império, território e dinheiro*, p. 449-489.

FASE RECENTE

Artigo

TAVARES, Maria da Conceição. "Restaurar o Estado é preciso". *Inteligência*, Rio de Janeiro, out-dez, 2017.

CADERNO DE IMAGENS

Conceição em Portugal, final dos anos 40. Arquivo pessoal.

Conceição com sua filha Laura, 1955. Arquivo pessoal.

Palestra em Teresina-PI, em 1967. Arquivo pessoal.

Diplomada em Ciências Econômicas pela Universidade do Brasil, em 1960. Arquivo pessoal.

Chegando em Santiago do Chile, em 1968, com Aníbal Pinto, chefe de departamento de Desenvolvimento Econômico da Cepal, e sua filha Laura. Arquivo pessoal.

Seus pais, Maria Augusta e Fausto. Lisboa, 1951. Arquivo pessoal.

Passeatas das Diretas ao lado do economista Luciano Coutinho. SP, 1984. Arquivo pessoal.

Conceição e Ignácio Rangel no Instituto de Economia da UFRJ. Década de 1980. Arquivo pessoal.

Palestra em Amsterdã, Holanda. Década de 1980.
Arquivo pessoal. Foto: Jan Stegeman

Campanha eleitoral para Deputada Federal, em 1994. Ao lado de Jorge Bittar e Roberto Saturnino Braga, candidato naquele pleito ao Senado Federal. Arquivo pessoal.

Conceição em uma das suas inúmeras palestras na década de 1990. RJ. Arquivo pessoal. Foto: Zeca Guimarães.

Debate na Câmara de Deputados, mandato de 1995-1999.
Arquivo Pessoal.
Foto: Francisco S. - Dep. Fotográfico JB.

Solenidade de entrega do título de Professora Emérita da Universidade Federal do Rio de Janeiro. Da esquerda para a direita: Ricardo Tulipan, Margareth H. Costa, Carlos Lessa e Conceição, em 1993. Arquivo pessoal.

Celso Furtado, Conceição e Aníbal Pinto na solenidade de entrega do título de Professora Emérita da Universidade Federal do Rio de Janeiro, 1993. Arquivo pessoal.

Ignácio Rangel e Conceição na solenidade de entrega do título de Professora Emérita da Universidade Federal do Rio de Janeiro, 1993. Arquivo pessoal.

Conceição encontra Celso Furtado no XIII Congresso Brasileiro de Economistas / VII Congresso de Economistas da América Latina e Caribe. RJ, na semana de 13 a 17 de setembro de 1999. Arquivo pessoal. Foto: Claudia Ferreira/ Milton Satoshi.

Festa de 70 anos de Conceição dançando com Aloísio Teixeira. RJ, Clube dos Macacos, no Horto/Jardim Botânico, 24/04/2000. Arquivo pessoal.

Solenidade de recebimento da Medalha de Mérito Pedro Ernesto.
Câmara Municipal do Rio de Janeiro, 2000. Arquivo pessoal.

Recebendo cumprimentos de seu amigo, prof. Carlos Lessa na solenidade de recebimento da Medalha de Mérito Pedro Ernesto. Câmara Municipal do Rio de Janeiro, 2000. Arquivo pessoal.

Homenagem à prof. Conceição Tavares no lançamento de Memórias do Desenvolvimento n. 4 do Centro Celso Furtado, com o então presidente do BNDES, prof. Luciano Coutinho. RJ, 2010. Arquivo pessoal. Foto: Centro Celso Furtado.

Na mesma ocasião, Conceição e Saturnino Braga. RJ, 2010. Arquivo pessoal. Foto: Centro Celso Furtado.

Debate de lançamento de Memórias do Desenvolvimento, publicação com a história do BNDES (1952-1982). Da esquerda para a direita: Tânia Bacelar de Araújo, Conceição Tavares, Luciano Coutinho, Luiz Carlos Delorme Prado e Ernani Torres. Arquivo pessoal. Foto: Centro Celso Furtado.

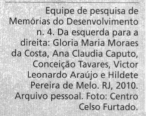

Equipe de pesquisa de Memórias do Desenvolvimento n. 4. Da esquerda para a direita: Gloria Maria Moraes da Costa, Ana Claudia Caputo, Conceição Tavares, Victor Leonardo Araújo e Hildete Pereira de Melo. RJ, 2010. Arquivo pessoal. Foto: Centro Celso Furtado.

Encerramento do I Congresso Internacional do Centro Celso Furtado, no BNDES. Rosa Freire d'Aguiar e Conceição Tavares. RJ, 2012. Arquivo pessoal. Foto: Isabela Kassow/Centro Celso Furtado.

Em banca de o Instituto de Economia da Unicamp, no começo dos anos 2000. Da esquerda para a direita: Wilson Cano, Conceição Tavares, Ricardo Carneiro e Paulo Baltar. Campinas-SP. Arquivo pessoal.

Visita de Luiz Inácio Lula da Silva, eleito presidente da República, em 2002, a Celso Furtado e Conceição Tavares. Rio de Janeiro-RJ. Arquivo pessoal.

Visita do ex-presidente Luiz Inácio Lula da Silva a Conceição Tavares, em 2016. RJ. Rio de Janeiro-RJ. Foto: Ricardo Stuckert.

Conceição e seus netos – Ivan e Leon.
Rio de Janeiro-RJ, 2015. Arquivo pessoal.

Encontro da ex-presidenta Dilma Rousseff com Conceição Tavares, em 2016. Rio de Janeiro-RJ. Foto: Ricardo Stuckert.

Entrevista para Cadernos do Desenvolvimento, do Centro Celso Furtado. Da esquerda para a direita: Glauber Carvalho, Carmem Feijó, Conceição. Tavares, Hildete Pereira de Melo e Saturnino Braga. Rio de Janeiro-RJ, 20 fev. 2019. Foto: Sergio Cara/Centro Celso Furtado.

343

Uma amizade construída ao longo dos últimos 40 anos entre as professoras e vizinhas Conceição Tavares e Hildete Pereira de Melo. Rio de Janeiro-RJ.
Foto: Sergio Cara/Centro Celso Furtado.

A impressão deste livro foi realizada na cidade de São Paulo pela X em agosto de 2019. A tiragem foi de 200 exemplares, com texto composto em Georgia. O miolo foi impresso em papel Avena, 80g e a capa em cartão supremo, 250g.